KB066307

주도성

주도성

초판 1쇄 발행 2023년 11월 30일
초판 2쇄 발행 2024년 2월 28일

지은이 | 김덕년, 정윤리, 양세미, 최선경, 정윤자, 위현진, 김재희, 신윤기, 강민서

발행인 | 최윤서
편집장 | 최형임
디자인 | 김수경
마케팅 지원 | 최수정
펴낸 곳 | ㈜교육과실천
도서문의 | 02-2264-7775
인쇄 | 031-945-6554 두성 P&L
일원화 구입처 | 031-407-6368 ㈜태양서적
등록 | 2020년 2월 3일 제2020-000024호
주소 | 서울특별시 중구 창경궁로 18-1 동림비즈센터 505호
ISBN | 979-11-91724-44-8 (13370)

책값은 뒤표지에 있습니다.
저작권법에 따라 한국 내에서 보호를 받는 저작물이므로 무단 전재 및 복제를 금합니다.

주도성

김덕년
정윤리
양세미
최선경
정윤자
위현진
김재희
신윤기
강민서

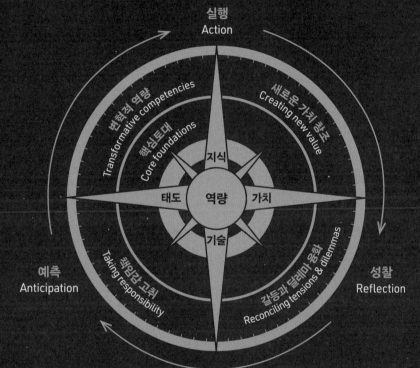

실행
Action

변혁적 역량
Transformative competencies

핵심토대
Core foundations

새로운 가치 창조
Creating new value

지식

태도   역량   가치

기술

책임감 고취
Taking responsibility

갈등과 딜레마 융화
Reconciling tensions & dilemmas

예측
Anticipation

성찰
Reflection

우리는 모두 '주도성'이라는
씨앗을 품고 있다

굳이 책으로 나오지 않아도 '주도성'을 폭넓게 사용하고 있었다. 일상 생활은 물론이고 국가 교육과정에도 개념이 녹아 있다. 그뿐이랴. 우리 모두가 주문처럼 외웠던 미래 교육에서는 가장 기본적인 역량으로 꼽을 정도이다. 다시 얘기하면 이 단어를 사용하는 사람들에게는 어느 정도 의미에 대해 공통분모가 형성되어 있다는 말이다. 그럼에도 우리는 의심했다. 이 뜻이 맞나? 이 정도 범위에 사용하는 게 타당한가?

의문의 시작은 '학생 주도성(student agency)'이라는 단어였다. 이 단어가 의문의 시작이라고? 그렇다. OECD는 물론이고 우리 교육과정에도 사용되고 있는데도 우리의 의문은 자라났다. 이 의문은 우리 교육 현실과 마주치자 더 강렬하게 일어났다. 최근 학생이 선택하고, 교사가 이를 지원하며, 학교는 다 맞춰야 한다는 분위기가 팽배한 풍토에서 더 강하게 피어올랐다.

조자룡 헌 칼 쓰듯 미래교육과 에듀테크를 강조하는 교육정책이 연일 공문으로 내려왔다. 자치와 자율을 말하지만 학교와 교사의 자율권은 점점 위축되었다. 강력한 블랙홀인 대학입시는 공교육 기반을 뿌리째 흔들었다.

교사들이 의욕적으로 하고자 하는 일은 사소한 이유로 제동이 걸렸다. 교실에서 발생한 위기는 곧 학교 전체로 퍼졌다. 학교 현장은 점점 위축되고 이는 무기력으로 이어졌다. 위축과 무기력은 모든 교사 사이에 번지기 시작했다. 열정을 다할 이유가 사라졌다. 사라진 열정 위에 우리는 엄청난 양의 행정업무에 짓눌렸다. 악성 민원은 불난 집에 부채질하는 꼴이었다. '문제 학부모'나 '꼰대 관리자'라도 만나면 교사의 삶 자체가 무너졌다.

이런 상황에서 '학생 주도성'이라는 단어는 악용되기에 아주 좋은 핑곗거리였다.

"네 스스로 해라."

이 말은 학생이 스스로 문제를 해결하고 그 책임도 지라는 의미로 변했다. 거기에 숨어있는 뜻은 '교사는 아무 상관없다.'이다. 의미가 훼손된 상태에서 교육정책에, 국가 교육과정에, 미래 교육에 핵심적인 역량이라고 역설해도 움직이지 않는다.

우리는 우리가 지닌 의문을 현장과 연결하여 풀었다. 학교 공동체에는 학생들만 있나? 교사들의 역할은 무엇인가? 또 다른 구성원은 없나? 그들 모두가 주도성을 발휘할 수는 없는 것일까? 주도성은 어떤 상황에서 나타나는가? 주도성은 고정불변인가? 등등 한번 시작한 의문은 꼬리를 물었다. 그런데 갈수록 교육 본질로 파고드는 것 아닌가. 모두 소매를 걷어붙였다.

가장 먼저 한 작업은 '학생 주도성'이란 단어를 뜯어보는 일이었다. 학교에는 누구나 주도성을 발휘할 수 있다고 생각하니 '학생'을 떼어 내야 했다. 이게 뭐 그리 대단한 일이냐고? 그렇다. 무심하게 사용하는 언어는 우리의 일상을 구속한다. 우리도 모르게 학교에서 주도성을 발휘할 이는 '학생'이고 '교사'는 그들을 도와야 한다고 생각하게 만든다. 이런 오해를 벗기 위해서는 몸뚱아리만 남겨야 했다.

다음에는 '주도성'과 '주체성'을 정리했다. '주체성'에는 행위를 하는 주체가 강조된다. 학생이면 '학생 ○○○', 교사면 '교사 ○○○' 학교 공동체가 함께 이끌어가면 '학교 ○○○' 이렇게 정리하면 될 일이다. 우리는 주체보다는 행위에 주목했다. 그래서 '주도성'으로 정리하였다. 그 후 학교 안에 일어나는 '주도성'의 모습을 살펴보았다.

'I, 주도성이란 무엇인가?'는 처음 가졌던 의문을 풀어나가면서 만난 결과이다. '주도성' 그 자체에 주목하여 풀어냈다.

'II. 주도성과 학교교육과정'에서 우리는 학교 안에서 주도성을 발휘하기 위해서는 학교교육과정이라는 틀이 중요하다고 보았다. 학교교육과정 안에서 교사와 학생의 반응이 나타날 수 있다. 특히 수업을 매개로 하여 교사는 수업을 개발하면서 주도성을 발휘하고, 학생은 수업 장면에서 주도성을 보여준다는 점을 언급했다.

'III. 주도성이 살아 숨 쉬는 현장 사례'야 말로 저자들이 특히 심혈을 기울인 부분이다. 아무리 주도성에 대한 개념을 잘 정리했다고 하더라도 임상적인 실천이 없다면 공허하다. 초·중등학교 수업과 학교 문화 속에서 주도성이 다양하게 나타나는 모습을 사례로 제시했다. 거기에 교사 문화 속에서 교사들이 주도성을 발휘하기 위한 여러 상황을 살펴보았다.

‘Ⅳ. 학교 안 주도성을 지원하는 공교육’과 ‘Ⅴ. 주도성을 발현하기 위한 조건’은 학교가 독립되어 존재할 수 없는 대한민국 교육 현실에서 교사와 학생의 주도성이 일어나고, 학교가 자율성을 발휘하기 위해서는 어떻게 지원해야 할 것인가를 살펴보았다.

우리는 모두 ‘주도성’이라는 씨앗을 품고 있다. 씨앗이 발아할 때 나오는 에너지는 무거운 돌덩어리도 들고, 탄탄한 아스팔트도 균열을 낸다. 무엇보다도 우리는 대한민국 교육에 ‘주도성’이라는 돌을 던져 파열음을 내고자 한다.

그저 교육부나 교육청에서 내려온 공문 속에 있는 죽어있는 용어가 아니라 뭇 생명들이 저마다 주도성을 발휘하여 요동치고, 그 파장이 서로에게 영향을 주어 꿈틀대는 학교를 보고 싶다.

‘주도성’을 무기력함에 핑곗거리 삼아 내뱉는 언어가 아니라, 수업을 개선하고 평가를 바꾸고 나아가 학교 문화를 활기차게 만들어내는 살아있는 활력소가 되기를 바란다.

무엇보다 생동감 넘치는 학교 모습을 상상하며 모두가 큰 소리로 ‘우리 살아있노라’고 외치는 학교를 만들어 가는데 이 책이 그 첫 번째 디딤돌이 되기를 간절히 바란다.

2023년 11월
저자를 대표하여

II. 주도성과 학교교육과정

III. 주도성이 살아 숨 쉬는 현장 사례

1장. 초등학교, 학생 주도성의 물꼬를 트다

2장. 학생 주도성이 발휘된 중등 프로젝트 수업

3장. 학생 주도성이 발휘되는 수업과 존중의 문화

4장. 진로, 진학의 고민에서도 빛나는 고교 아이들

5장. 교사 주도성을 높이는 방법과 문화

IV. 학교 안 주도성을 지원하는 공교육

V. 주도성을 발현하기 위한 조건

주도성이란 무엇인가?

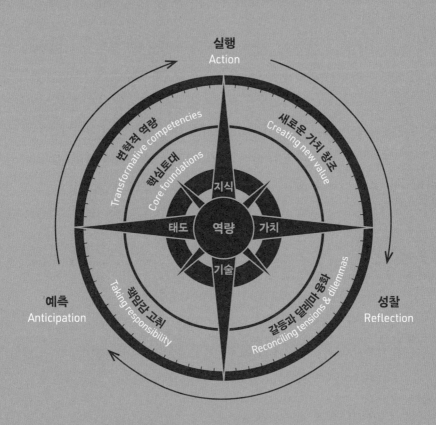

① 특별한 졸업식을 하고 싶어요

학생회장 A는 졸업식을 앞두고 고민에 빠졌다. 3년 동안 고등학교 생활을 한 건 다른 때와 큰 차이가 없다. 그러나 A가 학교에 다닌 기간은 특별했다. 온 세상을 휩쓴 감염병 탓이다. 원격수업이라는 낯선 형태의 수업을 받았고, 혹여 등교를 하는 경우에도 짝이 없이 혼자 앉아야 했다. 그리고 늘 마스크를 쓰고 있어야 했다. 그러니 친구를 사귀기도 힘든 3년이었다. 그렇게 시간이 흘러가고 졸업식을 앞두고 있는 상황이다.

"친구들 얼굴도 제대로 보지 못한 3년인데 졸업식마저 이렇게 하는 게 싫어요."

방역지침상 학생들이 한자리에 모여 졸업식도 할 수 없었다. A는 같은 학년 친구들에게 기억에 남는 선물을 하고 싶었다.

"그렇지? 그럼 어떻게 하면 좋을까?"

"선생님, 저희들이 조금 더 생각해 보고 말씀드려도 될까요?"

"그래, 학년 학생회에서 논의해 보고 말해주렴. 적극적으로 도와줄게."

A는 며칠 후에 한 장의 티켓을 들고 부회장과 함께 찾아왔다. 모두 한 자리에 모이기 힘들지만 졸업생들이 등교를 하니 학교 중앙현관을 공항 게이트처럼 꾸미고, 학교(INCHANG)에서 사회(SOCIETY)로 가는 여정과 각자의 이름을 새긴 티켓을 주고 싶다는 것이다. 이 표에는 3년 동안 학교 활동이 담긴 동영상을 볼 수 있는 QR 코드를 담았다.

A가 학생회 임원들과 함께 고민하여 만든 졸업식 티켓.
학교를 세계로 나가는 공항으로 생각한 아이디어도 뛰어나다.

그냥 넘어갈 수도 있는 일이지만, A는 감염병이라는 환경에 학창 시절을 아쉽게 보낸 친구들을 생각하며 학교장에게 자신의 의견을 제시했다. 이후 학생회와 협의하고, 졸업식 행사를 기획했다. 덕분에 졸업생들은 그 어느 해보다 특별한 졸업식을 했다.

이 움직임을 지켜본 교사들이 나섰다. 티켓을 가지고 학교 주변 음료수 가게에 가면 한 잔을 선물로 받을 수 있도록 주선했다. 온 마을이 진심으로 졸업을 축하했다.

A는 주도성이 있는 학생인가?

그는 학생회장이라는 자신의 위치와 해야 할 역할을 이용하여 동료 학생들의 아쉬움을 해소할 방법을 생각했다. 적절한 아이디어를 제시하고 이를 실현할 수 있는 경로를 찾았다. 이 과정에서 A는 다른 사람들을 움직여 힘을 모았다. 그 결과 공동체의 다른 집단인 교사들 마음마저 움직이게 하였다.

한 달이 지난 뒤 내 책상에 새로운 티켓이 하나 놓였다.

'젊음(YOUTH)' 으로 가는 티켓이었다.

'도움, 힘, 응원 주셔서 진심으로 감사드립니다' 라는 쪽지와 함께.

한 달 뒤 내 책상에 놓인 새로운 티켓

A가 그 해 졸업식 행사에 아이디어를 내고 전체적인 분위기를 바꾼 것은 틀림없다. 앞장서서 행사를 만들어 갔으니 주도적인 역할을 한 것은 분명하다.

A는 영리했다. 자신의 위치와 역할을 알았고, 누구의 도움을 받아야 하는가를 분명히 이해했다. 무엇보다 학교 내 모든 구성원이 공감할 수 있는 아이디어를 제시했다. 그 아이디어는 모든 학생의 아쉬움을 대변했다. 그리고 3학년 학생회 임원들과 힘을 모았다. 그러나 졸업식이라는 행사는 단순히 학생회 단독으로 결정할 일이 아니다. 실현할 수 있는 경로를 찾아내고 설득했다. 이 과정에서 학생회에서 제시한 의견을 적극적으로 도와준 교사회, 학부모회의 힘이 컸다. 막힐 때마다 조언을 아끼지 않았다.

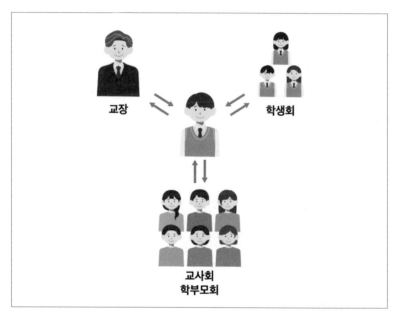

A가 자신의 아이디어를 실현시키는 과정에서 맺은 관계도

앞에서 본 그림은 자신의 아이디어를 열매 맺기까지 맺은 관계도이다. 이 과정을 살펴보자.

[아이디어] 특별한 졸업식을 하고 싶어요.

↑↓

[교사회·학교장] 좋은 생각이다. 학생회와 의논해 보렴.

↑↓

[학생회] 항공 티켓을 만들어 보자.

↑↓

[교사회·학부모회] 온 마을이 함께 축하하는 의미를 담을 수 없을까.

이런 질문을 해보자.

1. A가 다닐 당시에 감염병으로 인한 어려움이 없었다면?
2. A가 특별한 졸업식을 생각하지 않았다면?
3. 학생회(또는 교사회, 학부모회)가 동조하지 않았다면?
4. 교장의 지지가 없었다면?
5. 행정실이 예산 집행에 협조하지 않았다면?

1~5의 질문에 어느 하나라도 '그렇다'라고 말한다면 이 아이디어는 실현될 수 없었을 수도 있었다. 만약 실현되지 않았다면 A는 주도성을 발휘할 기회를 잡기 어려웠을 것이다.

'스스로 하라'는 말을 많이 한다. 그러나 학교라는 틀 속에서 학생이 스스로 한다는 것이 얼마나 어려운가를 우리는 잘 안다. 물론 교사도 마찬가지이다. 학교 안에서 학생이나 교사가 스스로 하려고 해도 실현하는 과정에서 겪는 어려움은 있다. 주도성을 발휘하고 실현하려면 학교 안에서 저해하는 요소를 극복하면서 상호작용[1]을 잘 끌어내야 한다.

'주도성'이란 무엇인가?

주도성은 경영에서 사용된 용어이다.

현장 중심 경영이 강화되면서 경영에서 주도성이란 구성원 개개인이 자신에게 주어진 업무를 '왜' 하는지, '무엇'을 해야 하는지, '바람직한 결과'가 무엇인지를 파악하여 책임을 다해 일을 완수하는 의지/행동을 말한다. 즉, 조직 내에서 자신의 사명이 무엇인지를 명확히 인지하고, 업무 수행을 위해 필요한 제반 지식과 정보를 스스로 획득하여 일정 기간 내에 성과를 창출해 내는 행동을 Personal Initiative이라고 했다(황인경. 2004).

스티븐 코비는 그의 저서 〈성공하는 사람의 7가지 습관〉에서 주도성을 proactivity라고 말하며 '주도성(proactivity)이란 단어를 요즈음 경영학 문헌에서 쉽게 찾아볼 수 있게 되었지만, 대부분의 사전에서는 찾지 못할 것이다. 이것은 단순히 솔선해서 사는 것 이상을 의미한다. 이 말의 의미는 스스로의 삶에 대해 책임을 져야 한다는 뜻'이라며 개인의 책임을 강조하고 있다.

initiative와 proactivity는 우리말로 '주도성'으로 옮긴다. 그러나 그 느낌은 미세한 차이가 있다. 'initiative'는 특정한 문제 해결 목적 달성을 위한 새로운 계획, 진취성, 결단력, 자주성을 포함하는 개념이고, 'proactivity'는 사전 행동, 사전 대비를 강조한 상황을 앞서서 주도하거나 사전 대책을 강구한다는 의미가 있다.

---

1   주도성을 논할 때 상호작용은 매우 중요한 요소이다. 이는 주도성의 특성에서 자세하게 다루기로 한다.

최근에, OECD가 Student Agency(학생 행위 주체성, 학생 주도성)라는 용어를 사용하였다. 이를 우리말로 옮기면서 '주도성'과 '주체성'을 섞어 사용하지만 이 글에서는 '주도성'으로 사용한다.

이 글에서 사용하는 '주도성'의 의미는 다음과 같이 정리한다.

주도성이란

'어떤 일에 ①주체가 되어 ②이끌거나, 부추기는 행위'이다. 즉, 주도성이 있다고 말하려면

[①-1] 그 사람이 어느 단체나 어떤 일의 중심에 있는지

[②-1] 단체나 일의 목적을 달성하기 위해 이끌어가거나 서로 협력할 수 있도록 부추기는지를 살펴야 한다.

2

우리는 주도성을
어떻게 생각하고 있을까?

주도성은 '어떤 일에 주체가 되어 이끌거나, 부추기는 행위'라고 했다. 주도성에 대한 다양한 의미는 학자들의 견해를 소개하면서 언급할 예정이다.

우리가 주목한 것은 주도적이라는 행위의 양상이다. 즉, 이 행위가 나타나는 모습과 함께 어떻게 영향을 미치는지를 살펴보아야 한다.

그 기준은

• 중심에 있는가?
• 변화를 가져오는가?

이 두 가지로 삼았다.

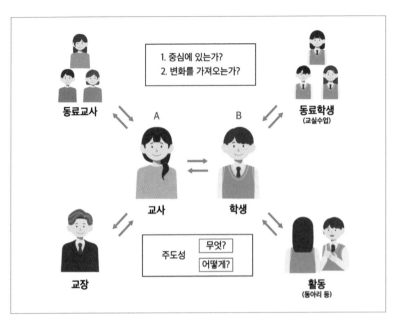

학교라는 공간으로 한정해 주도성이 일어나는 모습은 그림처럼 형성된다.

이 글에서 주도성이 일어나는 공간을 학교로 한정하여 언급할 수밖에 없다. 실제로 주도성은 어느 공간에서건 나타난다. 인간 사회는 상호작용이 기본이기 때문이다.

학교 안에서 주도성이 나타나는 모습은 일상적으로 일어나는 교육활동 중, 어느 한 개인이 자신의 생각을 구체화하는 과정에서 중심으로서 이끌거나 분위기를 만들며 부추기는 모습과 함께 실제로 일어나는 변화로, 그 당사자를 포함해 관련 있는 사회에 미치는 영향을 살펴보아야 한다.

학교 안에서 주도성을 확인하려면 주도성을 발휘하는 주체가 누구인지를 보아야 한다.

[질문] 주도성을 어떻게 발휘하는가?

1. 주체가 교사인가?

2. 주체가 학생인가?

흔히 학교 안에서 일어나는 주도성을 대립적으로 사용한다. 즉, '교사 주도성 vs 학생 주도성' 으로 구분하여 학생 주도성을 강화하면서 교사 주도성은 배제하려는 경향이 있다. 그 이유는 교사와 학생이 중심이 되는 교육활동을 수업으로 좁게 보기 때문이다. 이렇게 접근하면 주도성을 살펴보기 위해서는 교사와 학생의 관계만을 보게 된다. 주로 수업 장면이 등장한다.

학교는 치밀한 관계망을 형성하고 있다. 이 관계망에는 학부모와 지역사회가 포함된다. 그 뿐만 아니라 각 구성원들은 개인과 개인이, 그룹과 그룹이 치밀하게 영향을 주고받는다. 이 복잡한 관계망 속에서 주도성은 어떻게 나타나고 어떤 변화가 생기는지 살펴보아야 한다.

교사(A)는 교사그룹, 관리자그룹과 관계를 맺고 있다. 지역사회와 학부모와도 정도의 차이는 있을지언정 영향을 주고받는다. 이 관계 경험이 교사(A)에게도 주도성을 발휘할 수 있는 요인이 된다. 이 경험은 학생(B)과의 만남에도 미친다. 학생(B)도 마찬가지이다. 동료 학생들과 수업, 창의적체험활동 또는 학부모와 지역사회의 영향을 받고 이 경험은 자신의 행위에 영향을 미친다.

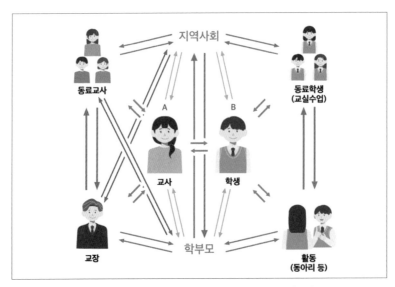

학교는 복잡한 관계망을 형성하고 서로 영향을 주고 받는다.

다시 학생회장 A의 사례를 보자.

아이디어 실현에 A 혼자 힘으로는 어렵다. 마찬가지로 학생회라는 한 공동체 만으로도 실현되기는 쉽지 않다. 학교 안에서 있는 여러 공동체가 밀접하게 검토하고 힘을 보태면서 하나의 아이디어는 새로운 형태의 졸업식이라는 모습으로 구현되었다.

이 과정에서 학생회장 A의 주도성은 무엇이고, 어떻게 발휘되었을까.

이 과정에서 학생회장 A는 중심적인 역할을 했다. 자신의 아이디어를 학생회를 통해 풍부하게 만들었고, 티켓을 디자인하였다. 교사회와 학부모회가 함께 하였고 학교에서는 정식으로 졸업식 행사로 발전시킨 것이다.

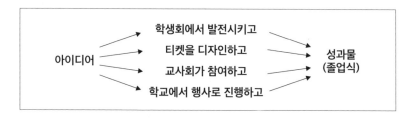

그렇다면 학생회장 A의 행위는 주도성이 나타난다고 판단할 때 제시한 두 가지 기준에 부합하는가?

- 중심에 있는가?
- 변화를 가져오는가?

그는 그 일의 중심에 있었고, 모든 상호과정에 관여했다. 그리고 변화를 이끌었다. A는 당연히 주도성을 발휘하였다. 설령 변화를 이끌어내지 못했더라도 주도성이 없다고 판단할 수는 없다. 또한 그에게 늘 주도성이 있을 것이라고 속단해서도 안 된다.

학교 안에서 학생들에게 주도성을 가지라고 말하기는 쉽다. '어떻게 가질 수 있나' 라는 질문에 답하기는 참 어렵다. 더구나 학교 안에는 수많은 구성원이 서로 역학관계가 형성되어 있다. 이것을 극복하는 과정이 필요하다. 막상 부딪혀 보면 절대 쉽지 않다는 걸 알게 된다. 교사(A)도, 학생(B)도 마찬가지다. 이들에게 주도성이 있다, 없다고 규정짓기는 매우 곤란하다. 이는 학교 안의 모든 구성원이 다 똑같다.

주도성은 변하는가?

주도성은 고정불변인가?

주도성은 상호작용 속에서 나타난다고 했다. 그렇다면 주도성은 개인이 지닌 고유의 성향이 아니란 의미인가? 다른 상황에서는 나타나지 않을 수 있다는 의미인가?

Bandura(2001)는 개인의 삶에서 자신의 본성과 삶의 질을 통제할 수 있는 능력이 인간의 본질이라고 했다. 그는 개인의 기준과 상황에 따라 행동의 옳고 그름에 대한 도덕적 판단을 내리고 행동하는 자기 반응성, 그리고 자신의 동기, 가치, 추구하는 삶의 의미를 평가하는 자기 성찰이 일어난다고 보았다.

그러나 주도성에 대한 개인적 측면을 강조한 개념화는 사회 구조나 문화 등이 개인에 미치는 영향을 과소평가한다는 비판을 받는다. (소경희, 2018)

주도성이 사회 구조에 영향을 받는다는 입장으로는 Archer(1996)가 있다.

그는 주도성과 구조 간의 상호작용에 따른 변화를 세 단계로 제시한다. 첫째는 '구조적 조건화' 단계로 이는 행위 주체의 의지와는 상관없이 먼저 존재하는 구조를 가정하는 단계이다. 둘째는 '사회적 상호작용' 단계이다. 여기서 사회구조 속의 개인과 집단은 상호작용하면서 서로 영향을 미친다. 셋째는 '구조적 정교화' 단계이다. 상호작용 결과 변화와 실패에 따른 결과가 나타난다.

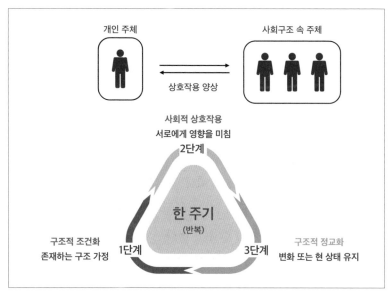

Archer의 상호작용에 따른 변화 세 단계

최근에는 생태학적 관점으로 주도성을 보는 견해도 있다.

이는 생태학적 맥락의 관계적—시간적 요인 간의 상호작용을 통해 주도성을 이해할 수 있다는 관점이다.

Emirbayer & Mische(1998)에 이어 Priestley et al. (2015)가 제시한 모델은 과거(반복적) — 현재(실천적 - 평가적) — 미래(투영적) 이라는 시간적 차원에서 핵심 요소들을 나타내고 있다.

생태학적 관점에서 행위 주도성은 개인이 소유하는 고정된 역량이 아니라, 개인이 상황에 따라 성취하는 것으로 정의된다. 이는 행위자가 어떤 능력을 가지고 있더라도, 그들이 주도성을 발휘할 수 있는 것은 그들의 역량과 처한 환경 조건과의 상호작용에 달려있다.

다시 앞에서 언급한 학생회장 A의 사례로 돌아가자.

A는 자신의 아이디어를 실현하는 과정에서 학교의 구성원을 만나고 설득하는 과정을 거쳤다. 자신을 이끌어 주는 교사를 만나고, 학생회와 협의하였다. 학교행사여서 학교장을 만나고 학부모들의 지지도 끌어냈다.

이를 '주도성'이라고 한다면 그는 '그들의 역량과 처한 환경 조건과의 상호작용' 속에서 주도성을 발휘하였다. A는 자신이 처한 환경 조건과 상호작용을 통해 자신의 아이디어를 현실화했다. 그러나 A가 모든 상황에서 주도성을 발휘한다고 할 수는 없다.

아이들은 모두 주도성이라는 씨앗을 품고 있다

씨앗은 아름답다. 색깔도 곱고 크기도 다양하다.

무 씨앗은 분홍빛으로 곱고 알이 제법 굵다. 갓 씨앗은 영롱하다. 구슬

같다. 당근 씨앗은 너무 작아 눈에 들어오지도 않는다. 크기와 모양이 제각각이라도 씨앗은 흙과 햇살, 적당한 물, 바람을 만나면 속에 품었던 제 속성을 아낌없이 드러낸다. 씨를 뿌리고 며칠 지나면 어김없이 싹이 돋아난다. 그리고 일정 기간이 지나면 제법 씨알이 굵어진다. 무는 땅속으로 깊게 파고 들어가 튼실한 열매를 맺고, 갓은 적당한 크기로 이파리를 키워낸다. 너무 작아 저 속에 열매가 들어있을까 의심을 거듭했던 당근도 제 몫을 단단히 한다.

주도성은 씨앗을 닮았다.

모든 사람은 다 주도성이라는 씨앗을 품고 있다. 씨앗처럼 주도성은 적당한 조건을 만나면 꽃을 피우고 열매를 맺는다.

아이들도 마찬가지이다. 어른들의 짐작과는 상관없이 자신이 품었던 속성을 조건이 맞으면 마냥 풀어놓는다.

Margaret Vaughn은 '모든 아이가 주도성을 가지는 능력이 있다'는 점에 주목했다. 다시 말해 모든 아이는 잠재적으로 주도성을 발휘할 씨앗을 그 속에 품고 있다는 것이다. 이 씨앗이 햇살과 적당한 물과 흙을 만나 발아하는 시기와 형태가 제각기 다를 뿐이지만 상호작용을 통해 그들이 품고 있던 열매를 고스란히 내놓는다.

내 눈에 보이지 않았던 당근 씨앗은 그 어느 열매보다도 크게 땅속으로 깊게 들어갔다. 맛도 달게 들었다.

우리 아이들도 마찬가지이다. 제 안에 주도성이 존재한다는 걸 모르고 있었더라도, 발휘할 기회를 만나면 여지없이 주도성을 발휘한다. 학교 안에 있는 아이들은 씨앗 상태로 있는 경우도 있지만 발아하여 다른 이들에게 영향을 미치기도 한다.

결국은 맥락이다

맥락은 곧 흐름이다. 그것이 시간적이든, 공간적이든 상관없다. 서사(story)를 형성한다. 맥락을 이해한다는 말은 곧 앞, 뒤를 파악한다는 의미이다. '맥락'이라는 말을 이해하려면 '장면'을 떠 올리면 된다.

청소 시간이었다. B와 C는 우리 반 특별구역 담당이다. 학교 건물 뒤쪽에 큰 나무가 서 있는 곳이라 초겨울이면 낙엽이 많았다. 교실 청소가 다 끝나 특별구역에 나가보았다. 그런데 B와 C가 나무 아래 긴 의자에 앉아 이야기하고 있는 게 아닌가. 화를 먼저 냈다.

"너희들은 청소 안하고 뭐하고 있는 거야?"

B와 C는 놀라 벌떡 일어났다.

"아니에요. 저희 청소 다 하고 선생님 오실 때까지 기다리고 있었어요."

"그냥 노닥거리고 있더구먼. 얼른 들어가!!"

B와 C는 쭈뼛쭈뼛 교실로 들어갔다.

다음 날 아침, 내 책상에 메모지가 한 장 놓여 있었다.

"선생님, 저 B예요. 어제 선생님이 화를 너무 내셔서 미처 말씀드리지 못했는데요. 저희는 정말 청소를 다 했어요. 낙엽도 다 주워 버렸고요. 얼른 끝내놓고 C랑 막 자리에 앉아 이야기했던 거예요."

미안했다.

나는 B와 C가 긴 의자에 앉아 이야기하는 '장면'만 보았다. 조금만 침착하게 앞뒤를 살폈더라면 그들이 자리에 앉기까지 맥락을 파악할 수 있었을 것이다. 그랬다면 화를 내지 않았을 텐데. 그 둘에게 사과하니, 유쾌하게 괜찮다고 했다.

하나의 상황을 파악하는 방법으로 '장면'을 보거나 '맥락'을 볼 수 있다.

'장면'은 그 순간이 눈에 들어온다. 내 눈으로 확인했으니 분명하다. 그러나 장면은 왜곡되는 경우가 많다. 반면에 '맥락'은 일이 진행되는 순서에 따라 파악한다. 즉, 앞과 뒤의 상황을 알게 되고 그 속에서 나타난 행동을 본다.

주도성이 나타나는 모습을 살필 때에는 '맥락'을 확인해야 한다.

주도성은
어떤 특성을 나타내는가?

자신이 조정할 수 있을 때라야 맞춤형이다

2022 교육과정에서 핵심어는 '학생 맞춤형'[2] 이다. 학교는 학생 자신의 적성과 흥미에 따라 과목을 선택하고 학습할 수 있도록 지원한다는 의미이다. 학교에서 '학생 맞춤형'이라는 말을 쓰게 되면 교사와 학교는 '맞춰주기' 위해 교육과정을 움직여야 한다는 의미가 된다. 즉, 주도성을 발휘하는 존재는 학생으로 국한된다.

그러나 학교 안에 있는 모든 구성원은 주도성을 발휘하는 존재이다. 마찬가지로 학교 역시 주도성을 발휘해 자율적으로 움직여야 한다. 학교 안에 있는 모든 존재는 주도적으로 움직인다. 다만 상호작용을 통해

---

[2] 2022 교육과정에서는 '학습자 맞춤형'이라는 단어를 사용한다. 그러나 이 글에서는 전체적인 맥락에 따라 '학습자 맞춤형'을 '학생 맞춤형'으로 통일하여 사용한다.

주도적으로 움직일 수 있는 여건을 만들어야 한다.

학교는 결국 학교교육과정으로 주도성을 발휘할 수 있다. 학교 안에 있는 구성원들은 학교교육과정 안에서 움직인다.

'주도적으로 하면 좋지. 우리 아이들은 주도성이 없어'

학생들을 가르침의 대상으로 대할 때 흔히 하는 말이다.

2022 교육과정에 많은 영향을 준 'OECD 교육 2030 학습 나침반'을 살펴보자.

학습 나침반이 지향하는 최종 목적은 개인과 사회의 웰빙이며, 이는 학생이 또래, 부모, 교사, 마을 등 주변 사람들과 협력하며 책임감 있게 생각하고 참여함으로써 이루어진다. 웰빙으로 가는 길은 여러 갈래다. 학생이 자신의 삶에 책임감을 가지고 선택하고 실행하며 개인과 사회의 성장에 기여하는 모습을 학생 주도성(Student Agency)이라고 말한다. 학교는 주도성이 잘 일어나도록 도와주는 역할을 한다. 이를 교육과정에서 '학생 맞춤형'이라고 표현했다.

용어는 개념의 범위를 제한하는 경우가 많다.

'학생 맞춤형'이라는 말은 2022 교육과정과 미래교육의 핵심어로 사용하기 위해 야심차게 등장했으나 오히려 학교 안에서 제한적으로 사용될 가능성이 높다.

마찬가지로 '주도성' 앞에도 학생, 교사라는 행위 주체를 나타내는 사용할 때는 논의 대상을 분명하게 구분하여야 한다. 학생 주도성은 교사 주도성이나 학생 맞춤형의 상대적인 개념으로 사용하면 안 된다. 학생 주도성은 학생에게 나타나는 주도성이라는 의미이고, 교사 주도성은 교사가 발휘하는 주도성이라는 말이다.

맞춤형이란 '얼린 요거트'이다

John Spencer와 A.J.Juliani는 『임파워링 (자기주도학습자로 성장시키는 힘)』에서 미 공군의 사례를 들어 맞춤형을 설명하고 있다. '헬멧 끈을 조정할 수 있게 만들어라. 페달도 조정할 수 있게 만들어라. 조종석 의자 또한 조정할 수 있게 만들어라'

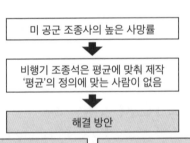

미 공군은 '시스템 안에서 유연성을 구현'함으로 문제를 해결했다.
John Spencer와 A.J.Juliani는 이를 학교에서 아이들이 내용과 과정 모두에 대해 주인의식을 갖게 하는 방식으로 '얼린 요거트' 모델을 제시한다.

미국 조종사들은 각자의 필요에 따라 조종석을 조정할 수 있게 되었다.

John Spencer와 A.J.Juliani는 맞춤형은 내용과 과정 모두에 대해 주인의식을 갖게 하는 것이라고 한다. 그는 아이스크림 구입을 예로 들고 있다.

1. 좋아하는 맛을 선택하고 싶다면? 베스킨라빈스
2. 아무도 찾지 않을 아주 독특하고 특별한 아이스크림을 원한다면? 콜드스톤[3]
3. 아이스크림을 손에 넣는 전 과정에서 주인의식을 발휘하길 원한다면? 얼린 요거트[4]

모든 과정의 주인이 되는 것은 '얼린 요거트' 모델이다. 여기서는 내가 원하는 맛은 물론 양 조절과 토핑도 내가 선택한다.

'맞춤형'이란 모든 과정의 주인이 되는 것이다. 미군 조종사가 조종석에 앉아 의자에서 헬멧, 페달을 스스로 맞추는 과정이다. 이를 주도성이라 한다.

맞춤형이란 누군가가 나에게 맞춰 주는 것이 아니다.

내가 나의 의지로 조정하여 맞추는 것이다.

학생 맞춤형도 마찬가지이다.

---

3 아이스크림과 그 외 재료를 선택하면 차가운 돌 위에서 비벼주는 미국의 아이스크림 전문점

4 얼린 요거트는 진짜 아이스크림과는 좀 다르다. 얼린 요거트를 파는 가게에서는 내가 원하는 맛을 직접 골라야 한다. 양 조절도 가능하다. 토핑 역시 선택해야 한다. 여기서는 자신이 모든 과정의 주인이 된다.

자발적인 선택이라야 주도성을 발휘한다

'나는 주도성이 있을까?'

'학교에서, 동료들과 무슨 일을 할 때 주도적으로 참여한다는 것은 무엇일까?'

갑자기 걱정이 밀려온다. 주위를 돌아보면 모든 이들은 스스로 잘한다. 체계적으로 계획을 세우고 치밀하게 진행한다. 이 과정에서 많은 사람들과 교류하면서 성과물을 만들어 낸다. 부럽다. 나는 어디서, 어떻게 시작해야 할지도 모르겠다. 수줍은 성격 탓에 다른 사람들을 적극 설득하지도 못한다. 매번 애면글면 속만 끓이다 시기를 놓치는 경우가 많다. 그렇다면 나는 주도성이 없는 걸까?

스스로 선택하고 책임을 지는 사람이 주도성을 발휘할 가능성이 더 높다.

스스로 선택한다는 말은 자발성이다. 자발적 선택이 아니라면 강요된 선택도 있다는 말인가? 그렇다. 어쩔 수 없이 마지못해 선택할 수도 있다. 이런 경우 주도성을 발휘하기란 매우 어렵다.

선택을 하려면 먼저 자신이 무엇을 필요로 하는지 파악해야 한다. 그리고 이 선택이 나에게 미칠 영향도 고려해야 한다. 선택을 한 이후에 진행에 따라 필요한 부분을 확인해야 한다. 혼자서 감당할 수 있지만 그렇지 않은 경우도 많다. 문제가 발생하기도 하고 의도치 않은 어려움이 생기기도 한다. 그럴 때마다 원인을 파악하고 해결하기 위해 타인의 손을 빌려야 한다.

자신의 선택에 꼭 필요하다면 아무리 관계 맺음이 서툴더라도 다른 사람에게 손을 내민다. 이루고 싶다는 강한 욕망이 그를 간절한 상태로 만든다. 이 간절함은 자신의 선택을 타당한 결과로 이끌어가는 방법을 찾아 행동하게 한다.

자발적 선택은 과정과 결과에 책임진다. 책임이란 자기 자신이 주도가 되어 어려움을 해결하고자 하는 마음과 행동이다.

선택과 책임은 늘 함께 다닌다.

그렇다고 모든 선택에 책임을 요구할 수 없다.

선택에는 자발적 선택과 함께 강요된 선택, 어쩔 수 없는 상황에서 해야 하는 선택도 많다. 선택을 했지만, 환경이 받쳐주지 않는 경우도 있다. 여기서 환경은 바로 자율성이 발휘되는 것이다.

고등학교 교육과정은 학생이 선택해야 할 과목이 많다.

공통과목은 개인적인 선호도와 상관없이 학습한다. 그러나 선택과목(일반선택, 진로선택, 융합선택)은 여러 조건을 고려하여 학생 본인이 선택한다.

이러한 상황에서 학생에게 선택의 기회를 제공하기 위해 학교는 많은 노력을 해야 한다.

즉, 학생의 선택 이전에 학교가 먼저 환경을 조성해야 학생은 자발적 선택을 통해 주도성을 발휘할 기회를 갖게 된다는 의미이다. 그럼에도 교육과정 선택에 자율성이 없다면 학생의 선택은 무의미하다. 이런 경우 책임을 말할 수 없다.

교사가 학생이 주도성을 발휘하기를 원할 때, 교장, 교감이 교사가 주도성을 발휘하기를 원할 때 어떻게 해야 할까. 먼저 이 질문에 답해보자.

1. (교사/교장·교감)은 (학생/교사)가 선택할 수 있도록 기회를 제공했는가?
2. 그 선택을 존중했는가?
3. 선택에 따른 목표를 이루기 위한 자율성이 있는가?
4. 장면보다 맥락을 이해하는가?
5. 실패한 경우 다시 일어설 수 있도록 격려했는가?

앞에서 주도성은 씨앗이라고 했다. 이 씨앗이 발아해서 열매를 맺기까지 결합하는 환경과의 상호작용이 필요하다고 했다. 학교 안에서 주도성을 발휘하려면 자율적인 학교 환경이 중요하다.

효과적인 지지가 있어야 주도성을 발휘한다

공원에 할머니와 함께 나온 꼬마가 있었다. 걸음마를 배운 지 얼마 되지 않아 곧 넘어질 것 같았지만 그래도 할머니 손을 꼭 잡고 걸었다.

공원에는 작은 언덕이 있었다. 그다지 높지는 않지만 그래도 아이가 오르기에는 힘겨워 보였다. 언덕에 올라간 아이가 빠른 걸음으로 내려오다가 그만 넘어졌다. 그래도 할머니는 괜찮다는 말만 하며 가만히 있었다. 아이는 다시 일어나 언덕으로 올라가더니 빠른 걸음으로 내려왔다. 지나가던 사람들이 아이가 넘어지겠다고 말해도 할머니는 그냥 두라고 하셨다. 마침내 아이는 할머니 앞까지 넘어지지 않고 내려왔다. 아이가 손을 번쩍 들며 말했다. '드디어!!' 그제야 할머니는 아이를 꼭 안으며 잘했다고 말씀하셨다.

아이는 주도성을 발휘한 경우이고 할머니는 아이가 주도성을 발휘할 수 있도록 도와주고 있다. 먼저 아이의 행동을 살펴보자.

언덕에 올라가서 내려오고 싶은 욕망이 있어 아이는 그 길을 선택했다. 위험하지만 언덕으로 올라갔다가 내려오기를 반복한다. 넘어지고 비틀거리지만, 마침내 언덕 아래로 무사히 내려왔을 때 만세를 부르며 성취감을 맛본다. 그의 행동은 매우 주도적이다.

할머니의 행동은 어떠했는가. 주위 사람들이 위험하다고 말해도 그냥 두라고 했다. 아이가 넘어졌을 때는 괜찮다고 말하며 응원했다. 아이가 성공했을 때 비로소 따스하게 안아 줬다.

학교 안에서 역할도 마찬가지이다.

주도성을 발휘해야 할 사람은 스스로 움직여야 한다. 발휘할 수 있도록 도와주는 사람은 그가 자율적으로 성취할 수 있도록 격려하고 응원해야 한다.

상호작용 속에서 주도성이 발휘된다

주도성은 상호작용 속에서 발휘된다.

상호작용은 소통이다. 베르나르 베르베르는 자신의 소설에서 개미는 페로몬이 있어 수백만의 개미가 동시에 같은 감정을 느낄 수 있다고 했다. 남들이 경험한 것을 동시에, 똑같이 느낀다면 이 세상에 오해는 생기지 않을 것이다. 그러나 인간 세상에서는 불가능한 일이다.

부모와 자식 간 이라 하더라도 힘들다. 운명의 끈으로 연결되어 있으니 떨어져 있어도 통하는 게 있으리라고 생각한다. 간혹 텔레파시가 통하는 경우가 있다. 그렇다고 이를 전적으로 믿을 수 없다. 가족 간에 '내 마음 알지?' 라고 말하는 것. 이는 매우 어려운 암호문이다. 무엇을 안다는 것인가. 듣는 사람은 전혀 알 수 없다. 더구나 남남이 만나 관계를 맺고 있는 공간인 학교에서 이런 일은 아예 없다고 생각해야 한다.

그렇다고 단순한 의사 교환이 소통일까?

바닷가를 지나가는 세 사람(A, B, C)이 있었다.

한 사람이 물에 빠져 도움을 요청하였다.

A는 이렇게 말했다.

"미안하네. 난 너무 바빠. 밭에 물을 줘야 하거든."

B는 생각이 많은 사람이었다.

"어떻게 할까. 내가 이 사람을 도와준다고 하더라도 또다시 빠질 수 있겠지. 그렇다고 당장 도와주지 않으면 죽을 거고. 이럴 수도, 저럴 수도 없군."

B도 그냥 지나치고 말았다.

C는 사람을 가엽게 생각했다.

"어떻게 하면 될까요? 돕는 것도 중요하지만 우선 몇 가지 생각해 보기로 합시다. 이렇게 된 것은 다 당신 탓이니 스스로 이겨 내도록 하세요."

A, B, C와 물에 빠진 사람 간에는 소통이 이루어졌는가?

A는 밭에 물을 줘야하기 때문에 바쁘다고 했고, B는 생각만 하다가 지나갔다. C는 스스로 이겨 내야 한다는 충고와 함께 또 지나갔다.

학교 안에서 나는 어떤 사람인가?

다른 교사와 학생이 도움을 요청할 때 어떻게 하는가?

이번에는 반대로 내가 물에 빠진 사람 입장이다.

A, B, C 중 누가 나를 도와주는 사람인가?

단순한 의사소통은 주도성을 발휘할 수 있는 상호작용이 아니다.

소통은 진정성을 담아 다가갈 때 가능하다. 상대방을 존중해야 한다. 행여나 있을 수 있는 나의 권위를 빌어 다가가면 이미 소통은 멀어진다.

소통은 어떻게 해야 하는가.

말(言語)이 가장 효과적이다. 글은 화자의 마음을 온전히 전하기에는 한계가 있다. 단어와 단어 사이를 채워 주는 표정, 말투, 동작 등 비언어적 표현을 담기가 어렵기 때문이다. 최근에는 이모티콘으로 대체하지만 역부족이다.

표정을 볼 수 없는 대화는 오히려 더 나쁜 결과를 가져올 수 있다. 가장 좋은 방법은 얼굴을 마주 보는 대화이다.

일단 머릿속 생각이 입을 통해 내 몸 바깥으로 나가는 시간이 길어야 한다. 호흡을 가다듬어 천천히 내뱉어야 한다. 그래도 짧다. 어떻게 더 길게 하냐고? 방법은 있다. 상대방이 말하게 하면 된다. 예를 들어 상대방의 탐탁지 않은 행동을 발견하면 그 즉시 언성을 높이고 지적한다. 이걸 멈춰야 한다. 그래서 호흡을 가다듬으라는 것이다.

지적을 하더라도 먼저 해야 할 일이 있다. 그건 바로 맥락을 파악하는 일이다. 상대방의 이야기를 들어야 한다. 왜 그런 행동을 했는지 앞, 뒤를 듣고 잘잘못을 가려야 한다.

그럼에도 지적은 평등한 관계를 무너뜨린다. 특히 한 장면을 보고 하는 지적은 오해를 만들 수 있다. 받는 입장에서는 황당할 수도, 아니면 반발할 수 있다. 결국 마음에 벽이 생긴다.

관계를 잘 유지하는 사람은 대화를 통해 맥락을 잘 이해하려고 애쓴다.

맥락 파악이 발휘하는 힘은 어마어마하다. 내 생각을 말랑말랑하게 만들고 서로의 관계를 말랑말랑하게 한다. 이는 상대방도 존중받는다는 느낌을 받아 자존감을 잃지 않는다.

움직이는 것과
움직이게 하는 것

저는 어두운 곳으로 떨어지고 말았죠. 그러던 어느 날 밤, 어린 시절 보던 아주 낡은 책을 펼쳤는데 전화번호 하나가 툭 떨어지더라고요. 이탈리아 여행 때 만났던 어린 소년의 번호였어요.

즉시 그 번호로 전화를 걸었습니다. 전 이탈리아어를 하나도 못 했어요. 그렇지만 그 이탈리아인 부부의 이름을 반복해서 말했죠. 그러곤 제 전화번호를 남겼어요. 그다음 날 그 부부가 통역사와 함께 전화를 걸어왔어요. 절 그리워했다고, 걱정했다고 하시더군요. 전 그분들께 제 삶을 바꿀 준비가 되었다고 말씀드렸죠. (브랜던 스탠턴, 〈휴먼스〉, 103쪽)

이 이야기의 주인공은 러시아 고아원에서 자랐다. 어느 날 이탈리아인 부부가 찾아와 아이를 입양한다. 주인공은 이들 부부와 함께 이탈리아로 갔지만, 적응하지 못하고 다시 러시아로 돌아갔다. 설상가상으로 그 부부의 연락처가 든 가방도 잃어버렸다.

그에게는 또 안나라는 고아원 선생님이 있었다.

> 선생님은 제가 삶을 잘 살아가도록 준비를 시켜주셨습니다. 설거지나 청소
> 같은 소소한 일을 하도록 가르치셨고, 옳고 그름에 대해서도 가르쳐주셨죠. 선
> 생님은 제게 사랑을 보여줬어요. 선생님도 자신이 제게 무엇을 해주었는지 아
> 세요. 그렇게 해주신 게 선생님이었다는 걸 알죠. 저는 크리스마스마다, 생일
> 마다, 여성의 날마다 선생님께 연락을 드리고 선생님 덕분이었다고 말씀드려
> 요. (같은 책, 101쪽)

그는 결국 이탈리아로 돌아가서 가족이 되었고, 이제는 가족을 확장하
고 싶은 소망을 품고 아이들에게 자신에게 일어난 모든 일을 전하고 싶
어 한다.

감동적인 이야기이지만 우리의 주제에 따라 주도성에 집중한다.
이야기의 주인공을 A라고 하자. 안나 선생님은 B, 이탈리아인 부부는
C로 놓고 어떤 상호작용이 일어났고 그에 따라 각각의 역할은 어떻게
변했는지, 그리고 어떤 결과가 생겼는지 살펴본다.

1. A는 고아원에 있는 아이였다.
2. C는 A를 입양하고자 했다.
3. A는 입양에 적응하지 못했고, C의 연락처마저 잃어버렸다.
4. B는 A가 잘 살아가도록 준비를 시켰다.
5. A는 B에게 감사한 마음을 가지고 있다.
6. A가 우연히 잃어버렸던 C의 전화번호를 찾았다.

7. A는 용기를 내 전화를 했다.

8. C 역시 A를 그리워했고, 걱정했다고 답했다.

9. A는 이제 삶을 바꿀 준비가 되었다고 말한다.

이 글의 서사구조이다. 1에서 9까지 가는 과정속에서 주도성이 나타나는 모습을 살펴보자. 상호작용을 통해 주도성을 발휘하는 쪽은 '움직인다'. 상대편을 '움직이게 한다'.

학교 안에서 교사-학생의 구조에서 일방적으로 학생이 '움직인다' 이고, 교사가 '움직이게 한다' 가 아니다.

이는 앞에서 예로 든 학생회장 A의 사례에서 이미 나왔다.

학생회장 A는 '움직이다' 와 '움직이게 하다' 를 상황에 따라 반복했다. 여기에 상호작용을 하게 되는 다른 구성원들 역시 '움직이다' 와 '움직이게 하다' 를 상황에 따라 반복했다.

이 글의 서사구조에서 '움직이다' 와 '움직이게 하다' 가 작동되는 방향(화살표로 표시)을 살펴보자. 모든 서사구조가 다 의미 있는 것은 아니다.

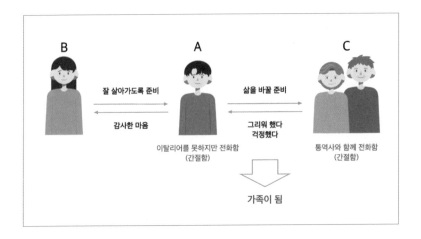

4, 5번과 7~9번이 중요하다.

구성원 간의 상호작용에서 생길 수 있는 어려움은 간절함으로 극복한다.

'움직이다'와 '움직이게 하다'를 반복하는 가운데 간절함으로 결과를 성취한다.

A는 주도성을 발휘하여 결과를 얻었다. A가 결정적으로 주도성을 발휘할 수 있도록 도와준 사람은 C이지만, 이러한 주도성을 준비시킨 사람은 B이다.

- 6 -

학교 안에서
주도성이 나타난다는 것은

서로를 이해한다는 것

"수업 시간에 모자를 눌러쓰고 고개를 푹 숙이고 있는 학생 때문에 속
상해요."

3주체 협의회에서 교사 대표가 말했다.

학교에 한때 마스크를 쓰고 등교해야 하는 시절이 있었다. 모든 학생
이 마스크를 쓰고 있으니, 교실은 정적만이 흘렀다. 간혹 몇몇은 게다가
모자까지 푹 눌러쓰고 있었다.

교사도 마스크를 착용하고 수업을 이끌어가야 하는 시기라 활동적인
수업을 할 수 없었다.

"그건 아마도 아침에 머리를 제대로 손질하지 못해 모자를 썼을 거
예요."

회의에 참여한 학부모 대표가 웃었다. 학생회 대표도 같은 생각이었나

보다.

"수업 시간에 학생들 표정을 보지 못하면 이해하는 정도를 파악하기 어렵거든요. 안 그래도 마스크를 써서 더 어려운데 모자까지 눌러쓰니 완전히 벽을 친 것 같은 느낌이었어요."

교사 대표가 속상한 마음을 털어놓았다.

"그럴 수 있겠네요. 반대로 수업에 들어오신 선생님들이 모자에 마스크를 쓰고 계신다면 너무 서먹할 것 같아요. 벽이라는 느낌 이해가 돼요."

학생회 대표는 충분히 이해할 수 있다고 했다.

'존중의 약속'은 이렇게 시작했다.

규칙을 지켜라, 예의를 지키라고 말하는 것은 쉽다. 수업시간에 모자를 쓰고 있으니, 예의범절에 어긋난다며 벗으라고 말할 수 있다. 그러나 이 방법으로 서로를 이해했다고 할 수 없다.

학교 안에서 일어나는 크고 작은 충돌은 서로를 이해하지 못한 상황에서 벌어진다. 3주체 협의회는 각 주체별로 서로에게 바라는 걸 찾아보기로 하고 헤어졌다.

교사회, 학생회, 학부모회 모두 대의원회의나 연락망을 통해 의견을 모았다. 이 내용을 3주체 협의회 단톡방에 올려 협의를 시작했다. 그리고 다음 회기에는 이를 조정하면서 서로가 서로에게 약속 했다. 이렇게 3주체 대표들이 합의한 내용은 다시 각 주체별로 승인을 받고 공표했다.

학교는 사람이 모여 상호작용을 하는 공간이다. 갈등이 생길 수밖에 없고 다양한 경로로 해결 방안을 찾는다. 대부분 억압적인 방식에 기댄

학교에는 교사, 학생이 있고 이들의 활동을 지원하는 사람들이 함께 존재한다.
학교 안에서 서로를 존중하는 문화가 있을 때 구성원들은 주도적으로 움직인다.
3주체가 약 3개월의 협의를 거쳐 '존중의 약속'을 만들어 실천하는 성과를 나왔다.

다. 학교 규칙을 내세우고, 어른이라는 권위를 빌어 상대방을 억지로 움직이게 한다. 이렇게 움직이는 방식으로는 주도성을 이끌어낼 수 없다.

내가 주도성을 발휘한다며 상대방을 배려하지 않는 모습은 공동체를 무너뜨린다.

그렇다면 학교 안에서 주도성은 어떻게 나타날까, 그리고 주도성을 발휘할 수 있도록 지원하는 방법은 무엇일까.

학교장이 생각하는 주도성의 의미와 지원 방법

학교장이 교사들의 움직임에 자꾸 개입하는 모습이 아름답게 보이지 않았다고 했던 교장은 인식을 바꿔야 주도성을 발휘할 수 있다고 했다.

"무언가 하겠다고 할 때는 그냥 좋아서 하는 거예요. 독수리에게 '날아라' 해서 납니까? 호랑이에게 '막 달려라' 해서 달리나요? 물고기가 물속에서 '헤엄쳐'라고 해서 치나요? 그건 질문 자체가 잘못된 거죠. '하지 말아야 하는 이유가 뭔데?' 이렇게 질문을 해야 하는 거예요. 그게 다양성을 존중하고 주체성과 주도성을 기르는 방법이 아닌가 저는 그렇게 생각합니다.

교사가, 학생이 무엇인가를 하겠다고 할 때 학교장은 어떻게 할 것인가.

1. 지원하지 못할 이유를 찾지 못하면 그게 무엇이든 지원해야 한다.
2. 실패하더라도 마음껏 해볼 수 있도록 지원해야 한다.
3. 학생의 교육적 성장을 위해서는 교사가 주도성을 발휘할 수 있는 환경 제공을 해야 한다.
4. 이를 위해서는 벽을 허물고 소통을 잘 하는 게 중요하다.

학교에서 리더가 이런 생각을 지니고 학교교육과정을 운영한다면 그 학교는 매우 활기찬 모습을 지닐 것이다. 구성원 모두가 자율성을 바탕으로 주도성을 발휘할 가능성이 높기 때문이다.

결국 학교장은 교육적으로 하지 말아야 할 이유가 없다면 교사와 학생들이 새로운 도전을 할 수 있도록 지원해야 한다.

학생들이 주도성을 발휘하는 모습

주도성은 호기심과 도전하는 마음이 있어야 발휘할 수 있다. 어렸을 때부터 그러한 기질을 지닌 학생은 다양한 경험을 통해 주도적인 성격으로 발전되어 갔다.

이런 성격은 학습에 영향을 끼친다.

호기심과 도전정신은 곧 학습에 즐거움을 느끼게 하고 이러한 즐거움은 새로운 것을 배우며 높은 성취를 얻을 때 생기는 성공 경험이 된다. 높은 성취는 즐거움을 자극하고 여러 면에서 주도적인 모습을 보인다. 학생이 주도성을 발휘하기 위해 필요한 것은 무엇일까.

1. 자기성찰
2. 자율성이 보장되는 환경
3. 지속적인 주도성의 발휘

학생들은 자신이 주도성을 발휘할 수 있는 교육활동으로 구체적인 사항을 요구하였다. 주도성이 가장 강하게 발휘되는 순간은 자신의 삶이나 꿈꾸는 직업과 관련되어 있을 때이다. 요구사항은 이것과 관계있다.

1. 삶과 진로를 연결 짓는 수업
2. 정규교과 과정 외에 다양한 학습 경험
3. 외부강사 초빙 시 세대차이 없는 인물 초빙
4. 협의 공간의 제공과 간단한 예산 지원

학교 안에서 학생이 주도성을 발휘하기 위해서는 삶과 직결된 구체적인 지원이 필요하다.

학교에서 학생들에게 많은 영향을 미치고 주도성을 발휘할 수 있는 일차적인 존재는 교사이다. 교사는 학생들의 성향을 이해하고 그들의 강점을 강화하고 약점을 극복하는 데 도움을 주어 학생들이 주도성을 발휘하도록 지원해야 한다. 교사의 지원과 인정은 그 무엇보다도 중요하다.

교사가 주도성을 발휘하려면

교사들은 학교문화가 매우 중요하다고 했다. 학교장의 철학과 학생들의 학업 성취도도 중요하지만, 교사 문화가 그 중심에 있다고 생각한다. 개인주의가 팽배한 학교에서 개인의 탁월한 능력은 한 사람에게 그치지만 협력적인 공동체 문화가 정착된 학교에서는 교사가 저마다 가지고 있는 다채로운 능력들이 서로 상승효과를 만들고 나아가 학생들에게 긍정적인 영향을 끼칠 수 있다.

학생이 주도성을 가지고 수업에 참여할 수 있도록 하려면 개별 교사는 주도적으로 교육과정을 분석하고 성취 기준을 재구조화하여 수업을 디자인해야 한다. 교사 간 협력도 중요하다. 교사들에게 힘을 주는 것은 동료 교사와의 소통과 공감이다.

주도성을 발휘하기 위한 장치
: 비전과 자율성

주도성은 행위의 모습을 말한다.

한 교사가 주요 의사결정과정에서 주도성을 발휘하는 모습과 수업 장면에서 나타나는 모습과 과정, 정도는 다르다. 의사결정과정에 영향을 미치기를 즐기는 사람이 있는가 하면 본인의 수업에서 주도성을 잘 발휘하는 사람도 있다.

교직원회의를 비롯한 교과협의회, 부서별협의회 등에서 적극적으로 의견을 내고, 결정하고, 이를 진행하는 단계에서 주도적으로 영향력을 미치고 싶어 하는 정도에 따라 주도성이 발휘되는 모습은 다르다. 교직원 간의 위계나 학교 운영에 미치는 영향력의 차이, 친소관계 등이 주로 영향을 주기도 한다. 그렇다고 이 모습이 이 교사의 전부라고 할 수 없다. 그가 수업 시간에 보여주는 주도성은 또 다를 수 있기 때문이다.

교사는 수업을 설계할 때 대략 다음과 같은 사항을 염두에 둔다.

1. 이 수업의 비전은 무엇인가?

2. 이 수업에서 중점적으로 고려할 사항은 무엇인가?

3. 이 수업의 진행 과정은 어떻게 할 것인가?

첫 번째, 수업 비전은 매우 중요하다. 수업의 방향은 물론이고 방법도 결정하기 때문이다. 비전이란 수업을 통해 달성하고자 하는 교육 목표나 지향점이다. Margaret Vaughn은 비전을 '특별한 관점'이라고 했다. 비전을 가진 교사는 그 관점에 대해 '의식적이고, 흥미롭고, 헌신적인' 태도를 갖는다고 했다. (《학생 주도성》, 학지사 2023)

Margaret Vaughn은 "비전선언문은 학생들의 성향적 기술(생산적·문제해결력·독립적)의 개발을 강조한다. 또한 학생들의 지식을 변형하고 실생활에 적용할 수 있는 '학교 너머의 삶'에 대한 비전을 강조한다."고 말한다.

> 나의 비전은 학교 졸업 후 학생들이 대학 진학이나 취업 등 삶을 위해 준비하도록 하는 것이다. 이는 학생들에게 그들이 필요로 하는 특정 분야에 대한 기술을 제공하고, 좀 더 일반적으로 학생들이 아이디어를 창출하여 문제해결을 하도록 하기 위해서다. (《학생 주도성》, 학지사 172쪽)

Margaret Vaughn이 제시한 교사의 비전 사례이다. 이 사례가 실제 수업에서 일어날 수 있는 수업의 방향과 방법은 무엇일까.

교사는 학생에게 대학 진학, 취업 등 삶을 위한 준비를 하고 싶어한다. 이렇게 명시함으로써 수업에서 분명한 목표를 갖게 될 것이다. 그는 학생이 '삶을 위해 준비하는 것'이 무엇인지를 고민하고 이를 수업 내용에 반영하게 된다. 이 비전에는 구체적인 수업 내용과 방법을 담고 있다.

1. 학생들이 필요로 하는 특정 분야에 대한 기술을 제공
2. 학생들이 아이디어를 창출하여 문제 해결을 하도록

그의 수업은 '특정 분야에 대한 기술'을 제공하고 학생들이 수업을 통해 문제를 해결하도록 할 것이다.

비전을 세우는 일은 교사가 수업을 설계할 때만 필요한 것은 아니다. 학교 공동체가 학교교육과정을 만들어 갈 때도 가장 우선 해야 할 일은 '비전 세우기'이고, 학생들이 학습 할 때도 필요하다.

두 번째, 수업 설계 시 중점을 두어야 할 사항으로는 관계 형성과 상호작용과 협력이다. 교사는 자신의 수업에서 학생들이 주도성을 발휘할 수 있는 환경을 만들어야 한다. 학생들은 교사가 만든 장치를 통해 더 쉽게 주도성을 발휘할 기회를 만들어 간다. 이 과정에서 중요한 것은 공동 작업에서 서로를 존중하며 배려하는 모습이다. 학생들은 이를 통해 관계를 형성하게 된다. 동시에 상호작용과 협력으로 나타난다.

그러나 교사의 수업이 오직 주도성이라는 역량을 키우는 데 집중하지는 않는다. 의도적이든 그렇지 않든 기술과 지식, 자아개념, 개인의 특성, 동기 등을 동시에 배울 수 있도록 설계한다. 그러다 보니 학생들의 호기심을 자극할 수 있도록 흥미를 유발할 소재와 탐구 주제를 설정하고, 현재의 학습 단계를 제대로 익힐 수 있도록 기초 지식을 확인하고 도달한 정도에 따라 피드백을 진행한다.

세 번째, 수업은 어떻게 진행하는가. 수업 과정을 유형화하게 되면 그 속에서 일어나는 다양한 배움의 모습은 사라진다. 이 글에서 '주도성'에 초점을 맞추고 있다. 주도성은 교사가 진행하는 수업 과정에서 일어나는 수많은 배움 중 하나이다. 다시 말해 교사의 수업이나 학생의 학습에서 최종 목표가 '주도성'은 아니다. 다만 '주도성'을 통해 자신의 삶을 주체적으로 설계하고 살아낼 수 있도록 한다.

수업은 매우 치밀하면서도 의도적이고 종합적이다.

교사는 수업을 설계하면서 '교육과정—수업—평가—기록 일체화'를 의식하여 이 과정에서 일어날 수 있는 상황에 대처함과 동시에 학생들이 성장할 수 있도록 활동한다.

어느 고등학교 교사는 '오리엔테이션—학생의 특성 진단 및 요구 조사—수업 참여를 위한 규칙 제정—학습 동기 유발—적절한 수업과 평가—기록'의 과정으로 한 학기 수업을 진행했다.

이 과정 어느 장면에서 주도성이 발휘될 수 있을지는 알 수 없다.

교사의 수업은 학교교육과정이라는 큰 틀에서 작동한다. 교사가 자신의 수업에서 주도성을 발휘하기 위해서는 '자율성'을 확보하는가에 달려있다. 이러한 자율성은 학교교육과정으로 보장해야 한다. 자율적인 학교교육과정 세우기는 《교사교육과정》, 교육과실천 2022) '제1장 학교교육과정과 교사 교육과정'에서 언급하였다.

주도성을 지원하는 학교교육과정을 세우기 위해 강조할 점은 소통이고 이를 위한 학교장의 역할이다.

주도성은 상호작용을 통해 발휘된다. 학교 안에서 주도성을 잘 발휘하려면 구성원 간에 상호작용이 잘 일어날 수 있는 구조라야 가능하다. 누구나 쉽게 자기 의견을 말하고, 듣고, 교육활동에 반영되어야 한다. 즉, 학교 안에서 소통이 왕성하게 일어나야 한다.

소통의 방법은 개인과 개인이 하기도 하고, 시스템 안에서 이루어지기도 한다. 개인의 주도성은 한 개인이 의견을 제시하고 다른 사람을 설득하여 전체 분위기를 만들어 간다. 그러나 이 방법은 한 개인에 의지하는 단점도 있다. 특히 공립학교 같은 경우 탁월하고 열정적인 개인이 전근을 가면 원점으로 돌아가는 경우가 많다. 이는 학생회나 학급에서도 비슷한 모습이 보인다. 따라서 가급적 시스템 안에서 함께 논의하고 실천하는 방안을 만들어 가야 한다. 이런 모습이 누적될 때 비로소 '학교문화'가 정착된다. 특히, 학교교육과정으로 보장하는 자율성 확보는 우리에게는 매우 중요하면서도 시급한 문제이다.

> 우리는 흔히 학교에서 교사와 학생의 자율성을 말하는데, 학교는 어떻게 자율성을 확보해야 할까? 물론, 정확히 말하면 학교교육과정 운영의 자율성이다. 교육행정기관의 말단 기구에 불과한 학교가 자율성을 확보하기 위해서는 행정기관과의 유기적 연결을 끊고, 말 그대로 교육과정 중심으로 학교 체제를 구현해야 한다. 그래서 학교교육과정을 고민해야 하는 것이다.
>
> 무엇이든 거저 생기는 것은 없다. 자율성도 어디 하늘에서 뚝 떨어지지 않는다. 학교가 자율성을 확보할 수 있는 기회는 바로 지금이고, 특히 교육 리더들이 앞장서야 한다.
>
> 〈교사 교육과정〉, 교육과실천 42쪽)

8

주도성을 평가에 반영하려면
획기적인 전환이 필요하다

　여전히 대한민국 교육은 경쟁 중심이다. 오직 학생들을 점수로 한 줄 세우기에 급급해하고 있다. 입으로는 '미래교육'을 부르짖고 있지만 의식이나 행동은 그렇지 못하다. 가장 큰 문제는 학생평가 영역이다.

　우리 교육에서 학생평가는 대학입시를 위해 존재하는 것처럼 보인다.

　학교에서 하는 모든 교육활동은 숫자로 나타나는 점수로 표기되어야 하고, 상대적으로 나의 위치를 파악하는 데 집중되고 있다. 물론 학생평가에서 상대평가나 절대평가는 목적에 따라 다 필요하다. 문제는 여기에 '공정 프레임'을 씌운다는 것이다. 학생이 성취한 학습 정도나 삶의 역량을 보기보다는 어느 위치에 서 있는가를 더 중요하게 보기 때문에 일어나는 왜곡이 문제이다. 주도성은 정량적 평가가 어렵다. A의 주도성은 80점, B의 주도성은 70점이라는 평가는 할 수 없다.

　이런 이유로 학교 안에서 일어나고 있는 교사평가나 학생평가는 우격다짐에 가깝다. 교사평가는 학생, 학부모, 동료 교사들이 한다. 그리고 관리자들이 하는 평가를 더하여 이를 합산하여 서열화한다. 한 줄로 세우는 거다. 관리자들도 마찬가지이다. 같은 지역 관리자들을 교육청에서 합산하여 한 줄로 세운다. 그런데 교육활동을 하는 과정에서 주도성을 발휘한 모습을 이렇게 한 줄로 세울 수 있다고? 계량화할 수 있을까? 그러니 그 평가는 억지스럽다.

학생평가도 마찬가지이다. 주도성은 발휘하는 모습을 살펴보고 피드백을 통해 성장할 수 있도록 해야 한다. 교과성적은 일정한 기준에 도달했는가로 평가한다. 초중등 교육이 대학입시를 정점으로 한 학생평가 체제에서 벗어나야 한다.

그 이유는 주도성을 발휘하는 모습과 주변에 미치는 영향을 고스란히 평가하고 이를 통해 학생이 성장하는 모습을 담아야 하기 때문이다. 주도성이 나타나는 모습은 정형화할 수 없다. 또한 정량화하기도 어렵다.

그럼에도 불구하고 주도성을 확인하고 이를 끌어낼 수 있는 평가와 기록을 고민해야 한다. 이를 통해 우리 교육이 일보 전진할 수 있도록 해야 한다. 무엇보다도 이 글을 쓰는 이유 중 하나가 학교 현장에 있는 모든 구성원이 주도적으로 자신의 삶을 살아가도록 하고 동시에 우리 교육이 주도성을 발휘할 수 있는 교육 환경을 만들어 가는 것에 일조해야 한다고 생각하기 때문이다.

어떻게 평가할까?

주도성은 '어떤 일에 주체가 되어 이끌거나, 부추기는 행위' 라고 하였다. 그렇기 때문에 학생 주도성은 학생이 배우는 일에 주체가 되어 스스로를 이끌거나, 주변 사람들이 자신이 배우는 일을 부추길 수 있도록 행동하는 것이라 볼 수 있다.

이러한 학생 주도성을 평가하기 위해서는 어떻게 해야 할까? 먼저 학생주도성의 수준을 평가해야 한다. 어떤 능력을 평가하기 위해서는 그 수준을 판단할 수 있는 구체적인 평가 기준이 필요하다. 주도성의 특징은 자유, 상호작용, 성장이다. 그리고, 주도성이 발휘되는 과정에서 주도성을 발휘하는 주체가 자기 자신에 대한 이해가 높고, 성취 경험을 가져야 한다고 했다. 이러한 주도성의 특징, 발휘되는 양상을 바탕으로 학생 주도성을 평가하기 위한 평가 요소별 평가 기준을 다음과 같이 제시한다.

1. 자율적 학습 태도

- 학생은 스스로 학습 목표를 설정하고 개인적인 학습 계획을 수립하는 능력이 있는가?
- 학생은 학습 과제, 주제, 프로젝트 등에 대한 결정을 내리는 데 참여하고 주도하는가?
- 어려움에 직면했을 때 학생의 태도와 끈기가 어떠한가?
- 학생은 수업 내외에서 질문을 하거나 의견을 나타내며 참여하는가?

– 학생은 자기평가를 통해 학습 성과를 확인하고 개선 방안을 탐색하는가?

– 학습 목표 달성과 성과에 대한 책임을 자각하고 있는가?

– 학생은 수업 내용 외에도 관심 있는 주제를 탐구하거나 자기 주도적 학습을 수행하는가?

– 독립적으로 학습 자료를 찾아보고 활용하는 능력이 있는가?

– 실패나 어려움을 극복하는 데 자발적으로 노력하는가?

– 학생은 자기 계발을 위한 목표를 설정하고 이를 달성하기 위해 노력하는가?

– 자기 주도적인 학습을 통해 지속적인 성장과 발전을 추구하는가?

2. 상호작용

– 학생은 다른 학생들을 주도하여 프로젝트나 팀 활동을 성공적으로 이끌 수 있는가?

– 동료와의 협력을 통해 공동 목표 달성을 위해 노력하고 건설적인 관계를 유지하는가?

– 어려운 상황에서도 문제 해결을 위해 주도적으로 노력하고 협력할 수 있는가?

– 도움을 줄 수 있는 대상에게 적극적으로 도움을 요청하는가?

– 주어진 환경을 분석하여 목표 달성에 필요한 자원을 적극적으로 활용하는가?

– 학생은 팀 내에서 역할을 분담하고 협력적으로 과제나 프로젝트를

수행하는가?

- 동료와의 관계를 존중하고 건설적으로 해결하는가?

3. 자기 이해

- 학생은 명확하고 현실적인 학습 목표를 설정하고 그에 따른 계획을 세우는가?
- 학생은 과제와 학습 일정을 효율적으로 관리하고 시간을 효율적으로 활용하는가?
- 자기 관리 능력을 통해 목표 달성을 위한 계획을 수립하고 준수하는가?
- 학생은 현재의 학습 활동과 목표가 어떻게 연결되는지 이해하고 목표 달성 방법을 설명할 수 있는가?

4. 성공 경험

- 학생은 어려운 과제나 도전에 대해 자기효능감을 가지고 자신감을 가지고 있는가?
- 동기부여를 유지하고 학습에 열정적으로 참여하는가?
- 지속적인 성장과 개발에 노력을 기울이는가?
- 학생은 자신의 학습 성과를 평가하고 개선 방안을 도출하기 위해 피드백을 활용하는가?
- 학습 목표 달성과 성과에 대한 책임을 인식하고 있는가?
- 학생은 학습 목표 달성을 통해 개인적인 성장과 발전을 추구하고 있

는가?
- 자기 주도적 학습을 통해 계속해서 새로운 능력을 개발하고 발전시키는가?

앞에서 주도성의 개념을 제시했지만, 이 개념은 복합적이고, 포괄적이다. 또한, 주도성이 발휘되는 특성상 학교 현장에서 보여지는 주도성은 더욱 복잡한 양상을 띨 것이며, 다양한 요소에 영향을 받을 것이다. 즉, 주도성이라는 개념은 그것을 사용하는 주체가 어떻게 해석하는지가 중요하다. 위에서 제시한 주도성의 개념, 특징, 구성 요소, 그리고 평가 기준들은 하나의 예이며, 저자들의 경험과 논의 속에서 나타난 결과물이다. 독자는 이를 바탕으로 실제에 맞게 적절히 변용해야 한다. 실제를 살아가는 사람들의 치열한 고민과 논의 속에서 '주도성'이 해석되지 않는다면 주도성은 종이에 새겨진 활자에 불과하다.

주도성은 연속적이다. 학생은 주도성을 발휘하다가도 멈출 것이며, 멈춰있다가도 어느 순간 발휘되기도 할 것이다. 그래서 학생의 주도성을 평가할 때 지속적인 관찰이 필요하다. 일회성 평가로는 주도성을 파악하는 것이 어렵다. 따라서, 학생의 주도성을 평가할 때는 여러 번 평가해야 한다. 그리고, 그 평가 과정에서 학생들에게 피드백을 제공하며 어떻게 해야 주도성을 발휘할 수 있는지를 알려줘야 한다.

주도성은 상황과 맥락에 의존하기 때문에, 학생의 주도성을 평가하기 위해서는 입체적인 접근이 필요하다. 한 가지 방법으로는 주도성을 평가하기 어렵다. 교사의 관찰평가, 지필평가, 자기평가, 동료평가 등 학생의 주도성은 다양한 관점과 방법으로 평가되어야 한다. 교사는 여러 명의 학생을 가르친다. 관찰평가는 학생의 학습 과정을 생동감 있게 즉각적으로 판단할 수 있다는 장점이 있으나, 여러 명의 학생을 동시에 관찰하기 어렵다는 단점이 존재한다. 자기평가는 스스로에 대해 평가할 수는 있고, 동료평가는 학습 과정을 함께하고, 가까이에 존재하는 친구가 평가할 수 있기에, 구체적인 모습을 평가할 수 있다는 장점이 있다. 하지만, 평가 주체가 본인, 친구 등 학생이라는 점에서 평가의 타당도와 신뢰도가 의심받을 수 있다.

즉, 주도성과 같이 복합적인 능력을 평가할 때는 다양한 평가 방법을 활용하고, 다양한 근거를 수집하여 교사가 전문적인 판단을 내려야 한다.

위의 평가 기준들은 교사의 평가, 자기평가, 동료평가를 할 때 유용하게 활용될 수 있다. 물론, 각 문항들에 대해서 교사가 운영하는 수업과 평가 상황에 맞춰 더욱 직관적이고 수월한 문장으로 다듬어진다면 더할 나위 없다.

어떻게 기록할까?

주도성은 복합적인 개념이기에 그 결과가 숫자나 등급으로 표현된다면 학생의 많은 부분을 보여주지 못한다. 같은 평가 기준이 있더라도, 주도성은 상황과 맥락에 따라 영향을 받는다. 즉, 현재 보여지는 주도성의 모습이 어떤 상황과 맥락에서 나타났는지를 파악하는 것이 중요하다는 것이다. 또한, 주도성은 다양한 양상으로 나타날 수 있다. 계획을 잘 세우는 학생이 항상 주도성이 있는 것은 아니며, 계획을 세우지 못한다고 주도성이 없는 것도 아니다. 계획을 세우지 못하더라도, 자신의 목표로 한 일에 주체가 되어 이끌어가고, 도움을 부추긴다면, 주도성이 있는 학생이라고 볼 수 있지 않을까. 다양한 정답, 다양한 맥락, 각자가 가진 주도성의 색깔을 보여줘야 하는데, 현재 사용되는 성적 표기 방식인 숫자는 이러한 것들을 보여주기가 어렵다.

현재 생활기록부에 작성되고 있는 교과 세부능력 및 특기사항(이하 세특)은 대안이 될 수 있다. 학생부종합전형이 도입되면서, 그 영향력이 커진 세특은 학생들의 학습 과정을 구체적으로 보여줄 수 있다는 장점이 있고, 지금까지도 적극적으로 활용되고 있다. 이러한 세특은 숫자로 보여줄 수 없는 학생들의 학습 과정과 특별한 능력을 보완하고 있다. 하지만, 세특에 무엇을 쓰고, 어떻게 써야 하는지에 대해서는 여전히 현장의 어려움으로 남아 있다. 또한, 학교마다 교사마다 세특에 대한 이해, 작성 방법에 대한 이해가 서로 다르기에, 이러한 이해도에 따라 학생의 평가 결과가 달라지는 것에 대한 우려도 존재한다. 학생의 다양함에 따라 발생하는 평가 결과의 다양함은 받아들여질 수 있으나, 평가 주체의 이해도에 따라 평가 결과가 달라지는 것은 받아들여지기 어렵기 때문이다.

이를 보완할 수 있는 방법은 무엇이 있을까. 나는 '역량 중심 성적표'에서 그 단서를 얻었다. 역량 중심 성적표는 역량이라는 추상적이고 복합적인 개념을 성적으로 표현하는 하나의 방안이다. 역량 중심 성적표를 개발한 MTC(Mastery Transcript Consortium)는 2014년부터 시작되었다. 이 네트워크는 고등학생들을 미래의 세계에 대비시키고 그들을 대학과 기업에 보여주는 더 나은 방법이 있다는 믿음을 증명하기 위해 2017년 3월 1일 공식적으로 출발했다. MTC는 학교와 협력하여 소프트웨어 플랫폼을 설계하고 구축했다. 학교는 수업과 평가를 진행하고, 그 결과를 Mastery Transcripts(MT)에 게시하면, MTC는 그러한 기록을 바탕으로 학생별 역량 중심 성적표를 발행했다. 이러한 역량 중심 성적표는 대학 입학 관계자나 기업에 전달됨으로써 지원하는 학생의 역량을 보다 구체적이고 자세히 드러낼 수 있도록 돕는다(MTC, 2023).

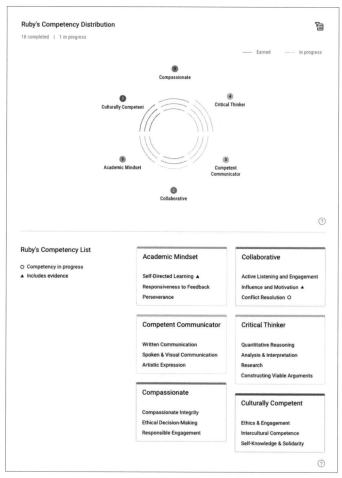

역량 중심 성적표 (MTC, 2023)[5]

역량 중심 성적표에서는 학생들이 성취한 역량이 원형 다이어그램에 표현된다. 각 역량의 성취에 따라 원형 비율이 달라지며, 하단에는 구체적인 평가 요소가 나타난다.

이러한 평가 시스템이 우리나라에 바로 도입되기는 어렵다. 그렇다면 현재 이 성적표에서 얻어낼 수 있는 시사점은 무엇인가. 그것은 바로 추상적인 개념, 즉 여기에서는 '주도성'을 평가하기 위한 방법이다. 역량과 주도성은 복합적이고 추상적인 개념이다. 단일한 평가 기준으로는 이러한 능력을 평가하기가 어렵다. 교육 현장에서 역량의 중요성을 강조함에도, 실제 역량 평가가 어려운 이유도 여기에 있다.

주도성을 함양하는 것이 무척 중요하고, 당연히 해야 하는 일이지만, 이를 평가하는 것이 어렵다면, 역시나 실제에 반영되기는 어렵다. 결국 이 주도성이 실제 평가에 어떻게 활용될 수 있는지를 제안하는 것이 중요하다. 역량 중심 성적표는 그 대안이 될 수 있다. 어떻게 대안이 될 수 있는지 한번 살펴보자.

먼저 주도성을 구성하는 평가 요소를 나눈다. 위에서 제시한 예를 활용하면, 자율적 학습 태도, 상호작용, 자기 이해, 성공 경험 이렇게 4가지가 될 것이다. 이 4가지가 원형 차트로 보면 다음 그림과 같다.

이 평가 차트는 학생 주도성을 구성하고 있는 요소들이 어느 정도 비율로 나타나고 있는지를 보여준다. 따라서, 교사나 학생에게 해당 학생이 어떤 요소가 충분하고, 어떤 요소가 부족한지를 알려 줄 수 있다. 이러한 평가 차트 비율은 어떻게 나타날 수 있을까?

5　Mastery Transcript Consortium [MTC] (2023). Mastery Transcript and MTC Learning Record. https://mastery.org/what-we-do/mastery-transcript-and-mtc-learning-record/

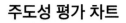
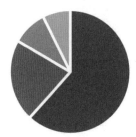

주도성 평가 차트

- 자율적 학습태도
- 상호작용
- 자기이해
- 성공경험

그것은 교사의 관찰평가와 학생의 자기평가, 친구의 동료평가를 종합하여 보여줄 수 있다. 하나의 사례를 들어보자. 교사는 수행평가를 진행하고 있다. 교사는 학생의 학습 과정과 결과를 보고 각 평가 기준에 도달했는지를 체크할 것이다. 교사의 평가계획에 주도성에 대하여 다음과 같은 '자율적 학습 태도'와 '상호작용' 요소의 평가 기준이 들어 있다고 생각해 보자.

1. 자율적 학습 태도

– 학생은 스스로 학습 목표를 설정하고 개인적인 학습 계획을 수립하는 능력이 있는가? (자율 1)

– 학생은 학습 과제, 주제, 프로젝트 등에 대한 결정을 내리는 데 참여하고 주도하는가? (자율 2)

– 어려움에 직면했을 때 학생의 태도와 끈기가 어떠한가? (자율 3)

2. 상호작용

– 학생은 다른 학생들을 주도하여 프로젝트나 팀 활동을 성공적 이끌 수 있는가? (상호 1)

– 동료와의 협력을 통해 공동 목표 달성을 위해 노력하고 건설적인 관계를 유지하는가? (상호 2)

– 어려운 상황에서도 문제 해결을 위해 주도적으로 노력하고 협력할 수 있는가? (상호 3)

교사는 이 기준을 토대로 학생의 수행 과정과 결과를 평가할 것이다. 각 평가 기준을 코드화 시켜놓으면(자율 1, 자율 2, 자율 3, 상호 1, 상호 2, 상호 3) 나중에 자기평가, 동료평가에서 합산하기가 수월하다. 이러한 평가 기준을 토대로 각 수행평가나 지필평가에서 이러한 평가 기준이 보여졌을 때, 관찰 평가지에 체크해 둔다.

그러면 각 평가 영역별로 학생이 성취한 코드의 개수가 나오게 된다.

<교사 평가>

		수행평가 1	수행평가 2	수행평가 3	총 합
자율적 학습태도	자율 1	1	1	1	7
	자율 2	0	0	0	
	자율 3	2	1	1	
상호작용	상호 1	3	1	2	12
	상호 2	0	0	3	
	상호 3	1	1	1	

자기평가와 동료평가에서도 위와 같은 평가 기준을 제시하고, 학생들이 있는 대로 체크할 수 있도록 한다. 대신, 학생들에게는 각 기준에 부합한다고 생각한다면 어떤 장면이나 근거로 인해 그러한 판단을 했는지 작성하도록 하여 평가의 타당도를 높인다.

<자기평가>

		수행평가 1	수행평가 2	수행평가 3	총 합
자율적 학습태도	자율 1	2	0	0	3
	자율 2	1	0	0	
	자율 3	0	0	0	
상호작용	상호 1	1	0	1	6
	상호 2	0	0	1	
	상호 3	1	1	1	

<동료평가>

		수행평가 1	수행평가 2	수행평가 3	총 합
자율적 학습태도	자율 1	1	0	0	2
	자율 2	0	0	0	
	자율 3	1	0	0	
상호작용	상호 1	1	1	0	2
	상호 2	0	0	0	
	상호 3	0	0	0	

이 결과는 각 과목별 세특을 작성하는 데도 도움을 줄 수 있다. 한 과목에서 교사의 평가, 자기평가, 동료평가에서 얻은 결과를 보고 세특을

작성하는 것이다. 예를 들어, A 학생이 어떤 과목의 세특을 작성하고자 한다. 이때, 교사의 평가, 자기평가, 동료평가의 결과를 바탕으로 평가 기준 상호 1, 상호 3, 자율 2에 해당하는 항목의 비율이 높게 평가되었다고 해보자. 그렇다면 교사는 각 평가 기준에 대한 세특을 작성하면 된다. 상호 1, 상호 3, 자율 2의 평가 기준은 아래의 3개이다.

- 학생은 다른 학생들을 주도하여 프로젝트나 팀 활동을 성공적 이끌 수 있는가? (상호 1)
- 학생은 학습 과제, 주제, 프로젝트 등에 대한 결정을 하는데 참여하고 주도하는가? (자율 2)
- 어려운 상황에서도 문제 해결을 위해 주도적으로 노력하고 협력할 수 있는가? (상호 3)

그렇다면 각 기준을 작성하고, 이 기준을 달성한 상황과 맥락을 작성하는 것이다. 예를 들어 상호작용 1의 평가 기준에 대해서 작성해 본다면,

다른 학생들을 주도하여 프로젝트나 팀 활동을 성공적으로 이끎. (평가기준). 또한 주제 발표 활동에서 팀원에게 맞는 역할을 분배하고, 발표 준비와 진행을 하는데 있어 팀원들을 이끄는 모습을 보여줌. (수업장면 1) 또한, 문제 해결 프로젝트에서 모든 팀원들이 참여할 수 있도록 친구를 격려하고, 솔선수범하는 모습을 보여줌. (수업장면 2)

이렇게 작성할 수 있을 것이다. 각 평가 기준을 체크한 수업 상황이 있

었기 때문에, 교사는 그 체크한 상황을 확인하고 평가 기준에 해당하는 수업 장면을 작성해 주면 된다. 이렇게 작성을 해나간다면, 주도성에 대한 평가가 상황과 맥락에 맞춰 이뤄질 수 있을 것이다.

한 과목뿐 아니라, 여러 과목에서 이러한 평가 결과들이 나온다면, 학생의 주도성을 종합적으로 평가할 수 있다. 각 과목별, 교사별로 선택하는 주도성의 평가 요소와 평가 기준을 다양하게 선택할 수 있다. 다만, 학교에서 주도성을 구성하는 요소를 4가지로 선정했다면 각 평가 영역에서 4가지의 요소의 평가 기준이 적어도 하나씩은 반영되도록 계획을 세우는 것이 좋다. 학생이 수강하는 모든 과목에서 이러한 정보가 쌓인다면, 학생의 주도성에 관한 평가 결과는 다음과 같이 나타날 수 있을 것이다. 모든 과목에서 성취한 평가 기준의 총개수를 각 요소에서 성취한 평가 기준의 개수로 나눈다면 각 요소별 비율이 나올 것이다. 아래 그림은 제시한 평가 체계를 적용했을 때 나타날 수 있는 원형 차트의 예시이다.

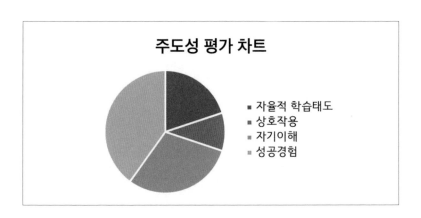

이렇게 종합된 평가 결과는 생활기록부의 행동특성 및 종합의견에 같은 방식으로 활용할 수도 있을 것이다. 세특과 연계한 방안은 현재의 나이스 평가 체제에서 바로 적용해 볼 수 있다는 장점이 있다. 또한, 교사에게 무엇을 어떻게 해야 하는지 안내함으로써 세특 작성에 있어 하나의 방안을 제시하는 것이기도 하다.

다만, 더 바라는 것이 있다면, 각 과목별 숫자와 글로만 학생을 보여주는 생활기록부의 변화이다. 우리는 학생을 교과로 분절해서 평가하고 있다. 지나친 교과주의는 학생이라는 독특한 개인을 보여주는 데 한계가 있다. 학생의 삶은 교과로 나뉘어 있지 않다.

총체적이다. 그렇기에 학생의 학습 결과도 총체적으로 보여줄 수 있는 방안이 필요하다. 그것이 '주도성'이라는 영역으로 보여질 수도 있고, '역량'이라는 영역으로도 보여줄 수도 있지만 교과를 넘어선 학생의 총체적인 모습을 보여주는 방안이 필요하다고 본다. 이는 평가자료를 만드는 사람에게 있어서도, 평가자료를 활용하는 사람에게 있어서도 유의미한 시도라고 생각한다.

Memo

II.
주도성과 학교교육과정

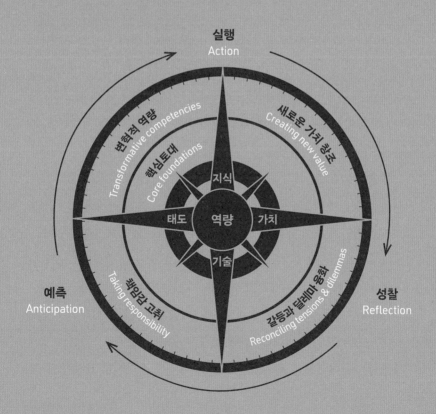

학교 교육에서
주도성이 발휘된다는 것은

주도성은 독립적으로 발현되는 것이 아니라 주변과 상호작용하면서 제한되기도, 발생하기도 한다. 그렇기 때문에 학생 주도성이 발휘되기 위해서는 학생이 경험하는 학교교육과정의 기능이 무엇보다도 중요하다. 특히, 학교교육과정 개발의 주체이며, 실행자인 교사의 역할은 아무리 강조해도 지나치지 않다.

학교교육과정은 학생들이 배워나갈 내용들로 채워져 있다. 학교교육과정은 학생이 학교생활을 하면서 어떤 시기에 어떤 과목을 배우는지, 그리고 어떤 목표로 어떤 역량을 키워나가야 하는지를 제시하고 있다.

이러한 학교교육과정은 그 학교에 존재하는 학생을 중심으로 개발되어야 한다. 학생들은 다양하다. A 학교에 있는 학생들은 B 학교에 있는 학생들과 다르다. 학생의 개별적 특성이 다를 뿐 아니라 학교의 상황, 지역 환경도 다르다. 그렇기 때문에, A 학교에 근무하는 교사들이 학생의 주도성을 끌어내려면, A학교의 교육환경과 학생의 특성을 살펴야 한다.

즉, A 학교 학생들의 주도성을 함양하기 위해서는, A 학교 교사들이 주도적으로 고민하고, 교육과정을 개발해야 한다.

앞서 언급한 것처럼 주도성은 독립적이지 않고, 상호연관되어 있다. 즉, 학생 주도성은 교사 주도성에 영향을 받는다. 한편으로는 학생 주도성이 교사 주도성에 영향을 주기도 한다. 우리가 학생 주도성뿐 아니라 교사 주도성에 함께 주목해야 하는 이유다. 교사가 주도성을 발휘하여 교육과정, 수업, 평가를 개발한다면, 학생이 주도성을 발휘할 가능성은 커진다. 특히, 수업에서 교사가 주도성을 발휘하는 것은 무척 중요하다. 학생은 학교생활의 대부분을 수업으로 할애하고, 학교교육과정이 실행되는 것이 곧 수업이기 때문이다.

수업은 교과 수업만을 의미하는 것은 아니다. 비교과 수업인 창의적 체험활동도 수업이며, 최근 경기도교육청에서 화두가 되고 있는 학교자율과정이나, 2022 개정 교육과정에서 본격적으로 도입될 학교자율시간도 수업이다. 학생들은 수업에서 교사를 만나고, 수업은 교사가 개발한다. 즉, 교사가 수업을 어떻게 구상하느냐에 따라 학생은 주도성을 발휘할 수도, 발휘하지 못할 수도 있다. 교사가 학생 주도성 함양을 위해 주도적으로 수업을 창조해 나간다면 학생이 주도성을 발휘할 가능성은 커진다.

교사 주도성(teacher agency)에
주목하자

주도성이 미래 사회에 꼭 필요한 능력이라면, 우리는 현재 주도성을 가지고 있는지, 주도성을 키우고 발휘하기 위해 어떤 노력을 해야 하는지에 대해 고민해야 한다. 이러한 질문은 특히 미래를 준비하는 학교에게 진지한 성찰을 요구한다.

2022 개정 교육과정과 학생 주도성

최근 우리나라의 국가교육과정을 살펴보면 주도성과 관련된 내용들이 나타나고 있다. 2022 개정 교육과정 총론에서는 우리 교육이 추구해야 할 인간상을 다음과 같이 제시하고 있다.

- 전인적 성장을 바탕으로 자아정체성을 확립하고 자신의 진로와 삶을 스스로 개척하는 자기 주도적인 사람
- 폭넓은 기초 능력을 바탕으로 진취적 발상과 도전을 통해 새로운 가치를 창출하는 창의적인 사람
- 문화적 소양과 다원적 가치에 대한 이해를 바탕으로 인류 문화를 향유하고 발전시키는 교양 있는 사람
- 공동체 의식을 바탕으로 다양성을 이해하고 서로 존중하며 세계와 소통하는 민주시민으로서 배려와 나눔, 협력을 실천하는 더불어 사는 사람

앞서 살펴본 주도성의 특징을 요약하면, 자유, 상호작용, 성장이라고 할 수 있다. 이러한 특징은 2022 개정 교육과정 총론에서 제시하고 있는 인간상에서도 찾아볼 수 있다. 자기 주도적이고, 다양한 가치를 인정하며, 함께 살아가는 사람은 우리 모두의 자유를 인정하고, 상호작용하는 사회를 인식하며, 모두의 성장을 추구하는 사람이기 때문이다. 구체적으로 총론에 제시된 인간상은 자신의 삶을 스스로 선택하고 결정하며 개척해 나간다는 점에서 자유의 특징이 담겼다. 또한 공동체 의식과 다원적 가치를 인정한다는 점에서 자유와 상호작용의 특징을 지니고 있다. 마지막으로 이러한 주도성을 바탕으로 새로운 가치를 창출하고 더 나은 사람으로 성장한다는 점에서 성장의 가치를 지니고 있다. 이러한 관계로부터 우리나라의 국가교육과정이 주도성의 특징을 담고 있다는 것을 확인할 수 있다.

교사 주도성과 학생 주도성

학생 주도 교육은 교육계에서 과거부터 많이 회자되던 구호이다. 새삼스럽게 다시 강조한다는 것이 이상하게 느껴질 수도 있다. 하지만 이제는 '학교는 학생 주도 교육을 하기 위해 어떤 수업과 평가, 교육과정을 운영해 왔을까?', '학생 주도 교육은 학생만 주도성을 발휘하면 되는 것일까?' 와 같은 질문을 되새겨볼 필요가 있다.

앞에서도 언급했지만, 학생의 주도성은 독립적으로 나타날 수 없다. 학생 주도 교육을 하기 위해서는 학생이 주도성을 발휘할 수 있도록 교사와 학교, 다양한 주체들의 도움이 필요하다. 예를 들어 학생 주도 프로젝트 수업을 진행한다고 해보자. 수업의 대부분은 학생이 행동하는 것이다. 주제를 찾거나, 자료를 조사하고, 정리하여 발표하는 모든 과정이 그러하다. 그렇다면 이 과정에서 교사는 무엇을 해야 하는 것일까. 학생들이 해야 하는 것이니 그 시간에 임장 지도만 하면 되는 것일까. 학생 주도 교육을 생각하면 우리는 교사의 참여가 최소화되는 것으로 생각하기 쉽다. 하지만 진정으로 학생이 주도성을 발휘하기 위해서는 교사의 주도적인 수업과 평가 설계가 필요하다. 주제는 어떻게 찾는지, 해당 주제에 관한 자료는 어디에서 찾아야 할지, 발표 자료는 어떤 형태로 어떤 내용을 담아야 할지 등 모든 부분에서 교사의 도움이 필요하다.

또한, 이러한 수업을 하기 위해서는 학교교육과정에 반영이 되어야 하고, 학교나 지역의 예산도 지원되면 더 좋을 것이다. 이 모든 것은 학생 혼자서 주도성을 발휘한다고 이뤄지는 것이 아니다. 만약, 학생 주도 프로젝트를 어느 누구의 도움도 없이 학생들에게 스스로 해오라고 한다면 이를 해내는 학생이 과연 얼마나 될까. 소수의 몇몇 학생은 해낼 수도 있겠지만 대부분의 학생은 그렇지 못할 것이다. 우리는 학생 주도 교육에 대해 오해를 하곤 한다. 학생 주도성이 발휘되기 위해서는 교사와 학생을 둘러싼 다양한 주체들의 주도성이 발휘되어야 한다.

교사 주도성과 교사 교육과정

교육과정을 실행하는 곳은 학교이며, 실행하는 주체는 교사이다. 그리고 교육과정을 경험하는 주체는 학생이다. 그래서 학생 주도성에 직접적이고도 큰 영향력을 주는 것은 교사 주도성일 것이다. 즉, 학생 주도성이 발휘되기 위해서는 교사의 주도적인 수업과 평가 설계가 필수적이다. 이는 학교와 교사가 학생의 주도성 발현을 위해 실질적인 방법을 고민해야 하는 이유이기도 하다. 이러한 고민을 바탕으로 교실에서 구현되는 것이 바로 교사 교육과정이다.

교사 교육과정은 국가, 지역, 학교교육과정을 기준으로 학교 구성원의 공동체성을 발휘하여 교사가 교육과정을 개발·실행·평가하는 행위이다. 교사 교육과정에서 교사는 주어진 교육과정을 학생에게 있는 그대로 전달하는 것이 아니라, 학생이 배움에서 주도적인 역할을 할 수 있도록 교육과정을 적극적으로 설계하고 실행한다. 교사 교육과정에 대한 의미와 학교 현장의 실천 사례를 보여준 몇몇 단행본에서는 학생과 교사를 교육과정의 주체로 적극 세우는 교육과정이 교사 교육과정이라 언급하고 있다.[6 7]

앞서 언급한 것처럼 학생과 교사, 두 주체의 주도성은 함께 발휘될 때 그 효과가 크다. 이는 교사 교육과정이 발휘되면 학생과 교사는 함께 성장할 수 있다는 말이기도 하다. 교사와 학생 모두의 주도성이 강화될수록 보다 긍정적인 학습 환경이 조성되며, 학생들의 학습 성과와 삶의 질을 높일 수 있는 기회가 커진다.

교사는 학생들이 주도성을 발휘할 수 있는 교육과정을 설계하고, 실행해야 하며, 학생들이 주도성을 발휘했을 때, 긍정적인 피드백을 제공할 수 있어야 한다. 피드백을 주기 위해서는 학생의 주도성이 어떤 상황에서 발휘될 수 있는지 파악할 줄 알아야 한다는 것이다. 학생의 주도성이 발휘되기 위해서는 수업 주제가 학생들의 삶과 닿아있어야 하며, 그 주제에 대해 학생이 흥미를 느껴야 한다.[8]

흥미라는 것은 주어진 경험이 학생에게 기대나, 불안을 유발하는 것이다. 어떤 경험에 대하여 학생이 불안을 느끼면 피하거나, 이를 해소하기 위해 반응한다. 반대로 어떤 경험에 대하여 기대를 가지면, 적극적으로 참여하거나, 그 가능성을 높이기 위하여 반응한다.

요컨대 불안과 기대, 두 가지 모두 학생으로부터 흥미를 유발하며, 학생이 주도성을 발휘하게 만드는 조건이 된다. 따라서 교사는 학생들이 불안과 기대를 느끼는 경험을 가지도록 수업을 설계할 필요가 있다. 하지만 학생들이 가지고 있는 경험은 각자가 다르므로 외부에서 주어지는 경험이 학생들에게 흥미를 유발하는 지점도 다양하다는 어려움이 존재한다. 이러한 다양성은 표준화된 국가교육과정이나 교과서만으로는 만족시키기 어렵다. 따라서 교사는 학생의 다양성을 포착할 수 있는 수업

6   〈교사 교육과정〉, 김덕년 외, 교육과실천 2022

7   〈교사 교육과정을 디자인하다〉, 박수원 외, 테크빌교육 2020

8   Dewey, J. (1916). 〈Democracy and Education. New York: Macmillan〉. 이홍우 (역) (1987). 〈민주주의와 교육〉. 교육과학사.

과 평가를 설계해야 한다. 그 소재는 국가교육과정 및 교과서가 될 수 있지만, 학생에게 제공하는 경험은 결국 교사가 개발하고, 실행하는 것이다. 그리고 그 과정에서 드러나는 배움의 과정과 결과를 포착하여 학생이 더 나은 모습으로 성장할 수 있도록 피드백을 제공해야 한다.

과정중심평가는 교육과정의 성취기준을 기반으로 한 평가 계획에 따라 교수·학습 과정에서 학생의 변화와 성장에 대한 자료를 다각도로 수집하여 적절한 피드백을 제공하는 평가를 의미한다.[9] 즉, 과정중심평가는 학생들이 수업에 참여하는 과정을 교사가 들여다보며 주요한 능력들에 대하여 피드백을 주면서 학생들이 그 능력을 학습해 나가는 것이라고 볼 수 있을 것이다. 따라서 주도성을 함양하기 위한 수업은 과정중심평가를 통해 이뤄질 수 있다. 교사는 주도성을 함양하기 위해 성취기준을 재구조화하고, 이를 기반으로 교수학습 및 평가를 실행하면서 학생들에게 주도성을 발휘할 때의 모습을 피드백해 준다. 이러한 일련의 교육 활동은 학생들이 주도성을 함양하는 데 도움을 줄 수 있을 것이다.

이렇듯 교사가 주도성을 발휘하면 학생들은 자신의 학습을 스스로 책임지고, 자신의 관심사나 성향에 맞춰 학습할 수 있는 환경에서 더욱 높은 수준의 주도성을 발휘할 수 있다. 또한, 학생들은 자신의 학습에 대한 책임감을 더욱 높이고, 학습성과를 높일 수 있는 기회도 많아진다.

---

9   김유향 외(2017). 과정을 중시하는 수행평가, 어떻게 할까요?. 연구자료 ORM 2017-
     19-2. 한국교육과정평가원.

교사 주도성에 주목하자

교사 주도성에 주목하는 것은 결국 학생의 주도성을 높여 학생들에게 질 높은 교육을 제공하기 위함이다. 학생의 주도성을 높이기 위해서 교사의 주도성이 높아져야 한다는 것은 교육 정책과 지원이 교사의 주도성을 높일 수 있도록 마련되어야 함을 의미한다. 교사의 주도성은 등한시하면서 학생 주도성에만 주목한다면 나무만 보고 숲을 보지 못하는 것이다.

왜냐하면 주도성은 독립적으로 발현되는 것이 아니라 공동으로 발현되는 것(co-agency)이기 때문이다. 교사가 교육의 목적과 과정을 깊이 이해하고, 교사의 역할과 책임에 대해 인식할 수 있도록 도와야 한다. 특히 대한민국 교육은 학생 중심 교육을 줄곧 강조하고 있지만, 그에 비해 교사 주도성에 대한 관심은 상대적으로 부족했다. 학생의 주도성을 높이기 위해 교사의 주도성이 필요함을 인식하고 적극적으로 지원할 필요가 있다.[10] 학생과 교사가 주도성을 발휘하여 교육과정을 함께 설계하고 운영하는 수준까지 나아가야 한다. 이러한 방향으로 나아갈 때, 학교는 더욱 학생 중심적이면서도 학교 구성원 모두의 주도성이 발휘되는 장소가 될 수 있을 것이다.

---

10   정윤리, 임재일(2021). 교육과정 자율화 정책 논의를 통한 차기 국가교육과정에 대한 일고: 교사교육과정 정책을 중심으로. 교육과정연구, 39(4), 5-33.

(3)

수업에서
주도성이 나타나는 모습[11]

수업을 개발하는 교사 주도성

영재학교에 근무하면서 주도성이 높은 학생들을 접해왔다. 특이한 점
은 몇몇 학생들은 졸업할 때까지 학습에 있어 주도적인 모습을 보여주
었지만, 몇몇 학생들은 학년이 올라갈 수록 점점 수동적인 모습을 보여
주었다는 것이다. 1학년 때, 질문과 에너지가 넘쳤던 교실이 점차 침묵
이 맴도는 교실이 되어갔다. 학생의 학년이 올라가고 학습 수준도 높아
지는 데 비해 주도성이 보이지 않는 이 상황을 해결하기 위해, 학생들이
주도성을 드러낼 수 있는 수업과 평가를 시도했다. 이를 위해 앞서 논의

---

11 이 장은 "정윤리(2023). 학습자의 능동적인 수업 참여를 위한 구술평가 개발 및 실행에
관한 연구. 학습자중심교과교육, 23(8), 97-109."를 이 책의 목적에 맞게 고쳐 쓴 것임을
밝힙니다.

한 내용을 바탕으로 수업과 평가를 개발했다.

수업과 평가를 개발할 때 고려한 요소

- 학생들의 자율권 존중: 교사는 학생들이 자신의 관심사나 성향에 따라 학습할 수 있는 환경을 제공하고, 학생들의 학습 목표와 방법을 지원한다.
- 학생들의 참여와 의견 수렴: 교사는 수업에서 학생들의 참여를 적극적으로 유도하고, 학생들의 의견을 수렴하고 반영한다.
- 자기평가와 피드백 제공: 교사는 학생들이 자신의 학습을 스스로 평가하고 개선할 수 있도록 지원하고, 피드백을 제공해야 한다.
- 협력적 학습 환경 조성: 교사는 학생들 간의 협력을 유도하고, 학생들이 서로의 학습을 도울 수 있는 환경을 조성해야 한다.
- 성장의 경험 제공: 교사는 학생들이 성장을 경험할 수 있도록 수업과 평가를 개발해야 한다.

먼저, 수업과 평가를 개발할 때, 가장 크게 문제의식을 느꼈던 부분은 학생들의 침묵이었다. 사실 수업에서 학생이 침묵하는 문제는 어제오늘의 일이 아니다. 수업 중 교사는 설명하고 학생은 듣기만 하는 수업에서 교사는 학생이 어느 정도로 배움을 일으키고 있는지 확인하기 어렵다. 또한 학생은 수업 내용을 이해하는 것 이외로 복합적인 사고력을 발휘하거나, 다양한 역량들을 키우는 데에 한계가 존재한다.

과학과 같은 내용 교과에서는 교사의 설명 위주인 강의식 수업이 많이 진행된다. 왜냐하면 내용 교과는 배워야 할 개념과 이론이 많고, 개념의 위계성이 존재하기에 수업 시간에 내용을 잘 가르치는 것 또한 중요한 과정으로 여겨지기 때문이다. 물론 강의식 교수법은 장·단점이 존재한다. 직관적으로 이해하기 어려운 개념이나 이론을 교사가 설명하여 학생의 이해를 도울 수 있지만, 학습 과정에서 학생들이 수동적인 태도를 학습하게 될 수 있다. 그렇다면 교사의 설명과 안내가 존재하면서, 학생이 능동적으로 수업에 참여하며 침묵하지 않는 수업 방법은 무엇일까. 학생이 수업에 적극적으로 참여하고, 교사와 동료 학생들과 의견을 나누면서 협력하고, 상호 피드백을 제공할 수 있는 방법은 무엇일까. 나는 이러한 문제를 해결할 방법으로 소크라테스 교수법에 주목했다.

소크라스테스 교수법은 흔히 산파술, 문답법으로 알려진 교수법이다. 교사는 질문을 제시하고, 학생은 그 질문에 대답한다. 학생의 대답에 따라 교사는 다시 질문을 하고, 이러한 과정이 반복되면서 학생은 스스로 지식을 탐구하는 경험을 갖게 된다. 학생의 대답에서 부족한 부분이 있는 경우, 교사는 부족한 부분을 짚고, 학생은 설명을 보완할 기회를 얻게 되면서 학생이 가지고 있던 선개념은 더욱 확장된다. 이처럼 소크라테스 교수법은 학생이 능동적인 태도로 학습에 참여하도록 도우며, 학생이 가진 지식을 확장시킬 수 있다는 장점이 있다.

이 교수법은 학생들의 학습에 대한 자율권을 확보하면서도 학생들의 능동적인 참여를 이끌 수 있다. 교사가 제시하는 수업 질문에 대해 학생들은 자신의 선개념, 관심사에 따라 반응할 수 있다. 여기에 수업 참여에 대한 교사의 관찰평가를 바탕으로 한 피드백은 학생들이 수업에 참여할 필요성을 느끼게 만든다. 예를 들어 발표를 한 학생에게 긍정적인 피드백을 제공하고, 발표 내용에 관한 질의응답을 그 학생과 함께 진행한다.

이 과정에서 학생들은 수업 참여에 대한 긍정적인 피드백을 받을 뿐만 아니라, 응답한 주제를 깊이 있게 다루는 경험을 갖게 된다. 교사는 질의응답의 과정을 이끄는 역할을 하며 학생들이 질문과 응답에 자유롭게 참여할 수 있도록 돕는다. 이 과정은 학생이 궁금하거나, 몰랐던 부분에 스스로 집중하게 만들어 자연스럽게 공부해야 할 필요성을 느끼게 한다. 교사는 수업 중 학생들이 발표하고, 주제에 대해 다양한 의견을 제시할 수 있도록 수업 환경을 조성하며, 학생들의 의견을 수렴하는 역할을 한다.

소크라테스 교수법은 학생 스스로의 무지를 깨닫게 하고, 교사뿐 아니라 동료 학생들로부터 피드백을 받게 함으로써 수업에 참여한 학생들이 성장하게 만든다. 예를들어 학생들은 질문을 접하면서, 자신이 알고 있는 내용을 꺼내놓는다. 그 내용에 대해 질의응답이 진행되면서 스스로가 알고 있는 것과 모르고 있는 것을 구분하게 된다. 즉, 소크라테스 교수법 환경에서는 학생들이 자연스럽게 자기평가를 하게 된다. 그리고 교사의 추가 질문이나 피드백, 동료 학생들의 의견이나 질문들로부터 확장된 지식을 얻게 된다. 이는 협력적 학습 환경이 조성되어 있는 것이며, 학생이 성장을 경험할 수 있는 환경이다.

교사는 교수·학습 방법을 개발하고 운영하는 것뿐 아니라 이를 평가와 유기적으로 연계시키는 것도 중요하게 생각해야 한다. 최근 발표된 2022 개정 교육과정 총론에서는 교수·학습과 평가가 일관성 있게 이루어지도록 안내하고 있다. 학교 현장에 있는 교사들의 몇몇 단행본에서도 교수·학습과 평가활동을 유기적으로 연계하는 것이 원활한 수업 운영을 위해 중요한 부분임을 강조하고 있다. 실제로 학생들은 교사가 평가하는 내용이나 기능, 역량에 대해 집중하고, 그것을 목표로 학습하는 경향이 있다. 특히 우리나라 고등학교 수업은 대학입시와 직결되어 있기 때문에 학생은 평가를 중요하게 생각할 수밖에 없는 상황이다. 따라서 교수법에서 추구하고 있는 가치를 평가활동에 담지 않는다면, 아무리 좋은 수업이라 할지라도 현실적으로 학생이 수업에 온전히 참여하기 어렵다.

이러한 맥락에서 소크라테스 교수법에 적합한 평가 방법으로 구술평가에 주목했다. 구술평가는 학생이 특정 교육 내용이나 주제에 대해 자신의 의견이나 생각을 발표하도록 하여 준비도, 이해력, 표현력, 판단력, 의사소통 능력을 직접 평가하는 방법이다.[12] 구술평가는 질문과 응답이라는 학생과 교사의 상호작용을 바탕으로 진행되는 평가 방식이다. 그리고, 소크라테스 교수법은 교사와 학생의 상호작용을 중심으로 운영되는 교수·학습 방법이기 때문에 소크라테스의 문답 형태의 교수법과 구술평가는 일관성 있는 교수·학습 및 평가 과정이라고 볼 수 있다.

수업과 평가 개발 과정

학기가 시작되기 전, 15주차의 수업을 설계했다. 학생이 능동적으로 수업에 참여할 수 있도록 소크라테스 교수법과 구술평가를 연계하였다. 소크라테스 교수법에 따르면 학생은 질의응답을 통해 자기모순을 발견하고, 그 모순을 해결해 나가는 과정을 경험한다. 나는 이를 고려하여 수업 중 학생들에게 제시할 수업 질문을 제작하였으며, 수업에서 질문으로부터 교사와 학생의 상호작용, 학생과 학생의 상호작용이 일어날 수

---

12   엄해영 외(2018), 초등 국어 교육의 이해. 서울: 박이정.

있도록 상황에 맞는 추가 질문을 준비하였다. 수업을 진행할 때는 해당 차시의 내용을 요약하고, 질문을 제시함으로써 질의응답이 일어나도록 했다. 수업 이후, 이러한 과정을 평가할 수 있는 구술평가를 설계했다. 구술평가 문제는 수업 중 제시된 수업 질문을 문제 은행 형태로 제시했으며, 학생의 응답에 따라 추가 질문도 제시하였다. 구술평가 과정에서는 수업 질문에 대한 학생의 응답과 추가 질문에 대한 학생의 응답을 통해 학생들이 해당 개념이나 내용을 정확하게 이해하고 있는지 평가했다. 더 구체적인 내용을 아래에 서술하였다.

― 가. 수업 진행 과정

15주차 수업에서 진행한 수업과 평가 일정은 아래 [표 1]과 같다. 구술평가는 1차, 2차 지필평가 전주에 각각 진행했으며, 구술평가 1주일 전에 구술평가 문제은행과 안내 사항을 공지했다.

[표 1] 수업과 평가 일정

주차(주당 3시간)	내용
1~5주차	수업
6주차	수업 / 구술평가 문제은행 공개
7주차	구술평가
1차 지필평가(중간고사)	
8~13주차	수업
14주차	수업 / 구술평가 문제은행 공개
15주차	구술평가
2차 지필평가(기말고사)	

구술평가 문제은행은 수업에서 사용한 수업 질문이 바탕이 되었다. 15
~20문제 사이로 제시했으며, 함께 공지된 안내사항에는 구술평가 운영
방식과 평가 요소를 제시했다. 구술평가와 연계된 수업의 진행 과정은
아래 [표 2]와 같다. 단원의 내용에 따라 소요시간은 달라지기도 했으나,
수업 진행의 단계와 내용은 일관되게 유지하였다.

[표 2] 수업 진행 과정

차례	수업내용	소요시간(50분)
1	수업질문 제시	5분
2	학생의 응답과 교사의 추가 질문	15분
3	단원의 요약	15분
4	문제 제시	5분
5	학생의 응답과 교사의 추가 질문	10분

이 수업에서 사용하는 수업 질문은 해당 단원 내에 있는 개념과 이론
에 연관된 질문이다. 먼저 교사는 성취기준을 바탕으로 수업 질문을 만
들고 학생들에게 제시한다. 학생은 수업 질문을 받고 자신의 생각을 정
리하는 시간을 가진다. 이어서 수업 질문에 대한 학생의 발표를 진행한
다. 발표는 자발적인 참여를 기본으로 하며, 자발적인 참여가 없을 시 교
사가 지정한다. 학생의 발표를 듣고, 발표 내용에서 개념이나 이론에 대
해 설명이 더 필요할 경우 추가 질문을 한다. 이를 통해 학생은 수업 질
문에 답하기 위해 사용했던 개념이나 이론, 그리고 그것들의 관계에 관
한 자신의 선개념을 확인한다. 질의응답의 과정에 참여한 학생이 응답
을 못하는 경우 다른 학생이 응답에 참여하여 문답 과정을 이어 나갈 수

도 있다. 해당 단원에 필요한 개념이나 이론이 충분히 드러난 경우, 1차 문답과정을 마치고, 교사의 단원 요약으로 넘어간다.

4단계 문제 제시는 단원과 관련된 연습 문제를 푸는 단계이다. 문제는 교재에 있는 예제나 연습문제를 활용했으며, 소단원별로 1~3문제를 제시했다. 문제를 푼 후, 학생이 문제 푸는 과정을 구두로 발표하도록 했으며, 교사는 풀이과정을 듣고 부족한 부분에 대해 보완설명을 하도록 질문하거나, 학생이 문제를 해결하는 데 사용한 개념이나 이론에 대해 질문했다.

─ 나. 수업질문 제작 과정

다음 [표 3]은 수업에서 활용한 수업 질문을 관련된 성취기준으로 분류한 것이다. 수업 질문은 성취기준을 바탕으로 제작하였다. 제작한 수업 질문은 수업뿐 아니라, 구술평가 과정에서도 활용했다. 수업 질문을 만들 때는 학교교육과정과 학생의 특성을 고려했다. 학교교육과정에서 제시하고 있는 성취기준에 도달하기 위해 개념과 이론을 어느 수준까지 다룰 것인지를 고려하여 성취기준과 관련한 수업 질문을 제시했다. 개념이나 이론을 학생이 과거에 접해보았고, 연계성이 크다고 생각된 경우에는 추상적인 수업 질문으로, 학생들에게 생소하고 어려울 것으로 예상되는 성취기준이나, 수학, 물리, 생명과학 등 다른 과목의 지식이 추가적으로 필요한 성취기준의 경우에는 구체적인 수업 질문으로 제시하였다.

[표 3] 성취기준에 기반한 수업 질문

성취기준	수업 질문
기본적인 화학 법칙을 이해하고 원자의 구조가 밝혀지기까지 실험과정과 원리에 대해 설명할 수 있다.	1. 원자의 구조를 밝히기 위한 실험과 그에 따른 모형들을 소개하시오. 2. 교재 2장에 있는 화학의 기본 법칙들에 대해 설명하시오.
원자의 구조를 이해하고 분자와 이온의 개념 및 주기율표에 대해 설명할 수 있으며, 화합물을 명명할 수 있다.	1. 원자, 원소, 분자, 이온의 개념을 비교하여 설명하시오. 2. 이온화 에너지의 주기적 성질에 대하여 설명하시오. 3. 가리움 효과와 침투 효과에 대하여 설명하시오.
기체 분자 운동론을 설명할 수 있고, 실제기체와의 차이를 설명할 수 있다.	1. 이상기체 법칙을 설명하시오. 2. 기체 분자 운동론을 설명하시오. 3. 이상기체와 실제기체의 차이를 설명하시오.
플랑크 가설과 광전효과의 원리를 설명할 수 있으며, 보어 원자 모형 이해하고 그 한계를 설명할 수 있다.	1. 흑체복사와 자외선 파국에 대해 설명하시오. 2. 보어 원자 모형에서 에너지 준위는 어떻게 유도되었는지 설명하시오. 3. 보어의 원자 모형에서 드브로이 관계식을 유도하시오. 4. 빛의 이중성에 대해 설명하시오.

ㅡ 다. 교수·학습 과정에서 나타난 구성원들의 상호작용 확인

소크라테스 교수법은 학생의 능동적인 수업 참여를 전제하고 있다. 또한, 능동적인 수업 참여는 중요한 학습 요소이기도 하다. 따라서, 수업 중 교사와 학생, 학생과 학생 간의 묻고 답하는 상호작용 과정을 확인할 필요가 있었다.

이 과정은 체크리스트로 진행하였다. [그림 1]은 수업에서 학생들의 상호작용을 확인하기 위한 체크리스트 양식이다.

[그림 1] 상호작용 체크리스트

이름	발표			지정 발표			자기노트			세부능력 / 특기사항
	날짜 1	날짜 2		날짜 1	날짜 2		날짜 1	날짜 2		
학생										

1열은 수업에 참여한 학생들의 이름이 있으며, 2~4열은 해당 학생의 참여 결과를 기록하는 곳이다. 2열은 수업 중 제시되는 수업 질문이나 문제에 자발적으로 응답하는 학생을 평가하는 영역이다. 학생의 발표 내용이 우수하면 A, 보통이면 B, 미흡하거나 참여하지 않으면 C를 부여한다. 질문이나 문제를 제시했을 때, 아무도 자발적으로 참여하지 않는 경우도 있다. 이 때는 교사가 학생을 지정해 발표를 시킨다. 이때 발표한 학생은 3열 지정 발표 영역에 표시한다. 마찬가지로 학생의 발표 내용이 우수하면 A, 보통이면 B, 미흡하거나 참여하지 않으면 C를 부여한다. 4열의 자기 노트는 수업 중 오고 간 질의응답과 단원의 요약을 학생이 정리하여 제출한 내용을 확인하는 곳이다. 학생의 정리 내용이 우수하면 A, 보통이면 B, 미흡하거나 제출하지 않으면 C를 부여한다. 마지막 5열은 수업 중 주목할 만한 학생의 능력이나 참여 모습이 있는 경우 교사가 글로 간단히 작성하는 곳이다. 예를 들어 발표한 내용에서 개념이나 이론의 이해도가 무척 높은 경우, 능동적인 수업 참여가 지속적으로 나타나는 경우, 문제를 해결하고 풀어가는 과정에서 동료들과 상호작용하는 경우에 학생의 모습을 간단히 기록했다.

라. 구술평가 운영

앞서 언급한 것처럼 구술평가는 시험 전주에 진행했다. 주당 3시간 수업이므로, 구술평가는 학생 1명당 8분 내외로 진행할 수 있었다. 구술평가에서 활용할 문제는 평가 1주일 전에 공개했다. 학생은 문제은행을 바탕으로 구술평가 준비를 했다. 문제은행에 있는 문제들은 수업 중 질문으로 제시되었고, 묻고 답하는 과정이 진행되었기 때문에 구술평가를 준비할 수 있는 시간과 기회는 충분히 제공되었을 것으로 판단된다.

구술평가는 한 명씩 진행했다. 교사와 평가 대상 학생은 옆 강의실(평가장소)에서 구술평가를 진행했고, 남은 학생들은 본 강의실(대기장소)에서 대기하였다. 구술평가가 끝난 학생이 본 강의실로 돌아가면, 다음 순번의 학생이 평가실로 들어왔다. 학생들이 대기실에 있으면서 구술평가를 준비하도록 안내했다. 문제은행을 보면서 답변을 정리하거나, 그룹을 이루어 모의 구술평가를 진행하기도 하였다.

구술평가에서 학생이 답해야 하는 문제는 문제은행에 있는 문항을 무작위로 선정했다. 학생은 한 문제에 대해 1분 내외로 답변을 해야하며, 교수자는 학생 답변에 따라 추가 질문을 하였다. 추가 질문은 문제를 풀기 위해 필요한 기초 개념과 이론이나, 이와 관련된 다른 영역의 개념이나 이론을 소개하는 것으로 사전에 구성했다. 또한, 학생의 답변이 부족할 때는 이를 보완할 수 있는 추가 질문도 하였다. 학생 한 명당 3~4개의 문제에 답변하도록 운영했다.

구술평가 결과의 신뢰도를 높이기 위하여 구술평가 과정은 녹음 후, 전사하였다. 스마트폰과 무선 마이크 2개를 이용하여 교사와 학생의 대화를 녹음했으며, 클로버 노트를 활용하여 녹음된 내용을 전사하였다.

8분 내외로 진행된 구술평가에서 학생들의 모습은 논리적인 문제 해결, 추가 질문에 대한 답변 내용, 발표 및 응답 태도를 중심으로 평가했다. 구술평가는 1회 10점 만점이고 기본점수는 5점이다.

먼저, 논리적인 문제 해결의 평가 과정을 기술하고자 한다. 학생은 문제은행에서 뽑은 질문에 대해 1분 내외로 자신의 생각을 발표했다. 교사는 발표 내용을 듣고, 논리적인 문제 해결력을 평가했다. 만약, 1분 내외의 답변에서 잘못된 개념이나, 지나치게 생략된 설명을 한 경우 다시 설명할 수 있도록 추가 질문을 하였다. 이 과정을 통해 학생의 논리적인 문제 해결력에 대하여 평가했다.

1분 내외의 답변에서 우수한 답변을 한 경우에는 A를 부여했다. 또한, 발표에서 설명이 부족하거나 틀린 개념이 있지만, 추가 질문을 통하여 올바른 설명을 한 경우에는 B를 부여했다. 추가 질문을 했지만, 그럼에도 올바른 답변을 하지 못한 경우에는 C를 부여했다. A, B, C를 점수로 환산한 과정은 다음과 같다. 먼저 A는 평가요소를 충족한 경우이므로 +1점이며, C는 충족하지 못한 경우이므로 0점이다. B의 경우 학생이 3~4개의 질문을 받을 때, 문항 수의 50% 이하 B를 받는 경우에는 +1점으로, 50% 이상 B를 받는 경우에는 0점으로 처리했다.

두 번째는 추가 질문에 대한 답변을 평가한 과정이다. 추가 질문은 기초, 심화 질문인 계열성을 가진 질문과 다른 개념이나 과목과 연계된 질문인 통합성 질문을 제시했다. 두 질문에 대해 올바르게 답변한 경우 각각 A를 부여했으며, 질문에 답하지 못한 경우 C를 부여했다.

마지막으로 발표 및 응답 태도는 교수·학습 과정과 구술평가 전반에서 발표 및 응답 태도가 우수한 경우 A를 부여했으며, 수동적인 수업 참여와 정리되지 못한 발표를 통해 구술평가에서 주어진 시간을 준수하지 못한 경우에는 C를 부여했다. 다음 [표 4]는 구술평가에서 사용한 평가

요소이다.

[표 4] 구술평가 평가요소

평가방법	평가요소
발표 (체크리스트)	① 제시된 문제에 대해 자신의 생각을 논리적으로 제시한다. ② 계열성을 가진 추가 질문에 논리적으로 답변한다. ③ 통합성을 가진 추가 질문에 논리적으로 답변한다. ④ 발표 및 응답 태도가 우수하다.

― 마. 구술평가와 논술형 평가의 연계

나는 소크라테스 교수법과 구술평가를 활용하여 수업에 참여하는 학생이 능동적으로 개념과 이론을 탐구하고, 스스로 지식을 만들도록 유도했다. 그리고 이 과정에서 학생들이 성장을 경험하길 기대했기 때문에 수업 중 제시한 수업 질문, 수업 질문들로 구성된 구술평가, 구술평가와 연계된 논술형 지필평가를 운영하여 그 목적을 달성하고자 했다. 구술평가는 한 학기 동안 2회에 걸쳐 진행했고, 구술평가에서 물어본 몇 개의 질문은 중간, 기말고사에 논술형 문항으로 출제했다. 이렇게 수업과 평가를 연계한 이유는 학생이 공부하고 표현할 수 있는 기회를 다양하게 제공하고 모든 학생이 학습 목표에 도달하기를 바랐기 때문이다.

19. 충돌 이론에 대해 설명하시오.

　　－ 충돌 이론으로부터 도출되는 식은?

　　－ 반응 속도에 영향을 주는 요인을 충돌 이론으로 설명하면?

　　－ 충돌 단면적을 에너지의 함수로 표현하시오.

구술평가 19번 문항과 연계한 논술형 문항

[논술형] Collision theory은 입자의 충돌로 인해 발생한 충돌 에너지가 화학 반응을 일으키는데 필요한 에너지를 공급한다고 가정하며, rate constant(k)를 계산할 수 있는 식을 제공한다.

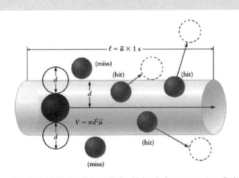

Fig. 9.20,18.12 A collision cylinder. Molecule A sweeps out a cylinder of volume ($\pi d^2 \bar{u}$) per second, where $d = (d_A + d_B)/2$. It will collide with all of the B molecules whose centers lie within the cylinder.

충돌 모형

반응 속도에 영향을 주는 요인을 <조건>에 맞게 설명하시오.

―――――――――――― <조건> ――――――――――――
① 반응 속도에 영향을 주는 요인은 3가지 이상 제시할 것
② 해당 요인이 반응 속도에 영향을 주는 이유를 충돌 모형에 근거하여 구
  체적으로 설명할 것

수업에서 드러난 학생 주도성

학생들은 구술평가를 준비하는 과정에서 주도성을 보여 주었다. 수강
하는 대부분 학생들의 목표는 과목에서 좋은 성취를 얻는 것이었다. 여
기에서 말하는 좋은 성취는 높은 성적, 내용에 대한 이해, 성장하는 경험
등을 아우르는 의미라고 보면 좋을 것 같다.

학생들이 좋은 성취를 얻기 위해서는 교사가 학습 방향을 분명하게
제시하고, 그 방향으로 나아갈 수 있도록 도와야 한다. 구술평가는 그러
한 역할을 했다고 볼 수 있다. 구술평가를 준비할 때 제시했던 문제은행
속 질문들은 성취기준에 기반하여 만들어진 것이며, 이 질문들은 수업
시간에 다뤄졌다. 성취기준은 각 교과목에서 학생들이 학습을 통해 성
취해야 할 지식, 기능, 태도의 특성을 진술한 것이기 때문에, 학생들은 구
술평가를 준비하면서 무엇을 배워야 할지 분명하게 인식했다. 또한 학
생들은 수업 중 질문을 중심으로 묻고 답하는 상호작용을 통해 어떻게
공부해야 하는지에 대해서도 인식했다. 이렇게 무엇을, 어떻게 공부해야
하는지 분명하게 안내받은 학생들은 과목에서 좋은 성취를 얻기 위해

주도적인 모습을 보였다. 학생들은 구술평가를 준비하면서 수업 질문에 대한 답을 정리해 보고, 이 답을 말로 설명할 수 있을 정도로 연습했다. 이 과정에서 수업 중 정리했던 노트를 보기도 하고, 다른 친구들의 노트와 비교하기도 했으며, 질문과 관련된 자료들을 스스로 찾아보며 공부하기도 했다. 이런 과정을 거치면서도 잘 모르는 질문들에 대해서는 친구들과 대화하거나 교사에게 질문함으로써 해결해 나가는 모습도 보여주었다.

구술평가를 준비하면서 수업 내용을 다시 정리할 수 있었고 수업 자료 및 교과서, 자기 노트를 참고하면서 헷갈린 부분까지 정리하면서 복습할 수 있었다. 그리고 구술평가를 진행하면서 내가 질문에 대한 내용을 얼마나 이해하고 설명할 수 있는지 생각해 볼 수 있었으며, 추가 질문에 답하면서 이와 관련된 지식을 얼마나 가지고 있는지 알게 되었다. 수업을 듣고 문제를 푸는 것뿐만 아니라 구술평가를 진행하면서 알고 있는 것과 설명하는 것은 많이 다르다는 것을 배울 수 있었고 앞으로 더 답을 명확하고 정리해서 설명할 수 있도록 더 깊게 이해할 필요가 있다는 것을 알게 되었다.

— A 학생의 구술평가 자기노트 중에서

구술평가를 통하여 내가 정확히 알고 있지 못했던 개념들을 확실하게 알게 되었고 오개념을 바로잡고 다양한 화학 지식들을 직접 말로 설명할 수 있는 시간이 되어 좋았다.

— B 학생의 구술평가 자기노트 중에서

묻고 답하는 소크라테스 교수법과 구술평가, 논술형 평가의 연계는 학생들이 성장을 경험하는 데 도움을 주었다. 앞서 언급했던 것처럼 수업은 교사가 제시하는 수업 질문을 중심으로 진행되었다. 학생들은 그 질문에 대해 응답하고, 추가 질문을 하기도 했으며, 다른 친구들의 답변을 보완하기도 했다. 이렇게 수업 중 질문에 대해 답하고 상호작용하는 경험은 질문에 말로 답해야 하는 구술평가에 어떻게 임해야 하는지 학생들에게 방향을 제시해 주었다. 이 교수법과 평가는 학생이 질문에 피상적인 답변을 하는 것보다 사용하는 개념에 대한 정확한 이해를 요구했다. 또한 개념과 개념의 관계, 개념의 적용 등에 대해서도 학습하기를 요구하고 있었다. 왜냐하면 질문과 응답을 중심으로 한 수업에서 질문에 대해 학생들이 피상적인 답변을 하는 경우, 교사가 기초 개념에 대한 질문이나 개념의 응용에 대한 질문을 추가로 제시했기 때문이다. 이러한 질문과 응답이 오가는 수업은 학생들이 수업 질문에 대해 깊이 이해하도록 돕는다. 따라서 수업에 열심히 참여했던 학생들은 구술평가를 준비하는데 도움을 받았다. 그리고 구술평가의 문항이 논술형 평가와 연계됨으로써 학생들은 수업 질문에 대해 말로 설명하는 것 뿐 아니라, 글로 정리하는 경험도 하게 되었다. 이 경험은 학생들이 질문에 대해 반복적인 학습을 할 수 있도록 도왔으며, 같은 질문을 여러가지 형태로 접하고, 다양하게 표현하도록 만들었다. 이를 통해 학생들은 질문에 대해 더 정확하고 깊이 있게 답할 줄 알게 되었으며, 지식의 성장을 경험했다.

수업 시간에 1차 지필고사 기간보다 더 열심히 참여했다고 생각한다. 그 결과 1차 구술평가에서는 파동함수에 대해 설명하는 문제가 나왔을 때 대답을 제대로 준비해 가지 못해서 감점을 당했었는데 이번에는 문제가 전체적으로 난이도가 더 높았음에도 불구하고 모든 문제에 대한 대답을 정확하게 준비해

가서 실수 없이 구술평가를 마칠 수 있었다. 또한 수업 시간에 꾸준히 자기노트를 작성하면서 수업 시간 내에 그날 배운 내용들을 완벽히 이해하고 이후에 복습을 통해 학습을 할 수 있었다. 동핵 이원자 분자의 MO를 구축하는 것이 처음에는 어려웠는데 발표를 하고 복습을 해서 이제는 이해를 하게 되었다.

– C 학생의 구술평가 자기노트 중에서

실제로, 1차 구술평가에서는 감점이 있었지만 이와 관련된 논술형 평가에서는 우수한 답안을 제출하고, 2차 구술평가에서 더 나아진 모습을 보여준 학생이 존재하기도 하였다. 또한 몇몇 학생들은 구술평가 준비가 지필평가 준비에 도움이 된다는 의견을 주기도 하였다. 이것은 질문과 응답 중심의 수업과 구술평가, 논술형 평가의 연계가 학생들의 성장을 이끈다는 것을 보여주는 것이다.

구술평가가 준비하기에는 힘들지만, 시험공부에 확실히 도움이 된다고 생각했다. 문제은행 내에서 문제가 나오긴 하지만, 어떤 추가 질문이 나올지 모르기 때문에 관련된 세부적인 내용도 공부하게 되고, 모르는 내용은 검색해 보며 심화된 내용을 공부할 수 있다는 점이 좋았다. (중략) 구술평가를 공부하고 정리하면서 전반적인 화학 내용을 정리할 수 있어 좋았고, 내가 확실하게 아는 부분과 모르는 부분을 알 수 있어 앞으로의 공부 방향도 명확하게 보여 좋았다. 개인적으로는 구술평가가 화학 공부에 큰 도움이 되어 좋은 수행평가라고 생각한다.

– D 학생의 구술평가 자기노트 중에서

구술평가를 진행하고 나면 그 기간 동안 내가 배운 내용을 총정리할 수 있는 것 같고, 시험 준비가 되기 때문에 시험 직전에 하는 것도 좋은 것 같다.

ㅡ E 학생의 구술평가 자기노트 중에서

소크라테스 교수법과 구술평가를 실행한 교사의 입장에서 교수·학습과 평가가 유기적으로 연계되어 있음을 느낄 수 있었다. 수업에 능동적으로 참여한 학생은 구술평가에서도 우수한 모습을 보여주었다. 자신의 생각을 유창하게 발표했고, 질문에 대한 답변을 논리적으로 설명했으며, 추가 질문에 대해서도 대부분 잘 답변하였다. 이는 수업 중 체크리스트로 확인한 결과와 구술평가의 결과를 비교해 봄으로써 확인할 수 있었다.

어떤 학생은 수업 과정에 자발적인 참여는 보여주지 않았지만, 교사가 지목하여 질문을 했을 때 우수한 답변을 하기도 하였으며, 구술평가에서도 우수한 모습을 보여주었다. 이 학생은 면담 과정에서 수업 중 자발적인 참여를 보여주지 못했던 이유를 크게 세 가지로 설명했다.

첫째는 자신이 발표한 내용이 틀릴 수도 있다는 부담감이다. 둘째는 교사와 질의응답 하는 시간이 다른 학생들에게 의미 있는 시간이 되지 못할 수도 있다는 우려였다. 마지막으로는 본인의 내향적인 성향이었다. 따라서 이러한 학생들에게는 교사가 지목하여 질의응답에 참여할 수 있도록 도와 주어야 한다. 해당 학생은 자발적으로 발표를 한 것은 아니지만, 교사가 지목하여 질의응답을 진행했을 때는 좋은 모습을 보여주었다. 다른 학생들의 발표와 교사의 설명을 경청하는 모습도 확인할 수 있었다. 또한 매시간 공부한 내용을 노트에 성실히 정리하는 것도 확인할 수 있었다. 즉, 자발적으로 질의응답에 참여하지 않더라도, 학습에 있어 다른 측면으로 주도적인 모습을 보여준다면 높은 성취를 보여줄 수 있다는 것을 확인할 수 있었다.

학생들의 주도성을 끌어내기 위해 진행했던 소크라테스 교수법과 구술평가를 통해 다음과 같은 시사점을 얻을 수 있었다.

첫째, 능동적인 수업 참여라는 것은 학생이 배움의 주체가 된다는 것을 의미한다. 수업과 평가를 실행하는 과정에서 학생들은 다양한 모습의 주도성을 보여주었다. 단순히 교사의 질문에 자발적인 응답, 발표가 수업에 능동적으로 참여하는 모습만은 아니었다. 교사가 지정하여 질의 응답을 이어 나가는 경우, 다른 학생과 교사가, 또는 학생과 학생이 토론하는 그 모습을 경청하는 경우, 수업 시간에 나타났던 배움을 정리하는 경우도 능동적인 수업 참여로 볼 수 있었다. 실제 몇 가지 이유로 자발적인 응답과 발표를 보여주진 못했지만, 앞서 언급한 수업 참여 경험을 바탕으로 구술평가와 논술형 평가에서 우수한 결과를 보여준 학생도 있었다. 즉, 주도적인 수업 참여를 구성하고 있는 것은 단순히 학생들의 자발적인 발표의 수준을 넘어, 수업안에서 이뤄지는 구성원들의 상호작용과 스스로 지식을 탐구해 나가는 경험으로 확장해서 볼 수 있을 것이다.

둘째, 소크라테스 교수법과 구술평가의 연계는 학생이 학생 주도성(student agency)을 발휘하는 데 도움을 주었다. OECD는 미래 교육의 담론으로 학생 주도성(student agency)를 강조하였다. 학생 주도성이란, 학생 스스로가 목표를 설정하고, 성찰하며, 변화를 이끌어 내기 위해 책임감 있게 행동하는 것이다(OECD, 2019). 이러한 능력을 함양하기 위해서는 학생이 주도성을 발휘할 수 있는 시간과 공간을 마련하는 것은 물론, 학생의 동기를 유발해야 한다. 또한, 교사는 학생이 수동적 태도를 이겨내고, 낯설고 새로운 내용을 배우고자 하는 능동적 태도를 끌어내야 한다. 카이 호프만은 우리 안에 존재하는 능동성은 '놀라움'으로부터 발생한다고 주장한다. 학생이 놀라움을 느낀다는 것은, 자신의 경험이나 지식과 상충하는 질문을 통해 일어날 수 있다. 이는 소크라테스 교수법과 구술 평가의 목적과 상통한다.

　학생들은 배움의 주체이지만, 그 권리와 의무를 포기하면서 침묵하는 이유는 무엇인가. 이것은 학생 스스로가 수업에 능동적으로 참여해야 할 이유를 찾지 못했기 때문일 것이다. 이러한 현실이 학생의 침묵을 강요하는 원인 중 하나라면, 현실을 활용하는 것도 하나의 방법이 될 수 있다. 침묵을 깨어내는 질문과 응답, 토론의 과정이 평가에 반영이 된다면, 수동적인 학생들에게 능동성을 발휘할 수 있는 기회를 제공할 수 있지 않을까. 당연하게도 전제는 놀라움을 제공하는 수업 내용이 되어야 할 것이지만, 놀라움이 있음에도 침묵하는 학생들이 현실에서 대다수라면 그러한 현실에 금을 낼 수 있는 도전이 필요하다고 본다. 나는 소크라테스 교수법과 구술평가의 연계로부터 학생 주도성을 함양하는 것이 그러한 도전 중 하나라고 생각한다. 최근 발표된 2022 국가 교육과정에서도 주장하고 있는 학생 중심과 학생 주도의 교육, 그리고 학생의 다양성과 학생에게 맞춰진 교육은 배움의 당사자가 참여하려는 의지와 노력이 있어야 하며, 수업과 평가는 그것을 유발하는 역할까지도 해야 할 것이다.

주도성은
어떻게 발휘되는 것인가?

주도성은 어떻게 만들어지고 발휘되는 것일까. 우리는 모두 주도성이라는 씨앗을 품고 있다. 또한, 환경과의 상호작용으로 나타나기 때문에, 적절한 환경이 제공된다면 누구나 주도성을 발휘할 수 있다. 그러나 개인의 기질에 따라 주도성의 양상과 정도는 조금씩 달라질 수 있을 것으로 생각된다. 주도성은 어떻게 발휘되는 것일까. 적절한 환경이 제공되면 개인의 내면에서 어떤 방식으로 주도성이 발휘되는 것일까. 이번 장에서는 주도성을 발휘한 학생들의 경험을 바탕으로 어떤 방식으로 주도성이 발휘되는지 알아보려고 한다. 이를 위해 4명의 학생들을 면담 대상으로 선정하였다. 이 학생들은 수강한 과목에서 우수한 성적을 받았을 뿐만 아니라, 교사의 관찰과 기록에 따른 정성적인 평가에서도 뛰어난 평가를 받았으며, 함께 수강한 학생들에게도 주도성이 높은 학생으로 추천되었다. 이 학생들과의 면담을 통해 주도성이 어떤 방식으로 나타나는지 탐색하였다. 면담 결과는 학생들에게 다시 확인을 받아 자신의 이야기가 정확하게 반영되었는지 확인하는 과정을 거쳤다.

개인의 성향에 따른 주도성의 양상

학생들의 주도성은 다양한 형태로 나타났다. 철저하게 계획을 세우고 공부하는 학생이 있는가 하면, 철저한 계획보다는 상황에 맞춰 공부하고 싶은 것이나 해야 할 것들을 정해서 공부하는 학생도 있었다. 이러한 모습은 학생들의 성격에 따라 달라졌다.[13]

판단형은 정확한 목표를 수립하고 그에 맞춰서 체계적인 계획을 세우고 일을 진행하는 것을 선호한다. 그렇기 때문에 이러한 성향을 가진 학생은 갑작스러운 일을 좋아하지 않는다. 또한 판단이 행동으로 직결되기 때문에 어떤 일을 진행할 때 신속히 목표에 달성할 수 있는 추진력이 강하다. 반면에 인식형은 상황 자체를 즐기는 것을 선호한다. 또한 주변에서 일어나는 다양한 변화에 긍정적인 반응을 보이며 비교적 자유롭고 유동적인 스케줄로 일하는 것을 선호한다. 주변 상황에 대해 관심이 많아 환경에 빠르고 자연스러운 적응이 가능하다.

주도성이 높다고 판단된 학생들은 판단형과 인식형이 고루 섞여 있었

---

13 면담 질문으로 제시하진 않았지만, 학생들은 성격 심리 검사 중 하나인 MBTI를 적용하여 자신의 학습 스타일을 이야기했다. MBTI는 '마이어스 브릭스 유형 지표(Myers-Briggs Type Indicator)'의 약자로, 개발자인 모녀의 성에서 따온 성격 심리 검사이다. MBTI는 칼 융의 성격 유형 이론에 근거해 성격을 분류하고 있으며, '인간이 서로 다르다는 것을 인정하고 이해해야 한다'라는 모녀의 생각에 기반하여 만들어졌다. MBTI는 각각 상반되는 2개의 기질을 4개 그룹으로 만들어 16가지의 성격 유형으로 나눠진다. 그중에서 학생들이 주로 언급한 것은 판단형(judging)와 인식형(perceiving)이다.

다. 철저하게 계획을 세우고 공부를 해나가는 학생이 있는가 하면, 나름
대로의 계획은 있지만 상황에 맞춰 유연하게 공부를 해나가는 학생도
있었다.

OECD에서 언급하는 학생 주도성의 정의는 학생들이 학습과 관련된
목표를 설정하고 이루기 위해 학습 과정에서 주도적인 역할을 하는 능
력이었다. 즉, 주도성은 학습에 있어 학생 스스로가 목표를 세우고 이를
이루기 위해 주도적인 역할을 하는 것이지만, 특정 형태의 것만은 아니
라는 것이다. 학생들의 면담 결과는 개인의 성향에 따라 주도성이 다르
게 나타날 수 있다는 것을 보여주고 있었다.

저는 하고 싶을 때 하는 것 같아요. 그것도 어떤 때는 미루고 미루다가 시험
전날에 해야겠다 하고 막 할 때도 있고…. 이번 기말 같은 경우는 과제가 시험
전날, 시험 전 전날 이렇게 있었는데, 갑자기 시험 2주 전에 공부가 하기 싫어
서 과제부터 해야겠다 이러고…. 그래서 한 2주 치 과제를 주말에 싹 다 해놨
더니 그 뒤로 이제 정말 편하게 공부만 할 수 있었어요. 이렇게 하고 싶은 것을
하고 싶을 때 하는 것 같아요.

— 학생 A의 면담 중에서

보통 최근에 제일 많이 세웠던 계획은 아무래도 기말고사, 중간고사 대비
계획일 것 같은데. 한 달 반 정도 전부터는 그래도 대충 계획을 잡고 어느 정도
까지 이걸 끝내놓으면 되겠다. 이런 걸 세우고 공부에 들어가는 편이에요.

— 학생 B의 면담 중에서

제가 MBTI에서 P라서요. 계획을 그렇게 막 세우고 하진 않거든요. 그래서

그냥 그때그때 하는 편이에요. 그래도 직접적인 눈으로 보이는 계획 같은 거는 없지만 전체적으로 제가 잡고 있는 그런 흐름 이런 것들은 있어요. (중략) 그러니까 저는 약간 계획을 딱 세우고 그거를 지켜야 되는 그런 것보다는 이제 전체적으로 크게, 그니까 세부적인 계획은 안 잡고 크게 크게 계획을 잡은 다음에 그 사이에서 조정이 필요할 때는 바로바로 이렇게 바꿀 수 있는 그런 느낌으로 공부해요.

– 학생 C의 면담 중에서

저는 MBTI에서 완전 J에요. 그냥 저는 모든 거 다 계획 세우고 해요. 딱히 시간표를 짜는 게 아니어도 그냥 오늘은 이거 하고 내일은 이거 하고… 그냥 그런 게 매주 다 정해져 있어요.

– 학생 D의 면담 중에서

심리학에서 성격(personality)이란 개인의 지속적이고 독특한 경험과 행동 패턴에 기여하는 심리학적 체계를 가리킨다.[14] 학생들은 그들만이 가지고 있는 성격에 따른 주도성의 양상을 보여주었다. A 학생은 호기심이 많고 도전적인 학생이었다. 어렸을 때부터 그러한 기질이 있었으며, 다양한 경험을 바탕으로 자신의 성격으로 발전되어 갔다.

어렸을 때는 워낙 운동에 몰입했어요. 축구는 언제부터 시작했는지도 모르겠고 꾸준히 했거든요. 배드민턴은 초등학교 3학년 때 친구 따라서 클럽에 갔

14   Daniel Cervone & Lawrence A. Pervin (2019). Personality: Theory and Research 14th asia edition. 김민희 외(공역). 성격심리학. 서울: 시그마프레스

었어요. 학교 스포츠 클럽 대회를 내보내려고 선생님들이 애들을 연습시키는 그런 클럽이 있었는데 거기 친구 따라서 들어가서 3학년 때부터 6학년까지 쭉 선생님들한테 배우고 했어요. (중략) 제 즉흥적인 호기심이나 뭐 흥미를 느끼는 성향이 있는 것 같은데…. 저는 조그만 거 보이면 '재밌겠다' 하고 딱 가서 해 봐요. 선생님이 영재교육원 신청 가정통신문 주셨을 때, '재밌겠다' 하고 신청 했어요. 신청을 하다 보니까 또 거기 가게 된 거고…. 또 거기 대부분 친구들이 영재학교 가고 싶은 친구들이니까…. 영재학교에 대해서 알게 되고, 그럼 영재 학교도 '재밌겠다' 하고 지원해 봤고…. 이런 식으로 조그마한 계기가 있으면 그거를 잘 이렇게 시도해 보는 것 같아요.

– 학생 A의 면담 중에서

이 학생은 지금도 공부를 함에 있어서 본인이 느끼는 흥미와 재미가 중요한 동기가 되고 있다. 재밌는 것은 시간이 가는 줄 모르게 공부를 하고, 과제를 하기도 한다. 하지만, 재미를 느끼지 못하는 과목은 수업 시간에 집중하지 못하기도 하였다.

수업 시간의 집중도는 과목마다 천차만별이었던 것 같아요. 그때도 재밌는 과목은 열심히 듣고 재미없는 과목은 조금 소홀히 들었던 것 같은데…. 지금 생각해 보면 조금 후회되긴 해요.

–학생 A의 면담 중에서

B 학생은 무엇하나 허투루 하지 않는 성격이었다. 본인이 좋아하고 싫어하는 것이 있기는 하지만, 이왕 하는 거면 제대로 한다는 생각을 가진 완벽주의 성향의 학생이었다. 이러한 성향으로 인하여 공부할 때 계획

을 세우고, 그 계획을 대부분 지키려고 노력하였다. 과거부터 학습되어 온 이러한 학습 패턴은 지금까지도 학생이 공부하는 데 영향을 주고 있었다.

> 부모님 말씀을 들어보면은 아기 때부터 퍼즐 이런 거 던져주면 되게 열심히 하는 편이었다고 하시더라고요. (중략) 제 성격이 뭔가 하나를 하면, 최대한 노력을 해서 할 수 있는 건 다 해야겠다. 이런 성격이에요. (중략) 이왕 하는 거 대충 훑고 넘어가지 말고…. 이왕 하는 거 제대로 이해하자. 이런 생각을 하면서 공부해 왔어요. (중략) 고등학교 합격 발표가 여름방학에 나오니까 3학년 2학기 내신을 안 챙겨도 되잖아요. 근데 그냥 이왕 공부한 것, 끝까지 챙겨보자라는 생각으로 3학년 2학기 내신도 되게 열심히 했던 것 같아요. 그때 중학교 3학년들이 엄청나게 열심히 하는 경우는 드문데 그래도 저는 나름 열심히 했던 것 같아요.
>
> —학생 B의 면담 중에서

주도성의 원천: 성공 경험

성공 경험은 주도성을 발휘하여 도전한 과제에서 배움과 인정을 얻은 경험이라 할 수 있다. 이러한 성공 경험은 학습 동기와 밀접한 관련이 있다. 학습 동기는 개인이 학습과 관련된 활동을 수행하는데 내재적이거나 외부적인 동기부여를 받아 학습에 참여하고 노력하는 것을 말한다.

학습 동기의 주요 유형은 두 가지로 알려져 있다. 첫째는 내적동기로, 학생이 자체적으로 느끼는 내재적인 만족감과 흥미에 의해 학습하는 것을 말한다. 개인적인 호기심, 즐거움, 자기 계발에 대한 욕구, 창의성 향상 등이 내적동기의 예이다. 내적동기가 있는 학생들은 자발적으로 학습에 참여하며, 지적 호기심과 자기 주도적 학습을 촉진한다. 둘째는 외적동기로, 학생이 외부에서 제공되는 보상이나 인센티브에 의해 학습하는 것을 말한다. 외적동기가 있는 학생들은 외부 보상을 얻기 위해 학습에 노력하고, 성과에 대한 목표를 달성하기 위해 노력한다.

면담 결과, 학생들은 공부 자체에서 즐거움을 느끼고 있다는 것을 확인하였다. 이러한 즐거움은 새로운 것을 배우며 높은 성취를 얻을 때 생기는 성공 경험으로 인해 누적되는 것이었다. 성공 경험을 가진 학생들은 학습이 즐겁고, 높은 성취를 통해 주변으로부터 긍정적인 피드백을 받았기 때문에, 자신에게 즐거움과 잘하는 것이 공부라는 경험을 얻게 되었다. 이로 인해 학생들은 계속하여 주도적인 모습을 보여주며 새로운 공부에도 능동적으로 참여했다.

> 화학 실험을 하면서 결과가 눈으로 딱 보이고, 실제로 결과가 예상한 대로 잘 나오고 이러니까 점점 재미를 붙여갔어요. 근데 어쩌다가 결과가 안 나오면 왜 안 나왔는지 분석을 하잖아요. 여기저기 논문 찾고 하다 보면 '아 그래서 그렇구나!' 하고 찾아낼 때가 있거든요. 그럴 때 느끼는 성취감이 정말 큰 것 같아요. (중략) 화학 실험은 재밌어서 보고서를 정말 광기를 드러내면서 썼거든요. 보통 애들이 보고서를 4~5장 써서 제출하는데, 저는 어떤 날은 13장씩 쓸 때도 있고 그랬어요. 그러다 보니까 애들이 저보고 '화학에 미쳤구나' 이런 얘기를 하기도 했어요.
>
> – 학생 A의 면담 중에서

성격의 영향도 어느 정도 있긴 한데, 더 큰 거는 열심히 했는데, 어느 정도 결과가 나오니까 이번에도 열심히 하면 이 정도 결과는 나오지 않을까 하는 식으로 열심히 하고 결과가 좋고 그런 선순환이 계속된 것 같아요.

– 학생 B의 면담 중에서

초등학교 때 수학 과학을 공부하게 된 계기는 그냥 재미있어서예요. 제가 좋아서 하는 그런 공부였기 때문에 자연스럽게 제가 관심을 더 많이 가졌어요. 그래서 공부를 더 많이 한 거 같고. (중략) 어렸을 때부터 좀 일찍 공부를 접했어요. 그때부터 공부가 되게 재밌었어요. 그래서 초등학교 때부터 성실하게 계속 공부를 했구요. 특별한 계획이 없어도 목표를 달성하는 데 큰 문제가 없었어요.

– 학생 C의 면담 중에서

성공 경험은 주도성의 발현과 유지에 중요한 역할을 한다. 주도성을 가진 사람들은 어려운 상황에서도 성공 경험을 바탕으로 끈기 있게 동기를 유지하며, 목표를 달성하기 위해 힘든 상황에서도 주도적으로 해결책을 찾고 노력한다. 이는 주도성의 지속성과 영향력을 강화시킨다.

이러한 성공 경험은 개인의 내적 동기로도 얻지만, 외부에서 제공하는 외적 동기로도 얻는다. 따라서, 학생들이 즐거워하고 흥미를 느끼는 분야에서 성취하고 학교와 가정, 사회에서 그 성취에 대해 긍정적인 피드백을 주는 것이 학생이 주도성을 발휘하는데 중요한 역할을 한다는 것을 알 수 있다.

주도성의 기술: 자기 이해

주도성을 발휘하는 학생들은 자기 자신에 대해 잘 이해하고 있었다. 이는 자신의 강점과 약점, 학습 역량을 알고 있다는 것을 의미한다. 또한, 자신이 처한 상황과 학습에 활용할 수 있는 조건을 파악하고 있는 것을 의미한다. 이러한 '자기 자신에 대한 이해'가 중요한 이유는 학생이 자신에게 맞는 목표를 설정할 수 있기 때문이다. 또한, 목표를 달성하는 과정에서 도움을 요청할 수 있으며, 주도성을 발휘하는 전 과정을 성찰함으로써 더 높은 자기 이해에 도달할 수 있기 때문이다.

저 같은 경우는 뭔가 약간 노는 거랑 공부하는 거랑 그 비율이 있었는데… 고3이 되어서는 아무래도 마음가짐이 있다 보니까 공부하는 비율이 훨씬 올라간 것 같아요. 그래서 운동을 하기도 했지만, 공부하는 비율이, 시간적 비율도 있지만 평소 하는 생각에서도, 예를 들면 일어나서 갑자기 샤워하는데 '오늘은 뭐 공부를 해야겠다' 이런 생각이요. 이런 생각이 드는 게 정말 저한테 중요했던 것 같아요.

— 학생 A의 면담 중에서

평소에 그렇게 생활 습관이 장착되어 있다 보니까 계속 공부하면서 '이 정도 걸리겠구나' 이런 걸 꾸준히 확인하는 것도 있어요. 그리고 그냥 기본적으로 반복적인 공부들 있잖아요. 예를 들어서 연습 문제 풀기나 이런 거. 지금까지 계속해 오고 있던 거니까 '보통 한 챕터당 2시간 반이면 한 바퀴를 돌겠다'라는 게 어느 정도 감이 와 있어요. 이런 감은 옛날에 공부했던 걸 바탕으로 좀 정착해 나가는 것 같아요.

- 학생 B의 면담 중에서

만약에 급박한 상황이라면 공부를 선택을 해야 되고요. 만약에 시간 여유가 있으면 놀고, 나중에 와서 좀 더 열심히 하자라는 생각을 해요. 어느 정도 경험이 많이 있으면 그거에 대해서 감이 잘 잡혀요. 시험공부를 많이 해보고, 시험을 많이 봐봤으니까 이게 어느 정도까지 해야 어느 정도 성취를 이룰 수 있는지 그런 감이 좀 있는 것 같아요.

-학생 C의 면담 중에서

저 같은 경우에는 계획을 세우면서 생각해 봤을 때 열심히 해야지 이거 다 할 수 있겠다. 이 정도로 계획을 세워요. 그러면 이제 공부할 때도 계획 맞추려고 노력하게 되는데, 그게 아니라 '오늘 이것만 하면, 이 정도만 하는 게 계획이네?' 이러면 엄청 천천히 하고, 놀 생각을 하고 있어요…. 그렇게되면 심지어 오늘은 조금밖에 할 거 없으니까 천천히 해도 되겠다. 이러다가 그 조금도 못 끝내는 경우도 있었어요. 그래서 계획을 항상 제가 실제로 할 수 있는 것보다 약간 조금 더 무리하게 세워요.

- 학생 D의 면담 중에서

자기 자신에 대한 이해는 프랑스 철학자인 미셸 푸코(Michel Foucault)의 "자기배려(epimeleia heautou)"라는 개념으로 적용해 볼 수 있다. 이 개념은 "자기 자신을 돌본다"로 번역되는 그리스 용어이다. 푸코의 후기 작품에서 중요하게 다뤄지며, 특히 고대 그리스-로마 윤리와 자기 변형 및 실천에 대한 그의 탐구에서 중요하게 다뤄졌다. "자기 배려"는 개인이 자신을 형성하고 가꾸는 데 적극적인 역할을 하는 것을 강조한다. 이것은 단지 자기 방임이나 자기 중심성에 관한 것이 아니라, 자신에 대한 반성적이고 윤리적인 접근에 관한 것이다. 자신의 가치, 신념, 행동에 대한 비판적인 검토와 다양한 차원에서 자신을 개선하려는 의도적인 노력을 포함한다.

이러한 자기 배려의 개념으로부터 학생 주도성을 살펴보면, 주도성이 발휘되기 위해서는 다음과 같은 것들이 필요하다는 것을 알 수 있다. 첫째, 자기성찰이 필요하다. 학생들은 자신의 강점, 약점, 흥미, 학습 스타일을 이해하기 위해 자기 자신을 성찰해야 한다. 이러한 성찰은 학습에 있어 의미 있는 목표를 세우거나 그 목표를 달성하기 위해 실천하는 데 도움을 줄 수 있다. 앞서 학생들의 면담 내용에서도 알 수 있듯이 주도성이 높은 학생들은 자신에 대해서 잘 알고 있었다. 학습 성향은 어떤지, 정해진 시간 동안 공부할 수 있는 양은 얼마나 되는지를 잘 알고 있었다. 그렇기 때문에 목표를 달성하기 위해 자신이 가장 잘할 수 있는 전략을 세웠다. 학습 환경을 조절하기도 했고, 학습 시간을 조절하기도 했다. 이러한 것들은 자기 자신을 객관적으로 들여다볼 수 있을 때 이뤄질 수 있는 것이다.

둘째, 자율성이 필요하다. 학생 주도성을 강조하는 것은 학생들이 자신의 학습에 대해 더 많은 자율성과 통제권을 가지는 것을 의미한다. 학생들은 스스로가 무엇을 배울지, 어떻게 배울지, 그리고 자신의 학습 속도를 어떻게 설정할지 결정할 줄 알아야 한다. 이러한 결정을 허용하는 것은 학생들에게 주인의식과 책임감을 기를 수 있다.

마지막으로 지속적인 주도성의 발휘가 필요하다. 푸코의 개념은 자기 발전의 지속적인 과정을 강조한다. 학생들은 시험공부나 과제를 해결하기 위해 발휘하는 순간적인 주도성이 아니라, 자신의 목표 달성을 위해 지속적으로 발휘되는 주도성을 갖춰야 한다.

　이를 위해, 학교는 학생이 스스로를 돌보고 자신의 성장에 적극적인 역할을 할 수 있도록 권한을 부여해야 한다. 또한, 이러한 주도성을 학생이 유지할 수 있도록 관심과 노력을 기울여야 한다. 이러한 학교와 학생의 노력이 함께 한다면, 학생은 주도성 있는 학습자가 될 가능성이 높아질 것이다.

주도성은 어떻게 발휘되는 것인가?

　주도성이 개인의 성향, 성공 경험, 자기 이해라는 요소에 영향을 받는다는 것을 알았다. 개인의 성격은 주도성과 밀접한 관련이 있었다. 인식형에 속하는 학생들은 새로운 경험에 호기심을 가지며 학습에 적극적으로 참여하는 경향이 있었다. 반면에 판단형에 속하는 학생들은 자기 규율이 강하고 목표지향적인 행동을 보여주었다. 서로 다른 성향의 학생들이었지만, 학업에 있어서는 모두 주도적인 모습을 보였다. 수강한 과목에서 좋은 성취를 얻었으며 친구들로부터 주도성이 높은 학생으로 추천도 받았다. 이렇듯 개인의 성향에 따라 주도성이 발휘되는 양상은 서로 다르다는 것을 알 수 있다.

　성공 경험은 학습에서 성공을 경험하고 자신의 능력을 인식하는 것을 말한다. 이러한 경험은 주도성 발휘에 큰 영향을 미쳤다. 학생들의 성공 경험은 내재적 동기와 주도성을 강화하는 긍정적인 피드백으로부터 형성되었다. 성공을 경험한 학생들은 다시 자발적으로 학습에 참여하고 성과를 이뤄냈다.

반면에, 지속적인 실패나 좌절을 경험한 학생들은 주도성을 유지하는 데 어려움을 겪을 수 있다. 이들은 자신의 능력을 회복하기 어려워하고 학습에 대한 의욕이 떨어질 수 있다. 따라서 학교는 긍정적인 피드백과 성취 가능한 목표 설정을 통해 학생들의 성공 경험을 증진시킴으로써 학생이 주도성을 발휘할 수 있도록 지원해야 한다.

　자기 이해는 주도성을 발휘하는 데 중요한 역할을 한다. 자기 이해란 자기 자신에 대해 깊이 있는 이해를 갖추는 것을 말하며 학생들이 자신의 강점과 약점, 흥미, 학습 성향 등을 이해하는 것이다. 깊이 있는 자기 이해를 갖춘 학생들은 현실적이고 의미 있는 목표를 설정하고, 필요할 때 교사의 지도를 받거나 교사나 동료들의 도움을 요청할 줄 안다. 또한 자기 성찰을 통해 자신의 전반적인 학습 방법을 개선한다. 자기 이해가 높은 학생들은 주체적인 학습 자세를 보이고 더 나은 방향으로 발전해 나간다.

　이러한 결과가 교사의 교육 활동에 주는 시사점을 정리해 보면 다음과 같다. 첫째, 교사는 학생들의 성향을 이해해야 한다. 그들의 강점을 강화하고 약점을 극복하는 데 도움을 주는 교육 전략을 고민하고, 선택해야 한다. 예를 들어, 인식형에 속하는 학생들은 창의적이고 새로운 아이디어를 적극적으로 받아들일 수 있는 학습 환경을 조성해 주어야 한다. 판단형에 속하는 학생들은 목표를 설정하고 계획을 세우는 것을 좋아하기 때문에 학습 계획을 스스로 만들고 실천할 수 있도록 격려하고 지도해야 한다.

　둘째, 교사는 학생들이 성공 경험을 할 수 있는 기회를 제공해야 하고, 그 과정에서 긍정적인 피드백을 주어야 한다. 교사는 학생이 성취할 수 있는 목표를 설정하고, 능력과 관심사에 맞는 도전적인 학습을 할 수 있도록 도와야 한다. 학생의 성공 경험은 자기효능감을 향상시키고 학생이 지속적으로 주도성을 발휘할 수 있도록 동기를 부여한다.

마지막으로, 교사는 학생들이 자기 자신을 잘 이해할 수 있도록 도와야 한다. 즉, 학생들이 자신의 학습에 있어 스스로 성찰하게 함으로써 자기 자신에 대해 깊이 있는 이해를 갖출 수 있도록 도와야 한다. 교사는 학생들이 자신의 강점과 약점을 인식하고 자신을 수용하면서도 발전하려는 의지를 가질 수 있도록 지원해야 한다.

개인의 성향, 성공 경험, 그리고 자기 이해는 학생들이 주도성을 발휘하는 데 영향을 주는 요소이다. 교사는 학생들의 성향을 이해하고 그들의 강점을 강화하고 약점을 극복하는 데 도움을 주는 교육 전략을 사용하여 학생들의 주도성이 발휘되도록 지원해야 한다. 교사는 학생의 성공 경험을 촉진하고 학생들이 자기 자신을 잘 이해하도록 도움으로써 학생들의 주도성을 유도할 수 있어야 한다. 학생들이 자신을 이해하고 성장하는 과정에서 함께하는 교사, 그리고 교사의 주도성은 그 무엇보다도 중요하다고 다시 한 번 강조하고 싶다.

III.
주도성이 살아 숨 쉬는
현장 사례

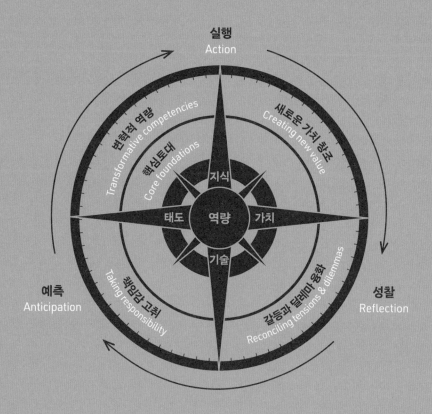

1장

-

초등학교,
학생 주도성의 물꼬를 트다

① 학생들도 두렵다

"선생님, 전 정말 망할 줄 알았어요."

동학년도 없고 프로젝트 수업에 대한 지식도 경험도 없던 신규 교사 시절, 5학년 학생들에게 '게임 프로젝트'를 제안했다. 국어 시간에 인물과 배경을 설정하여 게임 속 세계관을 만들고, 미술 시간에 게임 캐릭터와 배경을 디자인하는 수업이었다. 당시엔 교육과정에 코딩이 없었기 때문에 게임을 제작하는 것보다는 박람회에서 게임을 소개하는 것을 프로젝트의 마지막 활동으로 잡았다.

교사로서는 막연하게 '학생들이 게임을 좋아하니 즐겁게 참여하겠지?' 하는 기대가 있었고, '이야기 쓰기 수업을 살짝 틀어서 게임의 서사를 만들게 하자'라는 단순한 발상이었다. 게다가 결과물도 진짜 게임이 아니라 보고서를 만드는 거니 어렵지 않을 것으로 생각했다. 이 생각이 무색하게도 첫 줄에 있는 문장은 보고서를 완성하고 발표를 마친 날, 가장 열심히 참여했던 학생이 했던 말이다. 그 학생은 이 프로젝트를 즐기지 못하고 계속 혼란과 두려움 속을 헤쳐왔던 것이다.

교사에게 학생이 주도하는 학습은 예측불허의 두려움이다. 교과서 같은 교재도 없고, 참여하는 학생의 반응도 천차만별이다. 심지어 진행하는 중에도 학생들이 프로젝트의 결과에 도착할 수 있을지, 혹은 교사인 스스로가 마지막까지 완수하지 못하고 중도에 지쳐서 나가떨어질지 알 수 없는 너무 큰 기획이다.

그러나 이 학생의 말을 들은 이후 나는 프로젝트 학습을 다른 눈으로 보게 되었다. 프로젝트 학습은 교사뿐 아니라 학생들에게도 두렵다. 특히 초등학생들은 갑자기 주어진 '주도성이 허락되는 상황'이 매우 낯설다. 초등학교에서 학생에게 주도성을 주었을 때 선생님이 가장 많이 듣게 되는 말이 "선생님, ~ 해도 돼요?"인 이유는 선생님의 안내에 따른 활동을 하던 학생들이 자신의 권한에 대한 경계를 뚜렷하게 알지 못하기 때문일 것이다.

초등학교에서의 학생 주도성은 이 경계를 찾아가는 탐색의 과정에서 드러난다. 학생들은 탐험가가 된 약간의 흥분으로 한껏 상상의 나래를 펼치다가도 어느 순간 불안함에 주춤한다. 남미자 외[15]의 '학습자 주도성은 낯선 세계와의 만남 과정에서 도망치거나 포기하지 않음으로써 발현되는 것으로, 세계에 개입할 가능성을 의미한다'라는 설명도, 학생의 주도성이 성장하는 과정에는 학생이 필연적으로 마주하게 될 낯섦에 대한 두려움, 처음으로 인식한 경계에 부딪히는 좌절이 있음을 반영하고 있다.

---

15 학습자 주도성, 미래교육의 거대한 착각, 2021 학이시습

학생이 도망치고 싶어지는 순간, 혹은 익숙한 세계에 안주하고자 하는 순간, 교사는 학생들이 주도성을 더 발휘할 수 있도록 촉진하거나 제도적인 경계를 드러내어 다른 방향으로 이끄는 역할을 해야 한다.

　세계에 대한 경험이 적은 초등학교 학생일수록 도망치거나 새로운 사고를 포기하는 빈도가 높을 수 있다. 따라서 '어디까지 학생을 지원해야 하는가'를 면밀하게 고민하는 교사 주도성이 초등학교에서의 학생 주도성을 좌우한다. 즉, 초등학교에서의 학생 주도성은 교사 주도성이 필수 선행 조건인 셈이다.

　이러한 이유로 초등학교에서의 학생 주도성은 교사가 낯선 환경을 먼저 제시하며 시작하는 경우가 많다. 그리고 그 낯선 환경 속에서 시작되는 학생들의 사고가 장애물에 부딪혔을 때, 교사는 학생이 스스로 다른 길을 찾는 것을 기다려야 하는지, 혹은 교사가 상황을 조절하거나 환경을 마련해야 하는지 지속적인 연구와 선택의 과정을 거친다. 이후 서술되는 초등학교 학생 주도성 사례에는 학생이 시작하는 주도적 활동뿐 아니라 교사와 학생의 협상 장면이나 교사와 학생이 각각 무엇을 준비했는지가 담겨 있다. 교사와 학생이 모두 두려움을 안고 나아가는 과정에서 초등학교의 학생 주도성은 시작된다고 생각하기 때문이다.

(2)

학생자치회는
뭐 하는 곳이에요?

제한된 예산이 오히려 길을 만든다

우리나라는 민주시민교육을 위해 초등학교에서부터 교육과정 내에 학급별 자치 시간을 두고 있으며, 학교마다 학생 자치회가 구성되어 있다. 경기도 교육청은 교육과정 내 학급자치 활동을 월 1회 이상 편성·운영하고, 학생자치회의 독립적인 규정을 제정하며 독립된 학생자치회실 구축을 권고하는 등 학생 자치를 위한 기반 마련을 강조하고 있다.

그러나 이러한 제반 사항에도 불구하고 초등학교에서 학생 자치는 종종 비민주적인 방법으로 운영되곤 한다. 학생회 선거가 인기투표로 변질되어 공약이 없는 후보가 선출되거나, 무리수로 던졌던 공약으로 당선된 후보가 공약은 이행하지 않고 임기를 그냥 보내버리기도 한다.

선거에 나오는 학생이 '학생회장' 혹은 '학생회 부회장'의 권한과 책임이 어느 정도인지 인식하고 있다면 선거의 풍경은 좀 더 민주적으로 바뀔 것이다. 권한과 책임을 이해하는 학생은 후보로 등록할 때 권한 내에서 가능한 공약을 세울 것이다. 그러나 학생 자치를 처음 만나는 초등학교 학생들에게 학생자치회 임원의 권한과 책임을 명확하게 이해시키는 것은 쉽지 않다. 다음은 경기도 교육청의 〈2022 학생 자치활동 시행 계획〉에서 발췌한 학생자치회의 역할의 예시이다.

* 학생자치회
① 구성: 재학생 전원으로 구성하고 학생회장이 대표가 됨
② 역할: 학생 전체와 관련된 중요사항을 심의·의결, 학생자치회 운영계획 수립, 학생자치회 예산 편성 요구 및 집행, 결산보고, 대의원회에서 위임된 중요한 의안에 대한 협의

초등학교 학생자치회에서 결정할 수 있는 '학생 전체와 관련된 중요 사항'은 무엇인가. 학교에서 진행되는 교육활동은 모두 학생 전체와 관련이 되는데, 어떤 사안은 심의할 수 있고 어떤 사안은 의결까지 가능한 가. 이 질문에 대한 답을 명확하게 하기는 학생회 담당 교사도 쉽지 않을 것이다.

그러나 위의 설명 중에 학생과 교사 모두가 아주 명확하게 확인할 수 있는 학생회 권한의 경계가 한 가지 있다. 바로 '예산'이다. 사업을 추진해야 하는 학생들에게 '학생자치회 예산'이라는 눈에 보이는 경계가 주어졌을 때, 학생들은 경계 안에서 가능성을 찾기 위해 움직인다.

누가 책임져야 할까요?: 전교학생자치회 사례

A 학교는 6학급의 작은 학교이다. 1년의 임기를 가진 전교 학생자치회를 구성하였으나 학교 규모상 유휴 교실이 없어 돌봄 교실 중 하나를 학생자치회실로 활용하고 있었다. 새롭게 선출된 전교 학생회장단과 학급의 임원이 모인 첫 회의 날, 교사는 자치회 임원들에게 올해 학생자치회가 사용할 수 있는 예산이 100만 원이 책정되어 있으며, 사업 운영에 필요한 물품을 적어오면 주문하겠다고 안내했다.

학생들의 첫 반응은 초등학생에게 너무 큰 금액인 100만 원이라는 숫자에 대한 흥분이었다. 학생들은 자치회에 모여 피자 파티를 하자고 하거나 간식을 사서 전교생에게 나눠주자는 의견 등을 제안했다. 이번에 선출된 학생회장의 공약은 '즐거운 학교를 만들겠습니다'였기 때문에 학생들은 '먹을 것을 사 먹는 것이 즐거운 학교를 만들 수 있는 방법'이라고 했다. 공약이 학생회 사업에 구체적인 방향성을 제시하지 못하고 있다고 생각한 교사는 학생들에게 100만 원에 대한 조건을 안내했다.

1. 가능한 많은 학생들에게 예산이 활용될 것.
2. 학생자치회가 사용할 경우 자치회의 소모성 지출이 아닌, 학생 자치 활동의 활성화를 위해 사용할 것.

설명을 들은 학생 중 한 명이 화이트보드 칠판을 구매하자고 제안했다. 돌봄 교실을 빌려 사용하는 학생자치회는 돌봄 교실의 칠판을 사용할 수 없었기 때문에, 학생들은 자치회의 회의 기록이 남아있을 수 있는 칠판을 원했다.

교사는 학생들에게 칠판의 금액이 10만 원 내외임을 설명했다. 그러자 학생들은 아까와는 달리 10만 원에 신중해졌다. 학생자치회만 사용할 물건에 전체 예산의 10분의 1을 사용해도 되는지 고민하는 것이었다. 학생들에게 100만 원은 너무 막연하지만 10만 원은 현실적이었던 것일까? 학생자치회 임원들은 칠판을 사지 않기로 하고, 그 대신 학교의 창고와 각 학년 교실에 가서 남는 칠판이 있는지 찾아오기로 했다.

어디선가 찾아온 칠판을 의자에 세워두고,
칠판 위에서 학생자치회는 여러 활동을 계획했다.

예산이 안내하는 학생회의 정책 변화는 다음 회의에서부터 드러났다. 이전 임기의 학생회 회의는 "이번 달 주제는 깨끗한 학교 만들기입니다. 깨끗한 학교를 만들기 위한 실천 방안을 발표해 주십시오."라고 학생회장이 안건을 제시하면 "쓰레기를 잘 주웁시다.", "쓰레기를 버리면 이름을 적습니다." 등의 발표를 하는 식이었다. 회의가 끝나면 각 학급의 임원이 교실 앞 게시판에 '○월 학생회 결정 사항'이라고 정리한 안내장을 게시하고 잘 지키는지를 확인 혹은 감시하는 과정의 반복이었다.

그러나 예산이 주어진 학생들은 구체적인 물품을 구입할 수 있는 가능성을 확인했고, '어떤 물품을 구입해야 하는지'를 정하기 위해 문제 상황을 분석하기 시작했다.

그해 다시 '깨끗한 학교 만들기'라는 주제가 돌아왔다. 운동장 가장자리에 쓰레기가 많으니, 쓰레기를 줍자는 의견이 다시 제안되었다. 그때 한 학생이 문제를 제기하며 새로운 실천 방안이 나왔다.

"쓰레기를 주워도 운동장에는 버릴 데가 없습니다."

"쓰레기를 버릴 데가 없어서 그냥 땅에 버리는 게 아닐까요?"

"그럼, 쓰레기통을 설치하면 됩니다."

"쓰레기통을 사요."

이러한 대화가 아주 자연스럽게 흘러갔다. 이후에는 '설치한 쓰레기통은 누가 관리하는가?'를 고민하기 시작했고, 학생회는 '학생회가 설치하였으니 학생회 임원이 당번을 정하여 관리한다'라는 결론을 내렸다.

과거의 생활 수칙인 '쓰레기를 잘 줍습니다'는 행위 주체가 불분명하거나 막연하게 전교생이 '지키겠지'라는 기대에 기반한 결정이었다면, 예산을 사용한 이후에 결정된 '운동장에 쓰레기통을 설치하자'는 예산 집행자인 학생회가 스스로를 행위 주체자로 명확하게 인식하고, 다른 학생들이 해야 할 일(쓰레기를 쓰레기통에 버린다.)과 자신의 일을 구분하여 내린 결정이라는 차이가 있다.

학생회는 학생을 대표하는 큰 조직이다. 당연히 큰 조직에는 큰 책임이 따르지만, 책임만 부여하고 권한이 없는 경우 그 조직은 건강하게 운영되지 않을 것이다. 학생회에 예산을 사용할 수 있는 권한을 보여주는 것은 학생회 임원들에게 문제에 대한 해결방안을 '선택'할 수 있다는 힘을 주었다. 그 결과 학생회는 주체적으로 그 문제를 해결하는 당사자로서 예산을 쓸 것인가 대안을 찾을 것인가를 고민하거나, 예산을 사용하여 해결할 수 있는 문제인가를 생각하게 되었다. 그러나 예산이 늘 학생의 선택지를 늘려주기만 하는 것은 아니다.

예산이 적으면 포기할까요?: 학급 자치회 사례

B 학교 5학년 1반은 국어 시간에 토의하기를 학습한 후 학급 회의를 열었다. 코로나19로 인해 학급 활동이 쉽지 않았던 시기라 교사는 '학급의 문제를 해결할 수 있는' 토의 주제가 무엇일지 고민한 끝에 학급운영비 10만 원을 어디에 쓸지 학생들에게 결정해 보도록 했다. 교사는 원격수업 날짜에 토의 주제를 학생들에게 안내하고, 학생들은 학급운영비로 구입할 10만 원 이내의 물품을 정하여 그 물품이 필요한 근거를 들 수 있도록 토의 발제문을 작성했다.

등교 수업 날, 여섯 개 모둠으로 나누어 앉은 학생들은 각자 작성한 발제문을 발표하며 학급운영비로 구입해야 할 물품에 대해 의견을 나눴다. 교사는 각 모둠에서 '학급 모두에게 의미 있는 물건'을 기준으로 한 가지를 선정하도록 했다. 각 모둠에서 치열한 토의를 뚫고 여섯 개의 물품의 이름이 포스트잇에 적혀 칠판에 붙여졌다. 물품 목록을 확인한 교사는 잠시 난처한 기분이 들었지만 이내 학생들에게 학교 행정상의 한계를 안내했다.

"학교에서 사는 물건은 현금으로 구입할 수 없습니다. 카드 결제나 온라인 구매가 가능해야 합니다. 그리고 상품권은 구입할 수 없어요."

'문화상품권을 사서 나눠 갖자'는 의견을 낸 모둠과 '현금으로 나눠

갖자'는 의견을 낸 모둠에서 탄식이 흘러나왔다. 잠시 짧은 토의 후 두 모둠은 다른 의견을 적어서 제출했다.

여섯 개의 물품을 두고 또다시 이어진 전체 토의 끝에 마지막 두 개의 물품이 남았다. 1안은 과자 파티를 위한 과자를 사는 것이었고, 2안은 자동 온도측정기를 설치하는 것이었다. '과자를 사도 코로나 시기라 어차피 못 먹는다'는 의견에 '학교에서 과자를 받아가서 원격수업을 할 때 다 같이 먹으면 된다'는 반론이 나왔고, '보건실에서 학급에 준 온도계가 있는데 또 사는 것은 낭비'라는 의견에 '선생님이 오셔서 측정해 주시길 기다리는 것보다 자동 측정을 하면 급식을 더 빨리 먹을 수 있다'는 반론이 부딪히며 이견이 좁혀지지 않았다. 그러던 중 한 학생이 "그런데 온도계는 10만 원 넘는 거 아니야?"라고 외쳤다.

온도계 구입을 주장하던 학생들은 단체로 패닉에 빠졌고 과자 구입을 주장하던 학생은 승리의 함성을 질렀다. 교사가 텔레비전 화면에 띄워 검색한 자동 온도측정기는 정말 10만 원을 훌쩍 넘는 가격이었다. 이 혼란 속에서 맨 처음 자동 온도측정기를 제안했던 모둠이 웅성거리더니 이내 큰 소리로 교사를 불렀다.

"선생님! ○○이가 찾아온 온도계는 오만 육천 원이에요!"

5모둠 학생들은 ○○이가 프린트해 온 종이를 제출했다. 포털 사이트의 쇼핑 페이지가 캡처되어 있는 그 종이에는 10만 원이 넘지 않는 자동 온도측정기가 있었다. 치열했던 논쟁은 '이 정도 정성이면 인정'이라며 과자 팀이 물러서며 싱겁게 끝났다.

○○이에게 10만 원은 구체적인 경계이자 장애물로 작용했다. ○○이는 평소 학업성취가 우수한 편인데도 나서거나 주어진 것 이상의 노력

을 하지 않는 편의 학생이었다. 그래서 이 학생이 토의 주제를 보고, 물품을 고르는데 멈추지 않고 10만 원이라는 조건을 맞추기 위해 시간을 들여 인터넷을 뒤졌을 것이라고는 사실 예상치 못했다. ○○이는 자동 온도측정기가 10만 원이 넘는 것을 알게 된 순간 구입을 포기하고 10만 원 이내일 수 있는 다른 물품으로 변경할 수도 있었을 것이다. 그러나 바로 물품을 바꾸기보다 물품에 대한 정보를 수집하는 행동을 선택했다. ○○이에게는 자신이 선정한 물품이 채택되길 바라는 분명한 목표가 있었을 것이고, 목표를 추구하는 자세가 장애물인 예산의 한계를 해결하는 주도적인 행동(검색하기)으로 이어진 것이다.

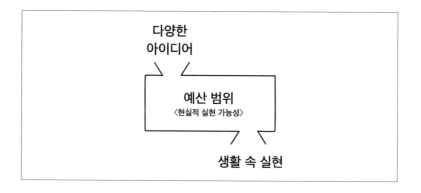

학생들이 학생 자치의 주체로 행동하게 하는 가장 큰 요소는 회의의 결과가 자기 삶에 영향을 줄 수 있게 실현되는 것이다. 학급 회의에 참여한 학생들이 물품을 찾아오는 행위는 수업 활동이라는 의무감도 있었겠지만, 학생이 제안한 것이 반영될 것이라는 교사에 대한 신뢰도 함께 작용했을 것이다. 교사는 이에 응답하여 학생의 결정 사항이 실현되도록 지원할 수 있어야 한다. 그러나 회의를 거쳐 의견을 모았다고 하여 모두 실현 가능한 것은 아니기에, 회의가 끝나고 나서 현실적인 한계를 제시하면 학생들은 낙담하게 된다. 따라서 토의 과정에서 학생에게 구체적으로 실현 가능한 범위 예산을 안내하는 것은 학생이 실현 가능한 방법을 스스로 찾아가도록 하는 동력이 된다.

3

열린 교실
작은 박물관 만들기

프로젝트기반학습(PBL)은 학생들이 문제 상황을 해결하기 위해 달성할 수 있는 목적을 설정하고, 성취를 위한 계획을 세워 실행하는 학습 방법이다. 프로젝트기반학습에 참여하는 학생들은 프로젝트 참여 과정에서 지식과 기능을 습득하고, 그 결과를 반영하여 문제 상황을 해결한 산출물을 제작한다.

그러나 학교 현장에서는 다양한 욕구를 가진 학생이 섞인 학급 상황과 교육과정과 연계해야 하는 제도적인 제한이 있어 학생이 프로젝트의 시작을 제안하는 게 쉽지 않다. 따라서 학교 현장에서 진행되는 프로젝트 학습은 교사가 교육과정을 조망하여 프로젝트 학습을 계획, 준비하고 교육과정 시수 배분, 자원 활용 등을 고민하는 교사 주도성이 더 크게 작용하는 학습유형이다. 따라서 교사는 학생이 프로젝트의 실행 및 성찰까지 갈 수 있도록 추진질문(driving question)을 준비하거나, 학생이 선택할 수 있는 여지를 함께 계획해야 한다. 아래의 사례에는 교사가 준비한 프로젝트 과정에서 학생이 활동을 선택하거나, 학생이 선택할 수 있도록 교사가 질문을 제공한 경험이 담겨있다.

교실로 떠나는 수학여행

A 학교 5학년은 4월 말경에 6학년과 함께 수학여행을 갈 계획이었다. 그러나 그 해는 2014년이었고, 세월호 참사로 인해 학교에서 추진하던 수학여행이 취소되었다. 학생들은 갑작스러운 수학여행 취소로 속상해했고, 교사는 갑자기 떠버린 교육과정을 수정해야 하는 상황에 혼란한 나날이었다.

"아~ 수학여행 가고 싶다…."

어느 날 한 학생이 한숨을 푹 내쉬며 말하는 소리를 시작으로 왜 수학여행을 갈 수 없는지 머리로는 이해했지만, 가슴으로는 이해하지 못한 학생들의 불평이 연달아 터져 나왔다. 학생들도 난리였지만 교사의 속도 말이 아니었다. 5학년 사회에서 마침 삼국시대가 끝났고, 수학여행에 가서 경주를 돌아보고 오는 완벽한 계획이 무산되며, 수학여행으로 배정해 두었던 사회 차시를 무엇으로든 채워야 하는데 어떻게 해야 할지 막막했다. 그러다 문득 떠오른 아이디어가 '경주를 만들자'였다.

미술 시간에 학생들에게 원근감을 활용하여 촬영한 사진들을 보여 주고, '우리가 신라의 문화재를 만들어서 수학여행을 간 것처럼 사진을 찍어보자'라고 제안했다. 학생들은 조금은 나아진 기분으로 찰흙을 뜯어 문화재를 만들기 시작했다. 처음엔 각자 뭘 만들까, 고민하던 학생들이 찰흙을 만지작거리고 있을 때, 끊임없이 같은 모양을 찍어내는 학생이 있었다. 혹시 무엇을 만들지 아직 정하지 못했다면 안내를 해줘야겠다 싶어 무엇을 만드는지 물어보았다.

"첨성대를 만들 거에요. 이건 벽돌이에요."

그 학생은 첨성대를 만들기 위해 벽돌을 하나씩 만드는 중이었다. 지난 시간에 첨성대에 대해 배울 때 첨성대의 벽돌 수가 (현대의 기준과 다르지만) 1년이라는 기간의 날짜 수를 의미한다는 점이 인상 깊었다고 했다.

아쉽지만 이것이 2014년 5학년 학생들의 수학여행 사진이다.

학생들과 모형 수학여행 사진을 신나게 찍고 나니 이 걸작을 우리 반에서만 보는 게 아까워졌다. 이 작품을 다른 학년의 동생들에게도 소개해 주고 싶다고 말했더니 학생들이 흔쾌히 동의했다. 그러나 교사는 다른 학급의 시간표를 빌려 오는 데 교육적인 의도를 배제할 수 없는 법. 학생들에게 '동생들은 역사를 아직 배우지 않았는데 어떻게 할까요?' 라는 추진질문을 제공하여 학생들이 '우리가 설명해 줘요!' 라는 대답을 하는 데에 성공했다. 이렇게 첫 <열린 교실 작은 박물관> 프로젝트가 시작되었다.

학급의 학생 아홉 명은 3명씩 세 개의 조로 나뉘어서 '신라와 발해 박물관'을 만들기 시작했다. 교사는 학생들에게는 동생들이 문화재를 흥미롭게 이해할 수 있도록 설명과 활동을 만들어야 한다고 설명하고, 교사가 지원할 수 있는 것은 방문한 동생들에게 나눠줄 활동지[16]를 준비하는 것과 활동에 필요한 준비물을 구해주는 것이라고 안내했다.

동생들이 본다고 하니 5학년 학생들이 의젓함을 발휘하기 시작했다. 동생들이 참여할 수 있는 활동을 만들기 위해 다양한 아이디어를 쏟아내는 바람에 교사는 재료를 구하기 위해 학교 여기저기를 뒤져야 했다. 전지를 구해 에밀레종과 발해의 석등을 3학년 학생의 키만큼 크게 그린 모둠, 찰흙 반대기를 세 장 만들고 각각의 판에 벽화를 그려 세워서 경주 고분 속 묘실을 만든 모둠 등 학생들이 각 문화재에서 느낀 인상을 강하게 반영한 작품들이 탄생했다.

그중 고무판에 '무구정광대다라니경'이라고 글씨를 파서 목판화를 재현한 모둠이 있었다. 학생들은 고무판화를 배워본 적이 없었는데 처음 판화용 조각도를 요청했던 학생은 자신은 판화를 '그냥 안다'라고만 설명했다. 이 학생은 무구정광대다라니경이 목판화라는 지식과 어디선가 경험지식으로 알게 된 고무판화를 바탕으로 삶과 학습을 연결한 것이다. 학생이 알게 된 것을 박물관을 만드는 문제 상황에서 활용했다는 점이 인상적이었다. 박물관에 찾아온 동생들은 판화도 문화재도 처음이지만 즐겁게 무구정광대다라니경을 찍어볼 수 있었다.

열린 교실 작은 박물관 프로젝트는 이처럼 학생이 배운 것을 어떻게 발휘하는지 확인할 수 있는 수업 활동이다. 학생들은 전시물을 만드는

---

16 활동지의 목적은 교사가 프로젝트의 방향을 제한하는 것이 아니라, 교육과정보다 어려운 내용을 들어야 하는 동생들이 5학년 학생들과 소통할 수 있는 매개체가 되는 것이다. 활동지는 5학년 학생이 만든 발표물에서 발췌한 내용으로 제작하여, 동생들이 어려운 내용이 있을 경우 5학년에게 질문을 할 수 있도록 했다.

학생들의 아이디어가 가득 담겨 알찬 박물관이 완성되었다.

과정에서 자신이 참여할 수 있는 분야나 활동을 찾아 과제를 수행한다. 이때의 '배운 것'에는 교육과정 내에서 익힌 것들만이 아니라 무구정광 대다라니경을 고무판화로 제작한 학생처럼 교육과정 외에서 알고 있었으나 교실 상황에서 드러날 기회가 없었던 학생의 경험지식이 포함되어 있다. 학생들이 수업 외에서 알게 된 것을 적용해 볼 수 있는 기회가 주어지는 것이 삶과 배움을 연결하는 교육이 아닐까.

이 프로젝트는 학생이 '어떤 활동을 할 것인가'를 선택할 수 있도록 열려있지만, '교실, 3학년 대상, 5분 내외의 활동 시간'이라는 조건은 학생이 활동을 선택하는 기준이 되어 준다. 경계를 확인한 학생은 조건을 벗어나는 '교실 전체를 활용해야 하는 큰 소리가 나는 활동', '3학년이 이해할 수 없는 어려운 단어의 설명', '시간이 오래 걸리는 만들기'와 관련된 아이디어를 검증하여 스스로 걸러낸다.

또한 학급 내 활동이 아닌 '손님'이 찾아온다는 부담감은 학생이 과제를 수행하도록 하는 추진력을 부여한다. (경험상 찾아오는 대상이 더 어릴수록 학생들은 더 많이 긴장하는 모습을 보였다.) 이 프로젝트는 학생들이 박물관을 만드는 큐레이션 활동에서 끝나는 것이 아니라 설명을 제공하는 도슨트 활동을 포함하기 때문에 학생들이 과제를 매개로 손님과 직접 소통해야 한다. 따라서 학생들이 과제 내용에 대해 이해하기 위해 노력하거나 친구에게 자발적으로 협력을 구하는 모습을 발견할 수 있다.

 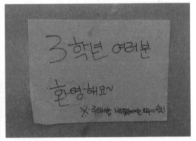

작은 학교에서 매일 보는 사이여도 수업 시간에 손님으로 초청하여 온다고 할 때는 마음 가짐이 달라진다. 맞이하는 사람이 주인의식이 생길 때, 학생은 주도적으로 환영을 위한 방법을 찾아낸다.

학생에게 공간 디자인을 맡긴다면

C 학교 3학년 학생들은 '우리 고장 박물관'을 준비 중이었다. 각 개인이 조사한 고장의 옛이야기를 한 페이지 그림책으로 만들었고, 3개의 팀

으로 나누어 만든 문화재 홍보 브로슈어, UCC 영상, 그리고 라디오 드라마를 전시하는 자리였다. 당시 학급은 바로 옆 교실이 빈 교실이었기 때문에 교육과정에 따른 진도와 관련 없이 전시장을 준비, 운영할 수 있었다. 학급에서 박물관을 만들면 수업에 방해되지 않도록 교실 주변 벽에 설치하거나 전시 당일 급히 설치할 수 있게 배치하는 게 전부였다. 그러나 텅 빈 교실은 전시물을 두기 위해 책상 등의 비품을 옮기는 것부터 고민해야 하는 상황이었다. 어느 날 방과 후, 틈틈이 학생들이 완성한 작품들을 옆 교실에 옮겨놓는 것을 보던 학생이 물었다.

"선생님, 이거 다 어떻게 전시하실 거예요?"

"글쎄요. 지금부터 배치를 고민해 봐야 할 것 같아요."

"그럼, 저희도 할래요."

그 학생을 중심으로 평소 운동장에 남아서 야구를 하던 무리와 학원 시간이 남은 학생들이 남았다.

다음날 교사는 칠판에 전시실로 사용하는 교실의 단면도를 그리고 출입구와 창문 등의 비품 위치, 접근할 수 없는 장소를 표시했다. 학생들은 단면도에 화살표를 그리며 방문객의 동선부터, 책상은 어디에 두어야 하는지, 가운데 빈 공간에는 무엇을 놓아야 하는지를 고민했다. 그리고 출구 동선을 고려한 퀴즈 담당자 자리와 콘센트 위치를 고려한 UCC와 라디오 드라마 재생용 노트북의 배치까지 세세하게 구상했다.

"교실이 넓은데 (왁스를 칠한) 바닥이 미끄러워서 자꾸 뛰고 싶어요."

"애들도 오면 뛸 거 같은데, 중앙에 책상을 둬서 돌아가게 하는 건 어떨까요?"

이런 시행착오를 반복하며 책상을 몇 번이고 옮기고, 비품을 재배치하며 박물관이 완성되었다. 이 학생들의 공을 알리기 위해 학생들의 사진을 찍어서 '박물관을 설치한 사람들'이라는 제목으로 박물관 앞에 게시하였다.

창고로 쓰이던 빈 교실의 전후, 학생들은 전시 배치를 고민하여 박물관을 완성하였다. 이 해에는 수업 시간이 아니라 상시 개방으로 열었던 박물관이라 큐레이션보다 질서 유지를 위한 자율적 참여가 필요했다. 학생들은 쉬는 시간을 할애하여 안내 및 질서 유지원으로 박물관을 지켰다.

이처럼 공간구성을 학생이 주도적으로 추진하는 사례에서, 학생은 교실 공간을 통해 자신의 행동을 반추하기도 한다. 위에서 '교실이 넓어서 뛰고 싶다'라고 말한 학생은 평소에도 교실에서 뛰어다니는 학생이다. 넓은 공간에서 뛰어본 경험이 있는 학생은 다른 학생들도 이 공간에 오면 뛰고 싶을 것이라는 생각을 했다. 그리고 학생들이 뛰어다니지 않을 방법을 고민하여 아이디어를 구체화했다. 실제 박물관을 열었을 때도 들어온 관람객에게 "뛰지 마세요."라고 가장 많이 소리친 게 이 학생이라는 점이 아이러니했지만, 그래서 더 인상적이었다.

시행착오를 쌓아 성공 경험 만들기

B 학교에서는 2022~2023학년도에 6학년 학생들과 함께 '식물 박람회'를 운영하였다. 이 프로젝트는 고전소설인 규중칠우쟁론기[17]를 모티브로 하여 과학 시간에 배운 식물의 뿌리, 줄기, 잎, 꽃, 씨와 열매 중 '어떤 부분이 가장 중요한 역할을 하는가' 겨루는 내용으로 구성되어 있다. 학생들은 여섯 모둠으로 나뉘어 각 부분을 맡고, 한 모둠은 세포에 대해 소개한 뒤 안내요원을 맡아 박람회 운영을 돕는다. 참여 학급은 다섯 개 모둠이 설치한 부스를 시간 내에 자유롭게 돌아다니며 '왜 그 부분이 중요한지'를 열변하는 6학년 학생들의 설명을 듣고, 마지막에는 스티커로 식물에게 가장 중요한 부분을 투표하는 방식으로 참여한다.

이 프로젝트는 경쟁의 요소가 들어있어서 학생들이 활동 계획 단계에서부터 '어떻게 하면 재미있게 설명할지'를 고민한다. 단원을 시작하기 전에 이미 6학년 학생들끼리 사전 투표를 진행했었기 때문에 식물에 대해 학습하지 않은 사람들은 뿌리를 가장 중요하게 생각한다는 점을 인식하고 있다. 그래서 뿌리가 아닌 모둠은 아이디어를 더 활발히 내고, 뿌리를 맡은 팀도 표를 빼앗기지 않도록 고민을 거듭한다. 보고서를 여러 색과 그림으로 꾸미는 것은 기본이고, 꽃가루와 수술, 암술을 맡아 역할극 하기, 실물 가져오기, 모형 만들기, 사진 퍼즐 맞추기 등 흥미를 불러일으키는 활동을 학생들이 기획한다. 학급마다 개인용 태블릿PC가 보

---

17   작자, 연대 미상의 조선시대 가전체 소설. 자, 가위, 바늘, 실, 골무, 인두, 다리미 등이 '자기가 없으면 어떻게 옷을 짓겠느냐'며 서로의 공을 다투는 내용을 다룬다. (한국민족문화대백과, 〈규중칠우쟁론기〉)

급된 2023학년도에는 메타버스 ZEP 프로그램을 이용해 부스 참여자가 퀴즈를 풀어 미션을 해결하는 방탈출 게임을 만들어 오기도 했다.

학생이 준비한 발표자료. 6학년이라 다양한 매체를 활용하는 능력이 뛰어나다.

이 프로젝트가 이전의 박물관 프로젝트와 다른 점은 발표가 2차시 동안 진행된다는 점이다. 오랜 준비를 거친 성과물 발표회가 일회성으로 끝나는 것이 아니라 준비한 내용을 1차시에 첫 번째 학급에게 공개하고, 2차시에는 두 번째 학급에게 공개한다. 따라서 6학년 학생들은 두 수업 사이, 쉬는 시간에 자신의 수행을 점검할 수 있는 시간을 갖게 된다.

"○○님, 설명을 잘하시는데 잘 안 들려요. 좀 더 앞으로 와서 설명해 주세요."

"역할극이 재미있기는 한데, 뿌리가 대사가 많아서 정작 우리가 맡은 잎이 하는 일이 전달이 안 되는 것 같아."

"다음 반은 1학년이니까 이산화탄소를 모를 거 같은데, 사이다에 들어 있는 공기 방울이라고 설명하자."

"선생님, 동생들이 한꺼번에 많이 몰려오는데 의자를 책상 옆으로 돌려서 더 앉아도 될까요?"

이처럼 교사가 시키지 않아도 학생들은 10분의 쉬는 시간 동안 열띤 피드백을 진행하며, 다음 차시를 준비한다. 1차시 수행이 만들어 준 성공 경험과 시행착오를 학생 스스로가 진단하고, 이를 발전 혹은 보완할 수 있도록 환경을 조절하거나 수행 내용 자체를 수정하는 것이다. 이 10분의 시간은 학생이 다음 차시에서 반복하는 박람회 활동을 성공 경험으로 만드는 초석이 된다.

학생의 성공 경험을 위해 교사도 이 10분을 알차게 활용하여 피드백을 제공해야 한다. 흥미 위주로 발표를 하는 모둠에게 가서 '이 박람회의 목표는 관람객을 설득하는 것'임을 상기시키고 식물의 기능에 초점을 맞추도록 안내하거나, 스마트기기를 활용하는 모둠에서 활동 시간이 너무 긴 경우 '더 많은 관람객에게 설명할 수 있는 기회가 줄어든다' 라는 점을 알려 주는 것이다. 단, 교사의 피드백은 새로운 관점을 제시하는 것으로 제한하고, 이에 대한 해결은 학생들이 스스로 찾을 수 있도록 하는 편이다.

여담이지만, 이 수업은 가장 많은 표를 받은 모둠에게 상이나 칭찬을 건네지 않는다. 이 프로젝트의 숨겨진 목표는 '식물에게 필요 없는 부분은 없다'를 알도록 하는 것이므로 학생들에게는 "한 표도 받지 못한 부분이 있나요?"라고 질문한다. 즉, 모든 모둠이 자신이 가장 중요한 부분임을 강하게 설득해야 한 표도 받지 못하는 모둠이 없이 수업의 숨겨진 목표(식물에게 중요하지 않은 곳은 없다.)에 도달할 수 있다.

다음은 과학박람회 활동을 마친 후 학생들이 제출한 자기/동료평가의 내용이다. 유의미한 내용을 몇 가지 그대로 옮겨 보았다. 이 내용 속에는 학생들이 주도성을 발휘하며 경험한 배움, 자기 성찰, 상호작용, 두려움의 극복에 대한 진솔한 생각들이 담겨있다.

Q. 이번 박람회를 통해 느낀 점이나 식물을 보거나 대할 때 새롭게 갖게 된 생각을 쓰세요.

<프로젝트 수행에 관련된 답변>

· 너무 빨리 끝내려고 하고 호흡을 해주지 못했다.

· 발표 때에 목이 아팠지만, 우리를 뽑은 세 명의 동생들이 고맙다.

· 3, 4학년들이 이해할 수 있게 용어도 쉽게 바꾸도록 노력했고, 글씨도 이해하기 쉽게 꼼꼼히 썼다. 과학 수업 때 배운 것과 새로 알게 된 것을 알게 되어서 좋고, '아 식물은 이거랑 이게 있어'를 동생한테 설명해 주고 싶었다.

· 박람회 관람을 오는 아이들이 유익하고 이해하기 쉽도록 설명하기 위해 노력하였다. 또한 조금 더 친근하고 소중하게 느낄 수 있도록 노력하였다. 아이들에게 내가 배운 점으로 알려줄 수 있어서 뿌듯했다. 또한 아이들에게 알려 주려고 더욱 열심히 공부하여 기억 속에 많이 남은 것 같다.

<배움과 관련된 답변>

· ○○(같은 모둠 친구)이 설명한 것을 듣고 (내가) 까먹은 것을 다시 알 것 같

았다.

· 원래는 뿌리가 가장 중요하다고 생각했는데 줄기에 대해 조사하면서 줄기가 가장 중요한 것 같다고 생각을 바꿔서 나 자신이 신기했다.

· 식물을 보면 과학 시간이 생각나고 식물을 중요시하게 됐다.

· 이번 박람회를 통해 더욱 재밌게 해야 될 거 같다고 느꼈고 새롭게 갖게 된 생각은 선생님을 하려면 이렇게 해야 된다는 걸 알았습니다.

· 힘들고 보람차고 중요하지 않은 건 없다는 생각이 느껴졌다.

· 아이들을 상대로 소개하니 조금 힘들었던 것 같습니다. 식물이 참 많은 일을 하는 걸 보니 식물을 뜯었던 기억이 창피하네요.

Q. 이 프로젝트를 진행하면서 나에게 도움이 된 친구가 있다면 이유와 함께 적어주세요.

· 자료조사를 잘 해줘서 내가 설명할 때 말을 잘하는 사람이 되게 해주었다.

· 중간에 힘들어하는 친구를 대신하여 설명을 진행해 주었다.

· 설명을 먼저 해주어서 설명하는 방법을 알게 됨

· 진짜 열심히 하는 걸 보았다. 나도 본받아야 한다는 생각이 들었다.

· 창의적인 아이디어를 주어서 고마웠다. 특히 알로 비유하는 점이 잘한 것 같다.

· 모둠친구 모두 서로 역할을 나눠 잘했고 혼자 했다면 못 했을 일을 힘을 합쳐 할 수 있었기 때문이다.

학생이 주도성을
발휘하게 만드는 우연함

앞에서 본 사례는 학생이 주도성을 발휘해야 하는 상황을 교사가 제시했다. 학생자치회와 프로젝트 수업은 학교에서 제공하는 제도화된 환경 속에서 학생이 활동하는 사례이지만, 학생들은 쉬는 시간 혹은 놀이 과정에서 친구들과 가장 활발하게 자발적인 상호작용을 한다. 수업과 다르게 이 시간은 계획되지 않은 우연함의 연속이다. 학생들은 우연한 사건과, 주변 환경, 친구의 반응을 시시각각 살핀다. 이 속에서 '발현되는' 학생의 주도성을 지켜보는 것도 교사로서의 뿌듯함이다. 그리고 그 우연한 상황을 주도성이 발휘될 수 있도록 안내하는 것이 교사의 주도성이 발휘되는 순간 중 하나이다.

새 둥지가 가져다준 주도성

4월 5일. A 학교 6학년 교실에 메신저가 도착했다. '식목일을 맞아, 운동장 공사 중에 교문 밖으로 옮겨 심어둔 나무를 다시 교내에 심을 예정입니다. 5, 6학년 남학생들을 교문으로 보내주시기 바랍니다' 나무를 옮겨 심는데 학생을 부른다고? 이 점에서 글을 읽다가 놀라신 분도 있겠다. 하지만 그 당시 농촌 소규모 학교에서 학생이 학교 텃밭에 비닐을 씌우고, 바닥에 떨어진 은행을 쓸어 내는 것은 흔한 일이었다. 그럼에도 저 메시지를 보고 놀란 것은 교사보다 학생들, 특히 여학생들이었다. "선생님, 왜 남자애들만 오래요?", "이거 양성평등에 어긋나는 거 아니에요?"

교사는 그동안 했던 성평등 교육을 되돌아보며 일말의 뿌듯함을 느끼면서도 한편으로는 수업을 빼고 나가고 싶은 게 아닌가 찰나의 의심을 품었다. 그렇지만 남학생만 빠진 채 수업을 진행하는 것도 어렵다고 생각했기 때문에, 식목일과 연계하여 원예 수업을 할 예정이던 5, 6교시 실과를 앞당겨 다 같이 교문으로 나갔다.

5, 6학년 학생 스무 명 남짓이 모였다. 삽질을 하고 나무를 수레에 싣고 옮기는 노동이 이어지는 동안 그 현장에서 벗어나 있는 학생이 있었다. 그 학생은 평소라면 가장 먼저 두 팔을 걷고 참여했을 테지만, 다리에 깁스를 했기 때문에 부러진 나뭇가지를 모아 무언가를 만들고 있는 참이었다. 그런데 갑자기 그 학생이 악! 소리를 질렀다.

"선생님! 이게 갑자기 떨어졌어요!"

그 학생이 앉아있는 자리에서 불과 1미터 남짓 떨어진 자리에 학생의 앉은키 만큼 큰 나뭇가지 더미가 떨어져 있었다. 교문 앞에 있던 나무에 새들이 둥지를 틀었는데 둥지가 바람에 날려 그대로 떨어져 버린 것이다. 학생이 조금만 옆에 앉아있었으면 사고가 났을지도 모르는 아찔한 상황이었다. 너무 놀랐을 학생이 안심하자, 다른 학생들은 새 둥지를 살펴보며 질문하기 시작했다. "어떤 새의 둥지일까요?" 친구에게 몰려들었던 학생들은 바로 옆 둥지로 몰려와 단서를 찾기 시작했다. "선생님, 여기 민트색 알이 깨져있어요."

한 학생의 발견을 시작으로 학생들은 둥지 안에 갈색 바탕에 검은 점무늬가 있는 깃털이 있으며, 둥지는 여러 종류의 작은 나뭇가지가 모여있고, 이 둥지가 부드러운 재질로 된 부분과 나뭇가지 부분이 이중으로 되어 있음을 발견했다.

학생들은 도서관으로 달려가 조류도감을 세 권이나 대출해 왔다. 평소에 책은 읽으라고 해도 찾지도 않고 겨우겨우 새끼손가락 두께만 한 책을 읽으며 엄살을 피우더니, 어마어마한 두께의 책을 들고 와서 새알이 그려진 그림이나 사진을 하나씩 대조해 보며 둥지의 주인을 찾기 시작했다. 둥지의 주인은 까치였다.

학생은 자신의 마음이 가 있는 곳에 참여할 때 가장 많은 것을 스스로 배운다.

학생 한 명이 교문 앞 전깃줄에 까치 한 쌍이 앉아있다고 말하자 학생들은 창문으로 달려갔다. 정말이지 한 쌍의 까치가 둥지가 있던 나무를 바라보듯 앉아 있었다. 이 까치 두 마리가 정말 부부인지, 둥지의 주인인지 알 수는 없었지만, 교실은 태어나기도 전에 깨져버린 알과 자식을 잃은 부모 까치에 대한 애도의 분위기에 휩싸였다.

교사는 조용히 다음 시간표를 국어로 바꾸고, 비유적 표현을 배우던 학생들에게 책을 끝까지 넘겨 '마음을 표현하는 글쓰기' 단원을 펴라고 안내했다. 처음엔 학생들이 '공부가 될 것 같지 않아요'라고 울먹였다. 그러나 수업 내용을 들은 뒤 '어떤 마음을 표현하고 싶니?'라는 질문에 학생들은 지금 부모 까치에게 글을 남기고 싶다고 했다. 학생들은 애도의 감정을 담아 부모 까치에게 보내는 편지글 혹은 깨진 알을 위한 제문을 작성했다.

이날 수업은 수많은 우연이 겹쳐 진행되었다. 교사가 준비한 수업은 학교행사 및 우연한 사건에 의해 진행되지 못했다. 그렇지만 이 과정에서 학생들에게 '배움이 없었다'라고 말할 수는 없을 것이다.

우선 학생들은 자신의 의지로 학교행사에 참여하기를 바랐다. 그렇기에 그 후에 일어난 일련의 우연한 사건들에도 자연스레 참여할 수 있었고 계속해서 상호작용을 이어갔다. 학생들은 모두 손에 크고 작은 삽을 들었고, 그 과정에서 위에 서술하지는 않았지만, 땅에 사는 개구리가 있다는 것을 발견하고, 나무 주위에 돌을 두르는 것이 물을 가둬두기 위함인지 물이 잘 빠지게 하기 위함인지에 대해서도 토론했다. 교실에 있었다면 알 수 없었을 사실들을 만나고 충분한 이야기를 나눴으며, 마지막엔 교사의 안내하에 공동의 경험을 바탕으로 교육과정의 성취기준까지 도달했다.

그러나 이런 수업을 일상적으로 확산하기엔 어려움이 있다. 물론 학생들이 나무에서 떨어진 새의 둥지를 마주칠 일도 희소하겠지만, 현장에 있는 교사에게는 우연한 사건이 발생하거나, 학생이 주도하는 활동의 흐름이 끊어지지 않았을 경우 '시간표'와 '교육과정'이라는 제도적 한계에 부딪히기 때문이다.

A 학교에서 위와 같은 일이 가능했던 것은 6학급이기 때문에 동학년

의 교육과정이나 전담시간표가 충돌할 일이 없었기 때문이었다. 교사는 교육과정 전문가로서 6교시의 활동을 교육과정 내에서 재조정 할 수 있는 주도성을 발휘했지만, 제도적으로 한계가 있었다면 교사의 주도성은 제한된 채 교사는 학생을 다시 학교의 속도에 맞춰 자리에 앉게 했을 것이다.

놀이 규칙이 가져다준 성장

C 학교 1학년 3반은 훌라후프가 대유행이었다. 학교 특색 활동으로 '기네스 도전' 행사를 하는데 1학년의 종목이 '훌라후프 오래 돌리기'라는 것을 공지한 이후의 일이었다. 학생들은 쉬는 시간과 방과 후, 그리고 집에서 훌라후프를 연습했다.

그러나 학생이 스물일곱 명이나 되는 1학년 교실에서 쉬는 시간에 여러 개의 훌라후프를 돌리는 것은 불가능한 일이다. 그래서 혹시나 발생할지 모르는 갈등을 교사가 볼 수 있도록 교사 자리 가까이에 훌라후프 1개를 두고, 학생들에게는 '돌아가면서 가지고 노세요' 라고 안내했다.

초반엔 수업이 끝나자마자 뛰어나온 학생이 훌라후프를 잡고, 그 옆으로 대기 줄이 형성되었다. 한 학생이 훌라후프를 돌리다 떨어뜨리면 다음 학생이 이어가는 식이었다. 어느 날, 쉬는 시간이 끝나는 종이 울렸고, 교사는 학생들에게 자리로 돌아가라고 말했다.

"아! 선생님! 맨날 저는 줄만 서 있다가 끝나잖아요!"

그 학생은 뒷자리에 앉는 학생이었는데, 늘 앞자리에서 뛰어나온 친구들이 훌라후프 줄을 먼저 서기 때문에 자기는 한 번도 훌라후프를 못 했다며 성을 냈다. 합리적인 분노인데, 그렇다고 '그럼 다음 쉬는 시간엔 네가 먼저 하도록 해줄게'라고 하자니 수많은 학생들이 '저도요!'라고 소리칠 것 같았다. 연이어 '아니다. 너는 저번에 두 번이나 했어', '안 했어!' 등등 확인할 수 없는 조작된 기억들로 싸움이 날 것 같아서 난감한 상황이었다.

"순서를 지켜서 줄을 섰는데도 훌라후프를 못 하는 친구가 있네요. 어떻게 할까요?"

"줄을 섰다가 종이 치면 서 있는 사람들의 이름을 순서대로 쓰고요. 다음 쉬는 시간에 그 순서대로 시작하면 돼요."

학생들은 이런 아이디어를 어디서 배운 걸까? 1학년 학생들은 학급 자치를 하기도 전에 놀이에서 규칙을 만들어 냈다. 그러나 규칙이라는 건 늘 공동체의 합의를 거쳐야 하는 법. 가장 많이 훌라후프를 돌렸던 앞자리 학생과 분노했던 학생에게 의견을 물어보았다. 둘까지도 새 규칙에 합의하자 교실엔 평화가 찾아왔다.

그러나 이 이야기는 여기서 끝나지 않았다. 한동안 칠판 왼쪽을 빼곡하게 채운 이름이 쓰였다 지워지며 훌라후프 릴레이가 이어졌다. 그런데 지난번 줄서기 규칙의 부당함을 알려준 그 학생의 차례에 또다시 문제가 생겼다. 그 학생이 훌라후프를 막 돌리려는 순간, 다른 놀이를 하는 학생들이 훌라후프를 치고 가버린 것이다. 훌라후프가 맥없이 툭 떨어졌을 때 줄을 서 있던 학생들은 "떨어졌다! 끝! 끝!"이라고 외쳤고 그 학생은 "아냐! 치고 갔잖아! 치고 갔다고!!"라고 소리를 지르더니 훌라후프 가운데 주저앉아 울기 시작했다.

솔직히 교사는 '이제 훌라후프는 끝!'이라고 말하고 훌라후프를 치우면 그만이다. 그렇지만 그렇게 하면 지금까지 정해온 규칙들은 모두 허망하게 사라질 것 같아 꾹 참고 학생들에게 물어봤다.

"훌라후프를 돌리다가 떨어지면 순서를 바꾸기로 했죠? 그런데 누가 쳐서 떨어지면 어떻게 할까요?"

"떨어지면 끝내기로 했으니까 다음 차례를 기다려요."

"그런데 네가 하고 있는데 누가 치고 가면 어떡해."

"일부러 치면 안 되지."

"일부러가 아니라 실수라면?"

"실수도 훌라후프를 못 한 건 똑같잖아."

열띤 토론이 이어지는 동안 교사는 상황을 지켜보았다. 1학년 학생들은 아직 도덕적 행동에 대해 어떻게 결정해야 하는지 신념이나 철학을 갖고 있지 않은 시기지만 경험적 지식과 역지사지의 상황을 상상해 가며 토론을 이어갔다. 교사가 개입한 것은 중간에 너무 말을 길게 하는 학생의 말을 정리해서 '그러니까 다시 훌라후프를 해도 된다는 의견이죠?'라거나 '○○이와 같은 생각이네요'라고 여론을 묶어주는 역할 뿐이었다. 결론적으로 학생들은 '주변을 살피지 못하고 책상 등에 부딪혀 떨어지면 다시 돌릴 수 없다. 하지만 다른 친구가 쳐서 떨어지게 된 경우는 다시 돌릴 수 있다'라는 학급 약속을 만들었다. 개인의 책임과 타인에 의한 피해를 구분하여 규칙을 정한다는 점이 굉장히 놀라웠다.

토론은 긴 시간 이어졌지만, 교사로서 이 과정을 지켜보는 것은 매우 흥미로웠다. 그러나 교사가 조급함이 없이 이 과정을 온전히 기다릴 수 있었던 이유는 이 학생들이 교육과정에 여유시간이 많은 1학년이었기 때문이라는 생각이 든다. 주도성이 자라나기 위한 충분한 시간은 학생에게도 필요하지만, 교사에게도 필요하다. 교사가 학생 교육과정 진도에 쫓겨 학생의 대화를 잘랐다면 위의 대화는 이어지지 못하였을 것이다.

이후에도 훌라후프에 대한 열기는 식지 않고 학생들의 훌라후프 실력은 점점 늘어, 또 다른 갈등이 발생했지만, 그때는 화내는 학생 없이 모여 '잘 돌리는 사람만 오래 돌리지 않도록 최대 100번만 돌리고 넘겨준다' 라는 새 규칙을 만들어 냈다. 여러 처지에 있는 사람들을 고려하고 규칙을 만드는 속도가 눈에 띄게 빨라진 것을 보고 교사는 훌라후프를 하나 더 가져와 교실 뒤에 놓아주었다.

학생이 스스로 규칙을 정해보는 경험은 연습을 통해 성장한다. C 학교 1학년 3반 학생들은 토론을 통해 규칙을 정할 때는 참여 학생 모두가 동의해야 하고, 때로는 자신의 책임을 인정해야 함을 경험했다. 그러나 학생들, 특히 저학년의 학생들에게는 의견을 공유하고 동의를 구하는 연습이 가능한 '공동체' 단위의 집단이 학교 외에는 거의 없다. 따라서 학교 및 학급에서 이러한 상호작용의 경험을 충분히 제공해 주는 것이 필요하다. 특히 학생이 이미 자율적으로 참여하고 있는 놀이의 진행을 위해서는 '규칙'이라는 상호작용은 필수다. 따라서 학교에서 놀이시간을 충분히 확보하고, 갈등 상황에서 교사 개입 이전에 학생들이 갈등 상황을 해결할 수 있는 기회를 충분히 부여받는 것이 초등학교급의 학생 주도성이 '성장'에 도달하는 한 방법일 것이다.

경계 안에서 새로운 길을 찾아내다

그러나 때로는 학생이 주도적으로 세운 규칙이 교사의 학급경영과 충돌하기도 한다. C 학교의 3학년 3반에서는 카드로 하는 보드게임 BANG

이 유행했다. 플레이가 막힘없이 진행되면 보통 이 카드 게임에 걸리는 시간은 8~10분 정도이다. 그런데 플레이어들의 고민이 깊어지면 쉬는 시간 10분 안에 보드게임 한판이 끝나지 않는다. 어느 날 수업 종이 쳤고, 모두 자리에 앉았는데 교실 뒤에 게임이 그대로 펼쳐져 있었다. 쉬는 시간이 끝나면 놀잇감을 깨끗하게 정리하고 자리에 앉는 것이 규칙이었기 때문에 교사는 학생들에게 보드게임을 정리하고 올 것을 지시했다.

"선생님, 저 판이 아직 안 끝나서요. 저렇게 놔뒀다가 다음 쉬는 시간에 이어서 하면 안 될까요?"

"우리 반 규칙은 사용한 놀잇감을 정리하고 오는 거죠? 그런데 저렇게 카드 게임을 펼쳐놓으면 수업 시간에 신경이 쓰여서 안 됩니다."

학생들은 당연히 수업 시간에 뒤에 있는 카드 게임을 보지 않겠다고 약속했다. 일단은 수업이 시작되고 시간이 꽤 지났기에 수업을 진행했다. 한 시간 정도는 어렵지 않게 학생들도 카드 게임에 신경을 빼앗기지 않고 수업에 참여했다.

문제는 다음 시간이었다. 학생들이 카드를 뒤에 두고 오면 괜찮다고 생각했는지, 종이 치는 순간까지도 카드를 내려놓다가 자리에 돌아오는 게 늦었다. 물론 다음 수업 준비도 되어 있지 않았다.

"수업 시간에 두고 온 카드를 보지 않겠다고 하고 이전 시간에는 약속을 잘 지켰습니다. 그렇지만 쉬는 시간은 다음 수업을 준비하는 시간이기도 합니다. 보드게임으로 모든 시간을 다 써버리고 다음 수업이 준비되지 않거나 화장실을 다녀오지 않아서 수업 시간에 화장실을 가는 것은 옳지 않습니다. 뒤에 카드를 정리하고 오세요."

잘못을 인정한 듯 학생들은 군말 없이 카드를 정리하고 자리로 돌아왔다. 모든 게 제자리로 돌아오고 규칙을 되찾은 것 같은 결말이었다. 웃기는 상황은 그다음 시간에 벌어졌다.

쉬는 시간 종이 치고 교사가 수업을 마치자마자 보드게임을 챙겨온 학생이 자리에서 벌떡 일어났다.

"야! 다음 시간 사회야! 사회책 꺼내놓고 모여!!"

수업 30초 전에야 시간표에 관심을 갖고 책을 찾으러 가던 학생이 쉬는 시간이 시작하자마자 다음 수업을 준비하다니…. 어쩌면 이번 시간 보드게임을 정리하라고 한 순간부터 이 학생은 수업에는 집중을 못하고 '어떻게 하면 보드게임을 지킬 수 있을까?'만 궁리했을지도 모른다. 결과적으로 학생들은 전보다 수업 준비를 더 잘하게 되었고, 심지어 화장실을 가고 싶은 순간 자신의 차례가 오면 대신 카드를 내줄 '대타 제도'까지 만들어 냈다.

이 학생들에게는 교사의 학급경영규칙이 장애물이었을까? 교사에게 정리정돈 규칙은 학생들이 수업에 더 잘 참여할 수 있도록 환경을 마련하는 수단이었는데, 학생들은 오히려 규칙에 의해 정리된 보드게임에 묶여 수업에 참여하지 못하는 모순이 벌어졌다. 그렇다면 이 시점에서 교사가 할 수 있는 일은, 학급 규칙의 원래 취지나 교사의 신념을 재고하여 학생들이 보여준 가능성을 믿고 가능한 영역만큼 학급 규칙을 수정하는 것이라고 생각한다. 학생들의 새로운 규칙 덕분에 수업을 미리 준비하는 습관이 잘 형성되었고, 교사는 끝나지 않은 보드게임을 두고 올 수 있는 것으로 규칙을 완화해주었다. 학생들은 경계 안에서 새로운 길을 찾아간다. 그렇다면 교사가 그어준 경계도 새로 난 길에 맞게 모양을 바꿔볼 수도 있는 게 아닐까.

5

초등학교 학생 주도성의 키워드, 교사 주도성

이 장을 시작할 때 학생이 했던 "망할 것 같았어요."에는 뒤에 붙은 말이 있다. 바로 "그런데 해냈어요"이다. 그 순간부터 학생의 길고 힘들었던 프로젝트 수업 과정은 성공 경험으로 변화했다. 그날 작성한 나의 일기에는 다음과 같이 쓰여 있다.

'긴긴 주제통합학습과 프로젝트가 끝나고, 내가 준비되지 않은 채 시작한 장기 프로젝트지만 학생들이 완성시켰다는 게 너무 좋다. 2학기에는 애들이 더 커 올 텐데 그때는 나도 더 커 있었으면 좋겠다'

시작 부분에 서술했듯 학생의 주도성이 발휘되는 것을 기다리는 것은 교사에게도 불안하다. 언제 주도성이 발현될지 알 수 없는 초조함과의 싸움도 있고, 학생이 중간에 포기해 버리면 '괜히 나만 애쓰고 있는 게 아닌가'. '내가 너무 어려운 것을 요구한 게 아닐까' 하는 자책하는 순간도 있다. 특히 학생 스스로도 자신이 무엇을 할 수 있는지 뚜렷하게 알지 못하는 초등학교에서는 학생이 주도적으로 할 수 있는 경계를 예상하고 지원이 필요한 부분을 준비하는 모든 과정이 교사의 부담으로 느껴질 수도 있다.

그럼에도 지금의 나에게 '왜 굳이 프로젝트 수업을 하세요?' 라거나 '학생하고 활동하는 게 어렵지 않으세요?' 라고 물어본다면 아마 이 학생의 말을 계속 떠올릴 것이다. 함께 조마조마했던 순간을 겪고 학생이 해냈다고 말했던 순간이 교사에게도 해냈다고 느껴진 순간이기 때문이다. 학생이 주도성을 발휘하여 참여한 활동이나 생활 속에서 성장을 느꼈을 때, 과정을 함께한 교사에게도 그 순간이 성공 경험으로 전환되는 시점일 것이다.

학생 주도성이 시행착오를 반복하며 성장하듯 교사도 시행착오를 반복하며 성장한다. 초등학생이 주도성을 발휘할 수 있는 기회를 주고 함께 시행착오를 겪어야 교사도 성장할 수 있다. 교사는 학생 앞에서 늘 완벽하게 준비되어 있어야 한다는 압박 속에서는 시행착오에 뛰어드는 교사는 점차 줄어들 것이다. 그러나 주도성이 성장하는 과정에는 시행착오가 필수적으로 포함되어 있다.

즉, 학생과 교사가 주도성을 발휘하는 순간의 시행착오를 실패가 아니라 과정으로 인식하는 관점의 전환이 필요하다. 또한 제도적으로는 교사와 학생이 충분한 상호작용을 경험할 수 있는 교육과정 자율성과 여유가 뒷받침된다면 학생의 주도성을 성장시키기 위해 주도성을 발휘하는 교사는 더 늘어날 것이다.

2장

-

학생 주도성이 발휘된
중등 프로젝트 수업

①

공개할 결과물의 힘,
지역 소개하기 프로젝트

"어, 선생님! 이렇게 만들 줄 알았으면 더 열심히 할 걸 그랬어요."

일본과의 국제교류가 진행되고 있던 해 학교를 방문할 일본 학생들에게 직접 전달할 목적으로 대구를 소개하는 '리플릿'을 제작하는 프로젝트를 진행했다. 영상이나 책자 형태로 만들지 않고 일본 학생들이 대구 관광에 바로 활용할 수 있는 리플릿을 공개할 결과물(public product)로 선정한 것이다. 일본 학생들이 실제 청중이 된 셈이다. 4인 1조로 아이디어를 내고, 그림과 사진 등을 활용해 소개할 장소를 담고 영어로 설명을 덧붙였다. 색지 앞뒷면을 접어서 총 8면으로, 학생 한 명이 두 면씩 맡아서 내용을 채우도록 했다. 완성 후에는 다른 모둠이 완성한 리플릿에 대한 의견을 주고받았다. 과제를 대충 해낸 학생들도 다른 모둠이 만든 결과물을 서로 돌려보며 피드백을 주고받는 과정에서 자극을 받게 된다. 피드백 후에는 프로젝트 과정 전체에서 배우고 깨달은 점을 나누며 성찰로 프로젝트를 마무리했다.

한 걸음 더 나아가 완성한 리플릿을 스캔해서 인쇄소에 맡겼다. 우리가 길거리에서 흔히 만나는 리플릿처럼 만들어 학생들에게 나눠주었다. "어, 선생님! 이렇게 만들 줄 알았으면 더 열심히 할 걸 그랬어요." 결과물을 더 잘 만들지 못했음을 아쉬워하는 아이들의 탄성이 여기저기서 들렸다. 그냥 활동지에 작성하는 것과 색지에 꾸미는 것과 실제 리플릿 인쇄물로 만드는 것은 학생들의 피부에 와 닿는 정도가 크게 달랐던 것이다. 이것이 바로 '공개할 결과물', '실제성'의 효과라고 생각한다. 수업에 열심히 참여하라고 굳이 매시간 잔소리하지 않더라도 자신이 참여한 수업의 결과물이 실생활에 그대로 사용된다는 큰 방향을 제시한다면 학생들이 그만큼 수업 과정에 몰입하여 주도적으로 참여하게 되는 것이다. 리플릿 만들기 활동은 이후 내가 진행하는 프로젝트에 학생들이 열심히 참여하게 되는 하나의 계기가 되었다. 나는 학생들의 활동지나 활동 장면을 자주 찍는데 처음에 쭈뼛거리던 학생들도 "선생님, 저 잘했지요?" 하며 자기가 한 것도 사진 찍어 달라고 한다. 사진으로 남기기 위해 더 열심히 참여하는 것도 있겠고, 자신의 활동 내용을 다른 사람에게 오픈하는데 자유로워진 부분도 있을 것이다.

여기까지는 좋았는데, 당시 학교를 방문하기로 한 일본 측이 안전상의 이유로 방문을 취소했다. 일본 학생들에게 보내려고, 여유 있게 주문한 리플릿이 한 상자 가득 쌓여 있는 걸 볼 때마다 가슴이 답답했다. 뭐라도 해야 할 것 같아 고민하다 인쇄된 리플릿을 시민들에게 나눠줄 지도로 활용했으면 좋겠다는 제안을 시청에 했다. 참여한 아이들의 실력은 천차만별인데, 무조건 2쪽씩 책임지고 채우도록 한 결과물이라, 사실 리플릿 수준이 높다고 말할 수는 없었다. 담당 공무원의 입장에서는 난감한 상황이었을 텐데, 감사하게도 실제 지도로 활용하는 것은 어렵지만 관광 정보센터에 비치하겠다는 약속을 받았다. 담당자가 학생들의 소속까지 밝혀 비치된 리플릿 인증 사진도 보내주었다. 이 사진에 아이들이 기뻐한 것은 말할 필요도 없다. 관광 정보센터에 비치하고 남은 리플릿은 사회적기업인 '공감 게스트하우스'에 기증하기로 했다. 학생 동아리 활동 강사로 오신 담당자가 학생들이 만든 리플릿이 인상적이라면서, 지원을 요청했다. 지금도 다양한 국적의 외국인이 드나드는 게스트하우스 한쪽 벽면에 우리 학생들이 직접 꾸민 대구 지역을 소개하는 리플릿이

색지 리플릿

관광 정보센터에 비치된 리플릿

게스트 하우스에
전시된 리플릿

수업과 실제 세상의 연결이 이끌어낸 학생 주도성

장식되어 있다.

BIE[18]가 내세우는 이상적인 PBL인 GSPBL[19]에서 핵심 지식과 이해, 핵심 성공 역량을 최대로 끌어내기 위해 필요한 요소로 '어려운 문제 또는 질문, 지속적인 탐구, 실제성, 학생의 의사와 선택권, 성찰, 비평과 개선, 공개할 결과물'의 총 7가지 요소를 꼽고 있다.

말 그대로 이상적인 것이기에 모든 프로젝트 수업에서 이 요소를 모두 포함하여 수업을 디자인하기는 쉽지 않다. 내가 특히 주목하는 부분은 '실제성'과 '공개할 결과물'이다. 두 요소는 서로 맞닿아 있다고도 볼 수 있다. 프로젝트의 상황이 실제적이거나 학생들이 완성하는 과업과 사용하는 도구를 실생활과 똑같이 만듦으로써 프로젝트를 실제적으로 만들 수 있다. 프로젝트 결과물이 세상에 실제적인 영향을 줄 수도 있는데 연구에 따르면, 실제적인 영향을 주는 프로젝트들이 특히 학생들의 동기를 강하게 유발시킨다고 한다. 가장 쉽게 접근할 수 있는 방법은 프로젝트가 개인적인 실제성을 가지게 하는 것이다. 학생 개인의 관심사와 흥미, 인생 문제를 이야기할 때 학생들은 과제에 몰입하게 된다.

---

18   벅 교육협회, PBL을 적용한 교육과정을 개발하고 교육 기관들에 제공하는 비영리 교육 연구기관. 현재는 PBL WORKS라는 이름으로 활동

19   벅 교육협회에서 내세우는 보다 성공적이고 완벽한 PBL을 Gold Standard PBL이라 한다.

GSPBL에서는 프로젝트 결과물을 반드시 공개하는 것을 원칙으로 한다. 교사에게 확인받기 위해 활동지 빈칸을 메우는 수준을 넘어 '교실 밖 실제 청중이나 독자를 염두에 두고 학습 결과물이 공공성을 띠게 할 때 학생들이 과업에 더 집중하게 된다'는 것이다. 결과물을 교실 밖의 청중들과 공유할 기회를 제공함으로써 학생들이 결과물을 만드는 데 최선을 다하도록 이끄는 효과가 있다.

『직업 만족감과 동기에 관한 연구』[20]에 따르면, '사람들은 자신이 영향을 줄 수 있다고 여기는 일을 할 때, 다양한 역량이 필요한 일을 할 때, 시작부터 완성까지 통제할 수 있는 일을 할 때 일에 더 헌신적으로 몰입하게 된다'고 한다. 공개할 결과물을 통해 학생들은 그들의 결과물이 가치 있고, 교사뿐 아니라 다른 사람들에게도 진지하게 받아들여진다는 것을 알게 된다. 동료 학생, 교사, 외부 전문가 혹은 제품 사용자들로부터 자신의 결과물에 대한 피드백을 받을 때 학생은 이를 깨닫게 된다. 프로젝트 마지막에 전시회나 지역 사회 모임, 온라인 등을 통해 공식적으로 학생들의 결과물을 전시하고 설명하도록 독려함으로써 활동 과정에 보다 성실하게 참여하도록 이끌 수 있다. 결과물은 프레젠테이션, 출판물, 온라인 게시물, 연극 전시회 등 다양한 형태를 지닌다.

---

20 존 라머 외, 〈프로젝트 수업 어떻게 할 것인가〉, 지식프레임 (2017)

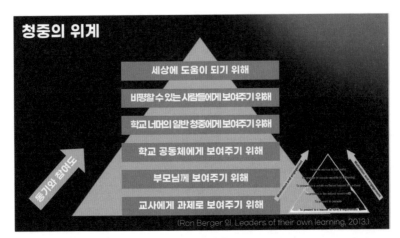

청중의 위계

학생이 만들 수 있는 공개할 결과물의 유형				
프레젠테이션	**서술형 물**	**미디어와 기술**	**구조물 형태**	**계획 형식**
• 연설 • 토론 • 구술 발표 • 라이브 뉴스 • 토의 • 연극 • 시 낭송 • 스토리텔링 • 뮤지컬, 춤 • 강의 • 공공 이벤트 • 상품 광고	• 연구/실험 보고서 • 편지 • 소책자 • 대본 • 블로그 • 사설 • 서평 • 훈련 교본 • 도감, 백과사전	• 오디오 녹음/팟캐스트 • 슬라이드 쇼 • 그림 • 콜라주/스크랩북 • 포토 에세이 • 비디오/애니메이션 • 웹사이트 어플리케이션	• 규모 모형 • 소비 제품 • 가구/기계 • 운송 수단 • 발명품 • 과학 기구 • 박물관 전시 • 건축물 • 정원	• 제안서 • 사업 계획서 • 디자인 • 입찰 혹은 견적 • 청사진 • 타임라인 • 플로우 차트

공개할 결과물의 유형

"TED에 직접 방영되면 좋겠어요."

PBL 3단계	성찰 일지

1학년 ( )반 ( )번 이름 : (   )

1. 본 과제를 통해 무엇을 배우고 느꼈습니까? (학습 내용 및 과정)

대구의 유명한 장소들, 먹거리, 관광명소를 외국인에게
소개한다고 생각하고 작문하고 조사해 보았는데,
힘들기도 했지만 완성된 결과물이 뿌듯하고 재미있었다.
이번 활동을 계기로 영어 문법실력, 작문실력도 늘 수
있었던 것이 괜찮았다.

2. 본 과제 해결을 통해 배운 점을 나의 삶이나 학교에서 적용한다면...

내 고장, 내 학교에 대해 잘 알 수 있을것 같고
다른 외국인들이 우리 나라, 대구, 우리 학교에
놀러오더라도 잘 설명해 줄것 같다.
우리가 조사한 장소에도 사람들이 많이많이
가 보아서 홍보효과를 제대로 누릴 수 있을 듯 하다.

3. 본 과제 해결안에 대한 대안이나 더 나은 방향이 있다면 무엇입니까?

영상제작을 조금 더 손본다거나, 홍보책자를 만들어
반영구적으로 간직할 수 있게끔 할 수 있을듯 하다.
또, 명소, 먹거리 자체제작 캐릭터를 만들어서
일상생활에서 쉽게 사용하게끔 할수도 있을것 같다.

4. 본 과제 해결을 위해 나는 모둠을 위해 무엇을 열심히 하였습니까?
과제 해결을 위한 모둠 활동 과정에서 느낀 점을 자유롭게 적어 봅시다.

〈하고 싶은 말〉
영상편집을 9시간에 걸쳐 완성하였습니다.
현장답사 후 민폐가 되지 않게 촬영하고 내용을
녹음하였습니다.

주말마다 현장답사하고 녹음하는게 힘들기도 했는데 반
평가에서 좋은 성적을 거둘 수 있어 뿌듯하고 행복했다.
TED에 직접 방영되면 좋겠다 ∼∼ 등등 (나의 지나친 욕심 ...)

4. 본 과제 해결을 위해 나는 모둠을 위해 무엇을 열심히 하였습니까? 과제 해결을 위한 모둠 활동 과정에서 느낀 점을 자유롭게 적어 봅시다.

영상 편집을 9시간에 걸쳐 완성하였다. 현장답사 후 민폐가 되지 않게 촬영하고 내용을 녹음하였다. 주말마다 현장답사하고 녹음하는 게 힘들기도 했는데 반 평가에서 좋은 성적을 거둘 수 있어 보람되고 행복했다. TED에 직접 방영되면 좋겠다.

대구 소개하기를 주제로 영상 만들기 프로젝트를 진행한 적도 있다. 생애 처음 시도해 보는 프로젝트 수업이라 시작하기 전까지 고민이 많았지만 의외로 아이들은 엄청난 몰입도를 보여줬다. '인터넷상에 있는 사진이나 영상을 활용해도 된다. 굳이 모둠끼리 따로 모일 필요 없다, 수업 시간 안에 과제는 다 해결하면 된다'라고 강조했건만 나중에 보니 주말마다 따로 모여서 자신들이 소개할 장소를 직접 방문한 조가 꽤 많다. 위 성찰일지에서 보듯이 영상 편집만도 9시간이 걸렸다고 하는데, 굳이 그렇게까지 열심히 한 이유는 무엇이었을까?

2016년 내가 TED-TIE[21] 2기로 선발되면서 TED SUMMIT에 초청을 받아 학기 중 캐나다 밴프에 있는 테드 본부를 방문하게 되었다. 나는 이 상황을 프로젝트에 이용하기로 했다. '선생님이 테드에 초청받아 참가

---

21   TED 현장 교육 홍보대사이자 TED-Ed 혁신 교육자들. TED-Ed TIE 2기 소개 링크 : https://ed.ted.com/blog/2016/03/29/meet-the-second-cohort-of-ted-ed-innovative-educators

하게 되었는데, 전 세계 사람들에게 우리 지역을 소개할 좋은 기회이니 열심히 만들어 보자, 우수작은 테드에 가서 직접 소개될지도 모르고 너희들에게도 TED Speaker로서의 기회가 생길지도 모르지 않겠냐'고 동기부여를 했다.

• 프로젝트 안내문 중 일부

사대부중 영어교사 최선경 선생님은 2016 TED SUMMIT에 TIE(TED Innovative Educators) 자격으로 초대받았습니다.

선생님은 이번 모임을 계기로 우리가 살고 있는 도시 대구와 사대부중을 전 세계에 알리고자 합니다. 사대부중 1학년 학생들을 대상으로 다음과 같이 사대부중 홍보팀을 선발하고자 합니다. 여러분들의 적극적인 참여를 바랍니다. 궁금한 점은 선생님께 질문하거나 메일을 보내주세요.

1. 홍보영상 제출 일시: 2016. 6. 3 .(금)
2. 평가 방법
    1) 3분 이내 홍보영상 제작 후 네이버 카페에 탑재 http://cafe.naver.com/ozirapersam
    2) 원어민 선생님 시간에 조별로 발표(2016. 6. 7. ~) 후 페이스북에 올릴 작품 선정
    3) 선정된 작품을 페이스북 TED SUMMIT 페이지에 게시 후 '좋아요'를 가장 많이 받은 조 우승

3. 필수 내용

  1) 대구, 사대부중, 우리 반 등을 소개하는 자료

  2) 전 세계인들이 볼 영상이므로 모든 내용은 영어로 만들기

4. 입상 발표: 2016. 6. 10.(금)

5. 특전

  1) 우승한 팀의 작품은 2016 TED SUMMIT Workshop 현장에서 소개

  2) 페이스북 게시 작품 및 우승팀에게 매점 상품권(반별로 작품 수준에 따라 차등 지급) 증정

실제로 TED-TIE 페이스북 그룹에 학생들이 만든 영상을 공유하고 유튜브에도 업로드 한 후 외국인들의 댓글을 받았다. TED SUMMIT TED-TIE 워크숍에서도 우리 아이들과 진행한 대구 소개 프로젝트를 소개했다. 자신들이 소개한 영상에 달린 댓글을 보며 학생들은 무척 뿌듯해했다. 설마 했는데 선생님이 진짜로 유튜브에 자신들의 영상을 올리고 외국인들의 댓글을 받은 사실에 놀라는 학생들도 있었다. 대체로 영어로 전 세계 사람들과 소통할 수 있다는 것에 호기심을 느끼는 것 같았다. 성찰일지에서 학생들은, "이번 프로젝트 진행 과정에서 대구에 대해 좀 더 생각해보고 관찰하게 되었고 새로운 사실도 알게 되었다. 영어 문장을 쓰는 것이 가장 어려웠지만 영어 문장 쓰기에 대해 스스로 많이 깨우치게 되었고 영어 쓰기 연습을 좀 더 해야겠다고 느꼈다."는 소감을 밝혔다. 수업 결과물이 대중에게 공개되는 경험을 한 번이라도 해봤기에 이후 프로젝트에 더 열심히 참여하는 계기가 되었다고 생각한다. 대

구 소개 영상을 교과 담당 선생님에게 제출하고 끝낸다고 했다면 과연 학생들이 이만큼 열심히 참여했을까? 반 아이들 앞에서 발표, 원어민 선생님 앞에서 발표, 그리고 전 세계에서 온 선생님들에게 발표한다는 생각이 있으니 더 열심히 참여했던 것이 아닐까?

학생들이 만든
지역 소개 영상

지역 소개 영상에 달린 댓글

TED-TIE 워크숍 2 minute-pitch에서 지역 소개 영상 만들기 소개 중

이렇게 수업 시간 활동 결과물이 교실 밖과 연결될 수 있다는 사실에서 힌트를 얻어 지속적으로 다양한 프로젝트를 디자인해 볼 힘을 얻었다. 학교 수업에서의 결과물이 실제로 누군가에게 쓰임이 있다는 사실, 학교 밖을 벗어나 실제 세상에 영향을 줄 수 있다는 사실을 학생들이 깨달을 때 주어진 과업에 집중하고 정성을 다하게 되는 것을 여러 프로젝트 수업을 진행하면서 관찰할 수 있었다. 1년 내내 매시간 프로젝트 수업을 할 수는 없겠지만 수업 시간 결과물을 교실 밖 세상과 연결할 수 있는 기회를 학생들에게 한 번이라도 준다면 그 경험을 발판 삼아 학생들의 주도성을 이끌어낼 수 있다고 생각한다.

학생 주도성을 돕기 위한 교사의 역할

프로젝트 수업은 노는 수업이 아니다!

보통 학생 활동 중심 수업이라고 할 때 갖게 되는 오해가 있다. 그냥 학생들이 하고 싶은 대로 하면서 즐겁게 놀기만 하는 수업, 선생님은 학생 활동에 개입하지 않고 방관하는 모습을 떠올리기 쉽다. 진정한 학생 활동 중심 수업은 활동을 기반으로 해서 학습(배움)이 일어나는 수업이고 그런 배움이 일어나도록 하기 위해 위해 교사는 철저하게 수업을 디자인하고 운영해 나가야 한다. 수업 중에 끊임없이 학생들을 모니터링하고 피드백을 제공해 가면서 가이드를 주어야 한다. 수업에 대한 성찰을 바탕으로 다음 차시 계획을 촘촘하게 세워야 한다.

단순히 학생들이 하고 싶은 대로 하도록 허용하는 수업이 학생 활동 중심 수업, 학생 주도성을 이끄는 수업이 아님을 다시 한 번 강조하고 싶다. "교사는 학생이 사고하고, 탐구하며, 성찰할 수 있는 상황을 만들어내는 존재다. 즉 프로젝트를 구상하고 계획하는 일을 한다. 교사는 학생이 배울 가치가 있는 것(일반적으로 공인된 기준들)을 붙들고 씨름할 수 있도록 이끌고, 학생이 성공할 수 있도록 학습에 대한 비계(Scaffolding)와 자료를 제공해야 한다.

학생의 학습 과정을 평가하고 학습 목표에 도달하도록 학생을 참여시키고 지도해야 한다. 생산적인 프로젝트를 위해 학생에게 최대한 많은 책임감을 부여하고, 학생들이 프로젝트의 목표를 파악하고, 그들 자신의 배움에 대해 책임감을 가지도록 프로젝트 과정을 관리해야 한다. 이러한 실천을 '프로젝트 기반 교수법(project based teaching)'이라 정리할 수 있다." [22]

교사는 수업을 철저하게 디자인해야 하고 학생들에게 서서히 책임을 이양해야 한다. 낸시 프레이의 저서 〈피드백, 이렇게 한다〉에서 점진적 이양에 대한 설명을 다음과 같이 하고 있다. "학습에 대한 책임의 점진적 이양(gradual release of responsibility, GRR)을 표방하는 GRR 수업 프레임워크는, 인지적 활동의 방향이 교사의 시범 보이기에서, 교사와 학생의 상호 책임을 거쳐 학생의 독자적 실행과 적용으로 점진적이고 의도적으로 이동해야 한다고 본다. 이 모델에서는 '교사에게 부과됐던 과제 수행의 책임이 학생들이 모든 권한을 갖는 방향으로' 전환된다." '목적 확립, 교사 시범, 안내식 지도(질문, 길잡이 정보, 단서), 생산적 모둠활동, 독자적 과제 수행'의 점진적 이양 단계를 따를 것을 제안하는데 이 순서를 꼭 따르라

---

22   존 라머 외, 〈프로젝트 수업 어떻게 할 것인가〉, 지식프레임 (2017)

는 것이 아니라 이런 요소들이 포함되도록 수업을 구성하라는 것이다.

생산적인 모둠활동의 핵심은 개별 책무성(accountability)이다. 각 구성원은 상호작용을 바탕으로 자신만의 무언가를 생산해 내야 한다. 교육의 목표는 독자적으로 정보에 접근, 활용할 수 있는 평생 학습자를 양성하는 것이다. 따라서 모든 수업에는 배운 내용을 학생 스스로 적용해볼 수 있는 기회가 반드시 포함되어야 한다. 효과적인 형성평가 시스템은 '피드업: 어떤 목표를 향해 가고 있는가?, 피드백: 얼마나 잘하고 있는가?, 피드포워드: 다음 단계는 어떤 방향으로 나아가야 하는가?'로 이루어져야 한다. 프로젝트 수업이 아닌 일상 수업 속에서도 학생들이 배운 내용을 스스로 적용해 볼 수 있는 기회가 주어져야 한다는 것이다. 이 책에서 제시하고 있는 점진적 이양을 쓰기 평가 피드백에 적용해 본 적이 있다. 쓰기 결과물에 대한 피드백 시 교사가 개개인에게 구두나 서면으로 오류를 지적하는 것이 아니라, 모둠 내에서 학생들끼리 먼저 일반적인 오류 문장들을 수정해 보고, 교사와 함께 확인해 보고, 학생 스스로 자신의 오류를 수정하는 과정을 거치도록 하였다. 쓰기 평가 결과물이 하나의 형성평가로 기능하게 되는 것인데, 단순히 '너는 몇 점을 받았어. 이 부분이 틀렸어. 좀 더 열심히 해'가 아니라, 앞으로 어떤 방향으로 나아가야 하는지를 제시하려고 했다.

앞서 제시한 프로젝트 수업에서의 장면들도 우연에 의해 어쩌다 보니 그냥 일어난 현상이 아니라 교사가 철저한 계획하에 학생들이 과제에 몰입할 수 있는 프로젝트 상황을 만들었기 때문에 가능한 일이었다고 본다.

프로젝트 과정에서 그 단원에서 다루어야 할 성취기준, 핵심 지식과 역량이 제대로 녹아들 수 있도록 철저한 계획을 세우고 프로젝트 진행 과정에서 학생들에게 필요한 적절한 스캐폴딩과 피드백을 제공하고 학생들의 성찰을 이끌어내는 것까지 이 모든 것이 교사의 역할이다.

학생들의 자기관리 역량도 중요하다

매 차시 정해진 분량, 자신이 맡은 역할을 해내지 못하면 다음 차시 과업이 제대로 완성될 수 없고, 프로젝트 결과물도 제대로 나올 수가 없다. 지속적인 프로젝트 수업을 통해 분명 학생들의 자기관리 능력 또한 향상되는 것을 관찰할 수 있었다. GSPBL에서도 학생들이 길러야 할 핵심 성공역량으로 비판적 사고력과 문제해결력, 협업 능력, 자기관리 능력을 꼽고 있다. '학생들의 창의성이나 혁신적인 능력을 표현하도록 자극하는 것도 좋지만 그보다 더 중요한 것은 따로 있다. 모든 프로젝트가 반드시 갖춰야 할 것은 바로 학생들이 깊이 사고하며 문제를 해결하고, 다른 사람들과 일하며, 자신의 학습, 시간, 과업을 관리할 수 있도록 기회를 제공하는 것이다.'[23]

나도 격하게 공감하는 부분이다. 자기관리 능력 없이는 아무것도 이룰 수 없다. 스스로 학습을 계획하고 실행하는 습관이 형성되어 있지 않으면 프로젝트를 끝까지 완주해 낼 수 없다. 이 자기관리 능력이야말로 학생 주도성과 밀접한 관련이 있으며 이를 기르기 위해서는 성찰하는 힘이 바탕이 되어야 하겠다. 내가 프로젝트 진행 과정에서 학생들의 성찰을 강조하는 이유가 바로 거기에 있다.

---

23   존 라머 외, 〈프로젝트 수업 어떻게 할 것인가〉, 지식프레임(2017)

2

공감과 기여,
난민 프로젝트

무조건 수업 상황을 실제 세상과 연결하기만 한다고 해서 저절로 학생 주도성이 발현되는 것은 아니다. 학생들이 주어진 상황에 공감하지 않는다면 주도적인 움직임은 불가능하다고 본다. 내가 평소 학생들에게 가장 길러주고 싶은 역량 중 하나가 바로 '공감' 능력이다. 공감은 다른 사람의 입장이 되어서 그들의 관점에서 세상을 볼 수 있는 능력이다. 공감은 판단하려 들지 않고 다른 사람의 감정을 이해할 수 있게 해주며, 다른 사람의 상황을 고려한 의미 있는 변화를 이끌어낸다. 민주시민(총체적으로 잘 살기)으로서 갖추어야 할 가장 기본 덕목이 공감 능력이라고 생각한다. 나에 대한 공감을 바탕으로 내 주변의 문제점을 발견하고 함께 고민을 나누다 보면 협업 능력도 길러질 것이다. 문제의 해결책을 찾는 과정에서 문제해결 능력뿐만 아니라, 응용력, 창의성, 팀워크, 리더십 등 사회가 필요로 하는 다양한 역량 또한 자연스럽게 길러질 것이다. 학생 주도성 또한 타인에 대한 공감을 통해 길러질 수 있다고 생각한다.

공감이 바탕이 되었기에 프로젝트가 의미 있게 마무리 된 프로젝트 사례가 있어 소개하려고 한다. 난민에 대한 공감을 통한 인식 변화, 세상과 연결 짓기를 목표로 시작한 프로젝트였다. 학생들이 난민의 문제에 공감하고 그들을 돕기 위해 무엇을 할 것인지 고민해 보는 기회를 가지기를 바랐다. 앞으로의 사회는 다른 나라의 영향을 받지 않을 수 없다. 글로벌 시민으로서 국제 문제에 관심을 가지고, 여러 나라 문화를 이해하는 교육이 필요하다는 생각에서 이 프로젝트를 기획하게 되었다. 난민 문제에 관심을 가지고 그들의 상황에 공감하고 그들을 도울 방법에 대해 한 번쯤 생각해 보고 실천해 보는 것, 그렇지만 꼭 난민에 한정시키는 것이 아니라 우리 주변에 있는 약자의 입장을 공감하고 배려했으면 하는 생각이 더 컸다. 학교, 교실 안에서도 우리가 관심을 주고 공감하고 배려해야 할 대상들이 많다. 우리 아이들은 앞으로 다양한 문화권의 사람들과 어울려 살아가야 할 테니까 이런 경험들이 세상을 살아가는 데 큰 힘이 될 거라는 믿음에서 이 프로젝트는 출발했다. 난민 문제를 알리는 데 그치지 않고 수익금을 유엔난민기구에 기부하겠다는 목표도 세웠다. '난민'이라는 주제에 내가 관심을 가지게 된 것은 'On the Move Activity'를 알게 된 것이 계기가 되었다.

"난민이 된다면 너무 힘들 것 같아요!"

'On the Move Activity'란 어린이, 청소년들이 안전을 찾아 떠나는, 난민 가족의 여정을 따라가 볼 수 있게 구성되어 있는 활동이다. 학생들로 하여금 협력하고, 토론하고, 공유하게 함으로써 난민들을 이해하고 그들이 처한 상황에 대해 공감할 수 있도록 도와주는 활동이다.

여섯 명의 학생으로 이루어진 모둠을 구성하고, 그림과 상황 설명 및 각 단계에서 해결해야 하는 미션을 제시한다. 각 단계별 주어진 시간 동안 미션을 해결하고, 미션 해결 후 다음 단계로 이동하는 방식으로 활동이 진행된다.

여러 단계 중에서 특히 기억에 남는 장면이 있다. 6명 가족 중 4명만이 보트에 탈 수 있는 상황이 있었는데 가족의 선택을 받지 못한 2명을 교실 밖으로 내보냈었다. 보트에 타지 못하는 상황을 실감하게 하기 위해서였다. 활동 후 비록 체험이었지만 가족들에게 버림받았을 때 슬펐다는 학생도 있었다.

다음은 학생들이 밝힌 활동 소감이다.

신○○   난민들은 생각보다 어렵고 힘든 일에 처해있고, 이번 활동을 통해서 그들의 감정을 느껴보고 내 지난 행동들에 대해서 반성하는 계기가 되었다. 혹시 나중에 우리가 피난을 가게 될 경우 현명하게 행동해야겠다. 또 그 난민들의 어려움을 항상 잊지 않고 살아가야겠다.

고○○   이 난민 체험을 해보니까 물론 우리는 웃으면서 금방금방 고민했지만 정말 난민이라면 너무 힘들어 스트레스를 받을 것 같다. '가족'이라는 공동체가 이탈하고 잃어버렸을 때는 얼마나 슬플까. 마음이 아프다. 이 활동 후 별생각 없던 난민들에게 조금이나마 공감을 할 수 있게 되었고, 정말 난민이 된다면 너무 힘들고 나는 못 이겨낼 것 같다. 난민들을 응원해 주고 싶다.

학생들이 작성한 성찰일지를 통해 학생들이 간접적으로나마 난민의 상황을 체험해 보고 그들의 상황에 공감한 것을 관찰할 수 있었다. 이런 공감이 프로젝트 진행 과정에서 학생들을 주도적으로 움직이게 한 동기가 되었다고 생각한다.

난민 프로젝트 진행 과정은 다음과 같다.[24]

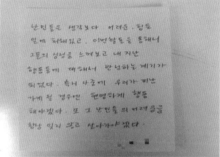

1. On the Move activity

2. 난민 관련 용어 정리 및 자료 수집

3. 이메일 작성하고 보내기

4. 난민을 돕자는 캐치프레이즈 만들기

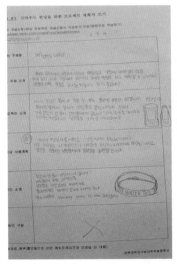

5. 크라우드 펀딩 개설 신청하기

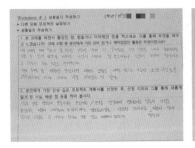
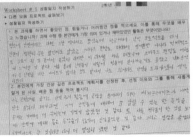

6. 성찰일지 작성하기

7. 유엔난민기구 한국 담당자와의 만남

"펀딩 수익금 난민기구에 기부할 거예요."

프로젝트 진행 팁 중에 하나가 도입 활동을 유의미하게 하는 것인데, 난민 프로젝트를 기획하면서 용기를 내어 유엔난민기구에 도움을 요청했다. 이메일을 보내 학생들과 난민 프로젝트를 할 것이란 걸 알렸다. 유엔난민기구에서 프로젝트 시작 전 수업에 도움이 될 만한 책자와 리워드 상품 등의 예시를 보내주었다. 프로젝트 종료 시기에는 담당자가 학교를 직접 방문해 학생들을 격려하고 질의응답하는 시간을 가지기도 했다. 유엔난민기구에서 학교 방문을 한다는 사실을 알고 학생들이 무척 기뻐했다. 이런 요소가 학생들이 긴 호흡의 프로젝트를 끝까지 마무리할 수 있도록 독려하는 역할을 했다고 생각한다.

유엔난민기구[25]에 앞으로 난민 문제에 관심을 가지고 도움을 주겠다는 실천 의지를 담은 글쓰기, 이메일 쓰는 법, 난민 관련 다양한 표현들을 익히도록 했다. 'What does it mean to be a refugee?' 라는 TED-Ed 영

---

24   활동지와 영상 참조 https://www.youtube.com/watch?v=ku6YwcfuZec
25   유엔난민기구 공식 이메일 주소 donors@unhcr.org

상[26]을 통해 난민 관련 영어 표현에 익숙해지도록 했고 유튜브 채널, 구글 검색, 유엔난민기구 사이트 등을 통해 난민 관련 자료를 학생들이 직접 조사하게 했다. 단계별 프로젝트 결과물(이메일 작성, 영어 캐치프레이즈, 펀딩 개설 신청서)이 완성되고 난 후에는 교실 안에서만 공유하고 그치는 것이 아니라, 유엔난민기구 본부에 직접 영어로 이메일 보내기, 영어로 캐치프레이즈 작성하여 만든 홍보 영상 유튜브에 게시하기, 크라우드 펀딩 개설서를 국문, 영문으로 작성한 후 실제로 네이버 해피빈 사이트에 펀딩 개설 신청하기 등 실생활에 그대로 적용할 수 있도록 했다. 난민 돕기에 시민들의 동참을 이끌어낼 수 있도록 캐치프레이즈를 만들어 짧은 영상으로 제작하였다. 단지 난민은 불쌍한 사람, 도와주어야 하는 사람이 아니라 우리와 같은 인간으로서 존중받아 마땅하며 단지 우리나라에 온 손님이니 두려워하지 말고 그들이 안전하게 있다가 자기 나라로 돌아갈 수 있도록 격려해 주자는 메시지가 많았다.

실제로 자신들이 난민들을 도울 수 있다는 전제에서, 수익금을 기부한다는 사실에서 학생들이 몰입할 요소가 충분했다고 본다. 이런 활동들을 통해 학교 수업이 교실에만 머무는 것이 아니라 실제 세상과 연결되어 있다는 것, 자신들이 세상에 긍정적인 영향을 미칠 수 있다는 것을 깨달았을 것이다. 그런 연결됨을 느꼈기에 학생들이 수업에 더욱 몰입할 수 있었다고 생각한다.

---

26 https://ed.ted.com/search?utf8=%E2%9C%93&qs=refugee

실패한 프로젝트는 없다!

프로젝트가 늘 계획한 대로만 흘러가는 것은 아니다. 프로젝트 진행 과정에서 어려움도 있었다. 난민에 공감을 바탕으로 Letters of Hope[27] 사이트를 통해 난민들에게 희망 메시지를 직접 전달하도록 계획했다. 처음 의도와는 달리 이 사이트에는 글자 수 제한이 있어 100-150단어로 학생들이 작성한 내용을 모두 담을 수가 없었다. 난민에 대해 조사하는 과정에서 알게 된 '욤비 토나' 교수와 난민 친선 대사인 '정우성' 씨에게 이메일을 보내고 싶다는 아이들도 다수 있었으나 그들과 연락이 닿을 방도가 없었다. 고민 끝에 모든 학생들이 유엔난민기구에 자신의 다짐을 적은 이메일을 보내기로 했다. 유엔난민기구에서 학생들의 메일이 폭주한다고 불평이라도 하면 어떡하나 걱정이었다. 하지만 다행스럽게도 자동응답시스템이 마련되어 있어 모든 학생들이 유엔난민기구로부터 감사하다는 답장을 받을 수 있었다. 이런 걸 전화위복이라고 하나 보다. 답장을 받고 학생들이 신기해하고 뿌듯해했다. 나중에 유엔난민기구 한국 담당자에게 전해 듣기로, 유엔난민기구 본부에서 한국의 많은 학생들로부터 격려의 이메일을 받고 기뻐했다는 소식을 들었다. 그 소식에 내가 더 기뻤다.

모둠별로 네이버 해피빈 사이트에 펀딩 개설 신청을 하였으나 한 건도 승인이 나지 않았다. 학생들의 수업 과정을 영상으로 제작하고 설명을 덧붙여 내가 다시 시도하였으나 역시나 승인이 나지 않았다. 한 건이

---

27 https://c11.kr/af3u

라도 성공해서 펀딩이 진행되었다면 참 좋았겠지만 이런 도전을 통해서 학생들이 분명 깨달은 것이 있을 것이라고 믿는다. 학생들이 펀딩 개설 신청을 하기 위해 생각해 낸 리워드 상품 중 괜찮은 아이디어들은 유엔 난민기구에 추천하기도 했다.

비록 해피빈 펀딩 개설은 실패했지만, 수익금 기부에 대한 의지를 꺾지 않고, 11월 학교 축제 때 아나바다 장터 부스를 운영했다. 물품은 각반 학생들과 교사로부터 받았다. 들어온 물품들은 책, 문구, 구두, 가방, 의류, 생활용품 등이었다. 부스 운영은 영어 원어민 교사, 영어 수업 담당 교사들, 체인지메이커 기자반 동아리 학생 아홉 명이 함께 했다. 학생들이 물품을 종류별로 분류하고 가격 책정과 판매를 담당했다. 인기 있는 물품은 몇 초 만에 팔리기도 했는데 가격을 좀 더 높게 책정할 걸 하고 아쉬워하기도 했다. 주로 인형과 문구가 잘 팔렸고, 옷과 신발은 끝까지 팔리지 않았다. 남은 물품들은 봉사 단체에 기부를 했다. 부스 운영에 필요한 몇 가지 기념품을 유엔난민기구에서 지원해 주었다. 기념품을 나눠주는 방식도 학생들과 의견을 나누었다. 구입 금액에 따라, 이벤트 참여도에 따라 기념품을 지급하기로 했다. 영어 원어민 교사에게 미리 퀴즈를 내달라고 부탁을 했고, 난민 관련 표현을 영어로 내고 맞추는 학생에게는 기념품을 제공했다. 교과 시간에 배운 내용이 부스 운영 활동에도 연계되도록 나름 고심한 활동이었다. 프로젝트 시작할 때의 목표대로 수익금은 유엔난민기구에 전달했다.

이렇듯 각 단계별로 우여곡절이 있었지만, 실패라고 생각하지 않고 새로운 시도를 통해 학생도 나도 배우고 성장하는 기회가 되었다고 생각한다. 학생들이 처음에는 부스 운영을 꼭 해야 하냐고 왜 하냐는 반응이었지만 부스를 준비하고 운영하는 과정에 즐겁게 기꺼이 참여하는 것을 보고, 교사가 어떤 경험과 환경을 제공하느냐에 따라 학생들의 태도가 달라질 수 있음을 절감했다. 아나바다 장터 부스 운영을 맡은 학생들 구성을 보고 선생님들은 우려를 금치 못했다. 수업 시간에 수업 내용을 아예 이해하지 못하거나 전혀 참여하지 않는 학생들 위주로 구성되어 있었기 때문이다. 하지만 그런 우려를 뒤로 하고 우리 동아리 학생들은 훌륭하게 부스 운영 준비를 마쳤다. 수업 시간에 참여도가 낮은 학생도 모둠 구성원을 보니 자신이 아니면 아무도 안 할 것 같다고 생각했는지 자진해서 홍보 포스터를 만드는 데 참여했다. 포스터의 질은 그리 중요한 문제가 아니었다. 무기력하던 학생이 무언가에 집중하는 모습을 본 그 순간의 감동을 지금도 잊을 수 없다.

난민 프로젝트 진행 후 학생들이 남긴 소감을 몇 가지 정리해 보았다.

김○○   평소에 난민이라고 하면 그냥 지나치고 말았는데 학교에서 난민 프로젝트를 하니 난민이 정확히 무슨 말인지도 알았고 크라우드 펀딩도 해봐서 영어뿐만 아니라 전체적으로 도움이 된 것 같아서 좋았다. 이를 통해 난민들이 이렇게 힘들게 살아가는지 몰랐는데 조금이라도 난민을 도와야겠다고 생각했다.

서○○   난민 문제를 알리고 난민 돕기 활동에 동참을 끌어내기 위한 캐치 프레이즈가 가장 인상 깊었다. 왜냐하면 이게 난민들에 대해서 잘 알릴 수 있는 한 문장을 꾸미는 거여서 더 꾸미는 게 기억이 남았던 것 같다. 또 다른 친구들이 한 것을 보니까 난민에 대해 좋은 문장들이 많아서 인상 깊었던 것 같다. 그리고 영상을 촬영하여 홍보 영상으로 쓸 것이라고 하니 더 열심히 했던 것 같다.

박○○   난민이 무엇인지 알게 되었고 그들이 어떤 상황에 있는지 알게 되었다. 재미있었던 활동은 처음 영어 시간에 내가 직접 난민이 되어 보는 활동이 가장 재미있었다. 우리나라 사람들도 난민이던 시절이 있었다는 것, 언제든 난민이 될 수 있다는 것을 알게 되었다.

최○○   난민 체험으로 작게나마 난민의 입장이 되어볼 수 있어서 좋았고 이번 활동 시작 전에 유엔난민기구에서 보내준 물품도 보게 되어 좋았다. 다만 펀딩 개설을 처음 해보고 리워드 상품 구상도 처음 해보는 일이라 조금 어려웠다.

송○○   리워드로 감사 메일을 보내겠다고 한 4조의 프로젝트 계획서가 마음에 들었다. 리워드 상품이 꼭 물건이 아닌 감사의 마음을 표현한다는 점이 신선했고 감사한 마음은 꼭 물건으로만 갚지 않아도 된다는 것을 배웠기 때문이다.

학생들의 성찰에서도 볼 수 있듯이 난민의 상황에 공감을 하고 시작한 프로젝트였기에 중간에 우여곡절이 있었지만 의미 있게 마무리 할 수 있었다. 여러 프로젝트를 진행하는 과정에서 나는 세상에 실패한 프로젝트는 없다는 믿음을 가지게 되었다. 예상치 못한 과정을 거치게 되더라도 그 경험을 통해 반드시 느끼고 깨닫는 점이 있게 마련이다. 인생은 프로젝트의 연속이다. 문제를 해결하기 위한 과정, 프로젝트를 실행하기 위한 과정이 곧 삶이라고 생각한다. 그런 의미에서 다양한 프로젝트 수업을 경험한 학생들은 그만큼 현실에서 주어진 문제를 해결해 나갈 힘을 기를 수 있다고 생각한다. '총체적으로 잘 살기' 위한 힘, 살아가는 힘을 길러주는 것이 교육의 목표라고 봤을 때 세상에 긍정적인 영향을 끼치는 것, 주변 상황과 사람에 공감하기는 학생들의 주도성을 이끌어내는 핵심 요소라고 생각한다. 그림에서 보듯이, 학생들이 총체적으로 잘 살기 위해 학생 개개인의 고유성과 잠재력을 개발함과 동시에 변화를 주도하기 위한 세계와의 만남도 필요하다. 학교의 역할이 바로 학생들에게 다양한 경험을 제공하는 것이라고 생각한다. 지금 현재 학생들이 가지고 있는 모습 그대로 사회에 기여할 수 있는 경험을 제공하는 것이 학생들이 삶을 주도적으로 살아가는 힘을 기르는데 큰 도움이 될 거라 확신한다.

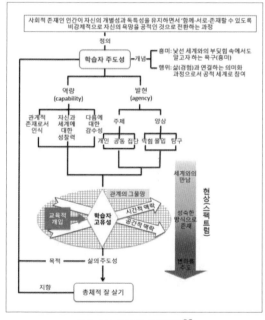

학습자 주도성의 개념 지도[28]

교사의 협업도 중요하다

프로젝트 진행 시 학생들의 주도성을 이끄는 데 교사들 간의 협업도 중요함을 이야기하고 싶다. 보통 한 학년을 두세 명의 교사가 나누어 가르치게 된다. 난민 프로젝트를 진행하던 당시 두 반을 섞어서 셋으로 나누어 분반 수업을 진행했다. 동 학년 두 분과 수업을 맞춰서 해야 하고 내가 디자인한 프로젝트이다 보니 주도적으로 해야 하는 상황이라 부담이 되기도 했다. 혼자 하는 수업이면 계획에서 조금 어긋나도 적절하게 수정해 나가면 되는데, 계획대로 진행되지 않을 때면 다른 두 분에게 혼란을 주고 있지는 않나 하는 걱정이 들기도 했다. 그러나 프로젝트를 진행하는 과정을 그때그때 공유하고 이후 계획을 함께 고민하고 만들어 나가면서 그만큼 좋은 아이디어가 나왔다. 서로 앞다투어 참고자료를 찾고 좋은 자료가 있으면 추천하는 등 프로젝트를 진행하는 데 도움이 되었다. 학생들 못지않게 선생님들이 프로젝트를 통해 난민 문제에 대해 관심을 가지게 되었고 관련 기사나 책, 자료 등을 많이 알게 되었다. 늘 학생들에게 협업을 강조하는데 난민 프로젝트 진행 과정을 통해 교사들 간에도 협업이 일어났다. 프로젝트를 통해 학생들만 성장하는 것이 아니다. 프로젝트를 디자인하고 진행하는 과정에서 교사 또한 성장한다. 주도적인 학생을 길러내기 위해 교사가 먼저 주도적이어야 한다. 솔선수범이 최고의 교육이기 때문이다. 참고로 내가 학교를 옮기고 나서도 난민 프로젝트는 그 학교에서 매년 지속해서 진행한다.

28　남미자 외, 〈학습자 주도성, 미래교육의 거대한 착각: 교사 없는 학습은 가능한가?〉, 학이시습(2021)

(3)

상호작용의 힘,
1001 스토리 프로젝트

학생들이 만든 책이 세상을 변화시킬 수 있다면

난민 프로젝트를 진행하던 시기 원어민 수업 시간을 활용하여 'My Life' 영어 원서를 읽고 이주민의 어려움에 대해 공감해 보도록 하고, My Life를 주제로 학생들이 본인의 이야기를 책으로 만들기도 했다.

이후에도 '1001 스토리 프로젝트[29] (1001 Stories Project)'를 꾸준히 진행하려고 노력하고 있다. 최근에는 〈Don't Blame Adam〉이라는 아프리카

---

[29] 1001 스토리는 이 세상 여러 나라의 학생들이 다양한 삶 속에서 느끼고 얻은 자신만의 이야기들을 모아 책으로 출간하는 프로젝트이다. 이 프로그램은 전 세계 수많은 봉사자가 'Seeds of Empowerment'라는 국제 교육봉사재단을 통해 참여하고 운영되고 있다. 여기에 소개되는 이야기들은 모두 평화, 용서, 화해, 노력의 결실, 교육의 중요성 등 이 시대를 살아가는 학생들에게 희망과 지혜가 될 만한 내용을 바탕으로 하고 있다. 또한 이 책들은 전 세계 여러 나라 언어로 번역되어 학교, 도서관, 인터넷을 통해 배포되고 있으며, 특히, 글로벌 파트너십을 통해, 전 세계 6백만 어린이들에게 전달되고 있다.

가나 학생이 쓴 책을 한국어로 번역하고 학생 한 명 한 명이 각 장면에 어울리는 그림을 직접 그려 그림책을 완성하였다. 그림을 잘 그리고 못 그리고를 떠나 모든 학생의 그림을 책에 넣으려고 하다 보니 반별로 한 권씩 총 4권의 책이 나왔다. 중학교 1학년 학생들이고, 알파벳도 헷갈리는 기초학력이 부족한 학생들이 완성한 것치곤 대단하다는 담임 선생님들 반응이었다. 스토리를 창작하는 것이 아니라 번역이었기에 쉽게 접근할 수 있지 않았나 싶기도 하다. 추후 학생들 각자가 자신의 이야기로 그림책 만드는 작업도 진행해 보려고 한다. 현재 근무하고 있는 학교에 다문화 학생 비율이 높고 외국인 학생들도 있어 1001 스토리 프로젝트 취지에 맞게 대한민국 10대들의 삶을 나누는 것도 충분히 가치가 있다고 생각하기 때문이다.

학생들이 쓴 북 리포트
_주인공에게 편지쓰기

학생들이 만든 My Life 책

멕시코 소녀가 쓴 'My Life'

학생과 교사의 상호작용

앞서도 설명했듯이 프로젝트 수업 도입 활동에서 실제성을 부여하여 학생들이 프로젝트에 의미를 부여하게 하는 것이 학생들의 주도성을 이끄는 데 큰 도움이 된다. 이번 프로젝트도 책 번역 작업에 바로 뛰어든 것이 아니라, 1001 스토리 프로젝트의 취지[30]를 설명하고 학생들이 읽게 될 책의 내용과 관련된 배경지식을 먼저 다루었다. 작품에 관한 배경지식을 다루기 전 원어민 선생님이 남아프리카 공화국 부족에 대한 설명을 했다. 번역할 작품의 배경과 함께 원어민 교사에 대해 학생들이 알 수 있는 기회가 되었다. 남아프리카 공화국 열 개 부족에 대한 정보를 이미지와 영상 등으로 제공하였는데 학생들 반응이 나쁘지 않았다. 자신의 고향 이야기에 아이들이 긍정적인 반응을 하는 것을 보고 원어민 선생님도 뿌듯해했다.

그림책은 '미리 캔버스'라는 온라인 툴로 먼저 작업을 하고 완성본을 인쇄소에 맡겨 실제 그림책으로도 제작을 했다. 아이들에게 실물 책을 한 권씩 나눠주면서 우리끼리 출간기념회도 했다. 미리 캔버스로 작품을 보여줄 때도 "선생님, 선생님, 제가 그린 그림 좀 보여주세요! 저 잘 그렸죠? 제 그림 두 장이나 들어갔네요!"라며 좋아하던 아이들이 실물 책을 받아 들고서 환호를 했다. 책을 받자마자 코 박고 자신이 그린 페이지를 먼저 찾아보는 모습에 미소가 절로 지어졌다. 단체 사진을 찍기 위해 교실 앞쪽에 모여 앉게 했는데 수업 시간 내내 그렇게 앉아서 계속 책

---

30   폴 김, 스탠퍼드대학교 교육대학원 부학장 겸 최고기술경영자가 설명하는 1001 스토리 프로젝트 https://www.youtube.com/watch?v=ql2XPN14XOI

을 읽자고 하는 학생들이 참 사랑스러웠다. 당장은 하기 싫고 힘들더라도 그 과정을 견디고 온전한 결과물을 완성하는 경험을 한 번이라도 하고 나면 다른 과업도 참고 견딜 힘이 학생들에게 생긴다고 믿는다. 그 과정을 거치고 나면 또 하나의 결과물이 나오리라는 것을 예상할 수 있기 때문이다.

완성된 책을 넘겨보면서 자신이 그린 그림을 찾아보며 뿌듯해하고 자랑하거나, 결석으로 인해 자신의 그림이 빠져 있어 아쉽다는 아이들, 실물 책을 손에 들고 자연스럽게 낭독을 하자고 제안하는 아이들의 모습을 보며 이런 실제적인 결과물을 통해 아이들의 주도성을 끌어낼 수 있음을 다시 확인했다. 역시나 이번 프로젝트에서도 '그림책'이라는 '공개할 결과물'과 1001 스토리 프로젝트를 통해 전 세계 사람들에게 자신들이 만든 책이 읽힌다는 '실제 청중'을 상정하고 실제 세상과 연결 지었기에 학생들의 주도성을 이끌어낼 수 있다고 생각한다. 앞서 소개한 다른 프로젝트들도 마찬가지지만 이번 프로젝트에서 한 가지 더 강조하고 싶은 것이 있다.

학생과 학생의 상호작용

그림책 완성 후 자신이 맡은 문장을 읽고 녹음하여 오디오북을 만들기로 했다. 한 명도 빠짐없이 오디오북 녹음에 참여하게 했다. 영어 발음이 서툰 학생들은 친구에게 도움을 요청하거나, 번역기 등을 활용해 단어의 발음을 한국어로 적어가면서 읽는 연습을 했다. 그 장면을 보고 또래 집단 안에서 자신이 맡은 역할이 있으면 어떻게든 참여하려고 하는

구나 싶었다. '개인 프로젝트라면 저렇게까지 했을까? 점수에 반영되는 것도 아닌데, 반 전체가 참여하는 프로젝트이다 보니 친구들에게 피해를 주지 않기 위해서 최선을 다한 것이 아닐까?' 라는 생각이 들었다. 학생들은 이렇게 서로 영향을 주고받으며 배운다. 반 전체 결과물에 자신이 한 페이지라도 기여한다는 그 사실이 아이들을 움직이게 한 요인 중 하나였다고 본다.

'학습자는 흥미 있는 문제를 접하게 되면 스스로 탐구하고 사고하는 방법을 배우게 된다. 교육은 아동의 경험 과정을 돕는 것이며 아동의 성장은 경험의 부단한 재구성이고 인간의 활동성과 환경과의 상호작용에서 나온다.' 의도하지는 않았지만 존 듀이가 일찍이 말한 이 내용을 우리 아이들이 증명해 주고 있는 듯하다.

그림책 번역 장면

오디오북 녹음 중 (영어 발음을
한글로 표시해서 준비한 성의에 감동)

남아프리카 공화국 소개 자료 중 일부

그림책 실물

우리끼리 출간기념회

1001 스토리 프로젝트
진행 과정

<Don't Blame Adam>
미리캔버스 완성본 예시

4

문제발견과 실행,
어!벤처스 프로젝트

"나의 행동이 세상을 바꿀 수도 있다는 걸 깨달았어요"

같은 학년에서 여러 교과가 함께 주제통합 프로젝트 수업으로 체인지
메이커 프로젝트 수업[31]을 진행한 적이 있다. '여러분들이 변화시키고
픈 문제는 뭔가요?' 아예 주제부터 학생들에게 열어놓고 시작한 프로젝
트였다. 국어과에서 토의를 통해 각 모둠별로 문제를 찾고, 국어과에서
발견한 문제가 진짜 문제인지(다른 사람들도 문제라고 여기는지)를 수학과에
서 설문과 통계를 활용해 점검하게 했다. 미술 시간에 시각 자료를 만들
어 공감 캠페인 활동을 하고 다시 국어 시간에 건의문 쓰기 형식을 배운
후 교장 선생님과 학생부장 선생님을 대상으로 제안서를 작성했다. 제

---

31   최선경 외, 〈체인지메이커 교육〉, 테크빌교육(2018) 참조.

안서, 통계 자료, 공감 캠페인 자료를 동료평가 한 후 반별 우수 아이디어는 교장 선생님 앞에서 직접 발표하기도 했다. 이때 나온 아이디어 중 '하루라도 교복 안 입고 싶어요'라는 주제가 선정되어 실제로 '사복 데이'가 지정되기도 했다.

어!벤처스 프로젝트에 대한 아이디어는 내가 제안했으나 영어과 특성상 학생들의 활동 과정에 대한 성찰을 영어로 표현해 보는 것으로 만족해야 했다. 나머지 수업들은 국어, 미술, 수학과에서 진행을 했어야 했는데 체인지메이커 수업을 처음 진행해 보는 분들이라 시작 전에는 걱정이 많았지만, 막상 프로젝트가 마무리되고 나서는 선생님들 반응도 좋았다. 특히 프로젝트 진행에 메인 역할을 한 국어 선생님의 소감문을 읽고 나도 덩달아 뿌듯함을 느꼈다.

"1학년 학년 연계 주제 중심 통합 교육과정 재구성 수업을 체인지메이커 프로젝트로 설정하고 학교 및 학교 주변의 문제점을 스스로 찾아내고 개선하는 활동을 하는 PBL 활동으로 디자인하였다. 그중 국어과가 담당한 것은 문제점을 스스로 찾아내는 토의하기 및 학생들이 찾아낸 문제점을 개선하기 위해 담당하는 교사나 교장 선생님, 생활지도부장님에게 건의하는 제안서 쓰기였다. 토의 시작 전 마음 카드를 활용하여 토의 규칙을 스스로 정하게 하였으며 이를 학급에 게시하여 늘 마음에 새기도록 하였다. 학생들이 학교에 대해 갖고 있는 불만은 대체로 대동소이하여 이를 토의 주제로 이끌어낼 때 교사의 역량이 필요하였으며, 단순히 토의하라고만 하면 아무도 의견을 내지 않을 경우가 많아 각자 자신이 말할 분량을 정하여 주기 위하여 '거꾸로교실' 수업에서 주로 활용되는 '말하기 칩'을 활용한 수업을 실시하였다. 모둠활동에서 무임 승차하는 학생이 없으니 활동 결과도 대체로 만족하였고, 이를 수학과, 미술과가 이어받아 수업을 하니 학생과 교사의 수업 부담을 덜면서 다양한 수행 평가를 실시할 수 있어 학생의 창의력 증진에 큰 도움이 되었다고 생각한다. 토의 후 실제로 제안서를 교장 선생님에게 발표하고 답변을 들은 학생은 자신의 행동이 세상을 바꿀 수도 있다는 주인의식을 갖게 되었다는 소감을 남겼다. 교사로서 뿌듯한 순간이었다."

학생-교사 간 상호작용, 교사의 협업, 학교장의 지원이 이끌어낸 결과

자신이 낸 아이디어가 받아들여진 학생은 어떤 기분이 들었을까? 이 프로젝트에서 학생들의 주도성은 어디에서 왔을까? 자신들이 건의한 문제가 실제로 채택되어 학교 시스템을 바꿀 수도 있겠다는 기대에서 오지 않았을까? 누군가에게 어딘가에 쓰임이 있고 영향을 줄 수 있다는 인식이 학생들을 조금이라도 더 적극적으로 움직이게 했다고 믿는다. 거기에 덧붙여 교장 선생님과 학생부장 선생님의 지원과 교사 간의 협업이 없었다면 이 프로젝트는 제대로 마무리되지 못했을 것이다. 국어과에서 토의를 통해 모둠별 주제를 선정한 후 수학과에서 통계 자료를 만들고 이후 미술과에서 공감 캠페인 자료를 만들고 국어과에서 다시 건의문을 만드는 과정에서 반별로 어느 정도 프로젝트가 진행된 상황인지 등에 대해 동 학년 교사들이 끊임없이 이야기를 나눠야 했다. 내가 단독으로 교과 시간에 진행한 프로젝트에 비해 결과물 퀄리티도 높았고 학생들이 적극적으로 참여했다. 여러 교사가 한 가지 메시지를 일관되게 전하고 지지와 응원을 보냈기 때문이리라.

교장 선생님의 역할도 컸다고 본다. 학생들의 제안서를 직접 들어주고 답변을 준 것, 아침 시간 공감 캠페인을 할 수 있는 허용적인 분위기를 조성한 것, 학생들의 제안을 받아들여 학칙에 반영한 점 등 학교장의 지원이 없었다면 이 프로젝트는 성공적으로 마무리되기 힘들었을 것이다.

어!벤처스 프로젝트 안내문

교장 선생님 앞에서 제안서 발표하는 장면

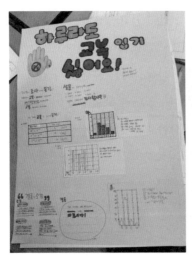

어!벤처스 프로젝트를 통해 학생들의 제안으로 사복 데이 지정

이렇듯 학생 주도성은 학생 개인의 성향, 구조화된 수업 디자인, 개별 교사의 의지 외에도 동 교과 동 학년 선생님들의 협업, 학교장의 지원, 학교 환경 등의 요인이 복합적으로 작용한다고 볼 수 있겠다. 학생의 의사를 존중하고 선택권을 줘야 학생의 주도성을 이끌어낼 수 있듯이 교사들의 의견을 적극적으로 반영해야 교사의 주도성이 발휘될 수 있을 것이다.

프로젝트 수업을
지속하게 하는 힘은 어디에서 올까?

내가 언급한 프로젝트 수업 사례들은 여러 관점으로 정리될 수 있겠지만 수업의 과정 또는 결과물이 누군가에게 쓰임이 있을 때 즉 자신이 누군가에게 영향력을 미치고 있다는 점을 깨달았을 때 학생들이 적극성을 띠는 장면들이라 볼 수 있다. 실제 세상의 문제에 자신이 조금이라도 영향을 미칠 수 있다는 깨달음을 통해 학생들의 주도성이 길러질 수 있다고 믿는다. 영어 교과의 특성상 아무리 좋은 아이디어가 있어도 영어로 말하거나 써야 하는 표현 단계에서 학생들의 영어 실력이 모국어 실력에 훨씬 못 미치기 때문에 이 과정에서 학생들이 힘들어하는 장면을 자주 목격하게 된다. 특히 몇 년간 중학교 3학년을 가르치다가 1학년 수업을 할 때나 학교 환경상 전반적인 학생들의 기초학력이 낮을 때 새삼스레 벽을 느끼곤 한다. 학생들의 기본 어휘나 문장 구성 수준이 예상보다 낮은 것을 보고 수업을 진행할 때 교사로서 좌절할 때도 있다. 하지만 여러 번 프로젝트를 진행한 경험을 바탕으로 1학년이라고 시도하지 못할 것도 없고, 꼭 영어로 말하고 써야 한다는 제약에서 벗어난다면 충분히 다양한 활동을 할 수 있다는 믿음이 생겼다. 프로젝트 수업이 아니었으면 해당 학년 수준에서 익힐 수 없을 어휘도 프로젝트를 진행하는 과정에서 꼭 필요한 단어라면 학생들이 얼마든지 사전에서 찾아 익힐 수 있었다. 비록 100% 영어로 쓰거나 말할 수 없더라도 그 과정에서 학생들의 사고력, 응용력, 문제해결력, 정보처리 능력 등이 충분히 발달했을 것이라 믿는다.

몇 해 전의 일이다. 처음에 6차시로 계획했던 프로젝트가 10차시 이상으로 길어졌다. 영어 표현도 표현이지만, 그림을 그리고 책으로 만드는 과정에 많은 시간이 할애되는 것이 아닌가 하는 반성이 들 때쯤이었다. 그저 활동지에 스크립트를 작성할 때는 보지 못했던 정성스런 모습을 보고 결과물의 중요성을 다시 한 번 깨달았다. 그림책 제작과 오디오북 제작 과정에서 영어 문장을 완벽하게 만들려는 의지를 보이는 학생들이 많았던 것이다. 프로젝트 수업을 진행하다 보면 이처럼 평소 수업에는 무기력하던 학생들이 주도적으로 참여하는 장면을 자주 목격하게 된다. 평소 수업 시간에 무기력하게 앉아 있던 학생들이 내가 집에서 가지고 온 동화책을 열심히 읽고 서로 읽어주기까지 하는 장면이 기억난다. 친구들이 만든 책을 즐겁게 읽으며 피드백 주는 데 몰입하는 장면을 보고 그저 흐뭇하기만 했다. 다양한 형태의 책을 만들게 하려는 의도를 가지고 있던 때라, 최대한 많은 영어 동화책을 교실로 가져가 보여주기 위해 이동식 카트까지 구입했다. 학생들이 내가 집에서 가져온 동화책을 집중해서 읽고 즐거워하는 모습을 보니, 집에서 책을 끙끙거리며 가지고 오느라 힘들었던 고단함이 뿌듯함으로 바뀌었다.

평소에는 무기력하기만 하던 아이가 다른 조원이 쓴 글에 맞게 그림을 그리고 색을 입히기도 했다. 그 학생이 그렇게 몰입하는 장면을 보는 것은 드문 일이었다. 영어로 쓰고 말하지 못하면 어떤가. 이렇게 한 가지에 몰입하는 경험이 언젠가는 다른 일에 몰입하는 힘으로 연결될 거라 믿는다. 동화책을 먼저 완성한 모둠은 동화 구연 연습을 한 후 영상으로 찍어 올리도록 했다. 복도 여기저기서 읽는 연습을 하고 여러 번 NG를 내며 잘 찍으려고 노력하는 모습이 기특했다. 대충 녹음해서 제출해도 될 일인데, 완성도를 높이기 위해 노력하는 그 모습이 가상했다. 이런 장면들, 아이들과 내가 만들어가는 에피소드들이 짧게는 6차시, 길게는 10차시 이상 지속되는 프로젝트를 계속 진행하게 하는 힘이다.

그림책 고르는 중

동화책 서로 읽어주기

글에 맞는 그림 그리는 중

그림책 녹음 중

3장

-

학생 주도성이 발휘되는
수업과 존중의 문화

1

교사의 지원과 돌봄은
학생 주도성 발현의 밑거름

교직 생활이 어느덧 20년을 훌쩍 넘어버렸다. 그 세월 동안 담임으로, 교과담당으로, 업무담당자로서 여러 역할을 수행했다. 여러 역할 중에서 가장 뿌듯하기도 하고 가슴을 울리기도 하는 일은 담임교사의 역할이었다. 담임교사로 학생들과 생활하면서 나는 교사로서 그리고 인격체로서 성장했던 것 같다. 중견교사로 학생 생활지도나 교과, 진로 지도에 어느 정도 자신감과 확신을 가지고 있을 즈음 담임반에서 지혜를 만났다.

그해 나는 오랜만에 여학생반을 맡았고 진로 지도에 관심을 갖고 학생들을 지도하고 있었다. 지혜는 공부를 잘해도 교과 시간이나 학급에서 존재감이 없는 친구였으며 다른 사람 앞에서 발표하는 것을 많이 두려워했다. 수업시간에 자발적으로 발표하는 경우가 없고 질문을 하면 머뭇머뭇 아주 작은 목소리로 옆자리에 가야만 알아들을 수 있게 말했다. 그렇지만 개인적으로 얘기할 때에는 작지만 조근조근 말하며 자신의 의견을 잘 표현하였다. 학년 초 지혜의 진로상담 대화이다.

"저는 ○고에 가고 싶은데요, 엄마는 그냥 일반고에 가서 내신 잘 받는 게 더 낫대요."

"○고? 왜 ○고에 가고 싶을까?"

"사촌언니가 거기 다녀서 얘기를 많이 들었어요. ○고에 학생들은 모두 공부도 잘하고 열심히 산대요. 제2외국어도 배우는데 멋져 보여요."

"음, 적성검사 결과 어문계열이 높고 지혜가 외국어 공부하는 것을 좋아하니 적성에도 잘 맞을거 같네. ○고는 특수목적고라 내신성적이 우수해야 하고 면접시험도 준비해야 해. 알고 있지?"

"…네."

학기초 진로상담에서 지혜는 일반고가 아닌 외국어 고등학교로의 진학을 희망하였다. 어문계열 성취가 높고 외국어 공부를 좋아하는 그녀에게 적합한 선택이었다. 지혜의 경우 내신성적이 우수하고 성실한 친구라 1차는 무난히 합격이다. 2차 심층 면접이 걱정인데 지금처럼 말소리가 작고 의기소침한 태도로 시험에 응시하면 합격 여부를 장담할 수 없었다. 지혜는 대중 앞에서의 표현이 어눌할 뿐, 사고력을 비롯해 글과 그림에서의 표현력은 아주 뛰어난 학생으로 학교에서 글쓰기 대회를 하면 학년의 1등 상은 지혜의 차지였다. 그녀의 글은 멋지고 당당한데, 발표할 때는 의기소침하고 주눅 든 모습이라 항상 안타까웠다.

지혜가 목표하고 있는 고등학교는 특별한 면접 준비가 필요한 학교라, 나는 그녀의 성향을 좀 더 적극적으로 변화시키기로 마음먹었다. 다른 사람 앞에 서서 말하는 훈련을 하면 지혜의 발표력도 향상되고 자신에 대한 긍정적인 자존감도 더 높아질 것이라 믿었기 때문이다.

"○고에 가려면 가산점도 있어야 해. 혹시 중학교에서 학급 임원을 해 본 적 있어?"

"아니요."

"그럼 내년이라도 학급 반장이나 부반장을 해야 할 거야. 아니면 동아리 반장이라도. 올해 임원 가산점이 없으니까 수상이력이 있어야 하겠네. 음…. 다음 달에 독서발표대회가 있는데 참가해 보는 게 어떨까? 책을 읽고 책에 대한 내용이랑 자신의 소감을 발표하는 거야. 너는 책 읽기도 좋아하니까 발표자료 만드는 것도 어렵지 않을 거 같은데. 신청하자."

"저 발표하는 거는 힘든데…. 안 하면 안 될까요?"

"지혜야, 지금부터 면접 준비한다고 생각하고 하는 거야. 처음부터 잘 하는 사람은 없어. 연습을 통해서 나아지는 거지."

"…."

"샘이 연습하는 거 도와줄게. 발표자료 다 만들고 나면 샘 앞에서 발표 연습도 해 보자."

이렇게 지혜를 설득해 독서발표대회를 준비하게 되었다. 지혜는 〈미움 받을 용기〉를 골랐다. 어려운 책이라 발표할 때 아이들의 호응을 얻어 낼 수 있을까 걱정되기도 했지만, 글의 내용이 자기 자신에 대한 성찰과 닿아 있어 발표할 때의 부담을 줄여 줄 것도 같았다. 발표 자료를 완성하고 난 후 점심시간마다 트레이닝을 했다. 처음에는 혼자 지혜의 발표를 듣고 피드백하다가, 다음에는 나와 지혜의 친한 친구, 다음은 점심시간에 학급에서, 다음은 대회에 참가하는 우리반 학생들과 함께하는 식으로 청중의 범위를 넓혀 나갔다. 나중에는 실전처럼 순서를 정해 연습했다. 지혜의 발성에서부터 그 외 발표의 기술과 발표 자세에 대해 피드백하였다. 똑똑한 아이인지라 잘 따라와 주었고, 나중에는 여유가 느껴지기까지 했다. 내 입장에서는 대회를 앞두고 일주일 정도 점심시간에 잠시 짬을 내어 봐 주었을 뿐이었다. 하지만 발표를 위해 이렇게 준비해 본 적이 없는 지혜에게는 그 짧은 시간 동안의 연습이 커다란 도약이었다. 대회를 앞두고 지혜의 긴장도가 걱정되어 잠시 불러 내 친구 이야기를 들려줬다.

"긴장되지? 연습할 때보다 많이 떨릴 거야. 다 그런 거니까 걱정하지 마. 샘 친한 친구가 발표할 때는 목소리도 떨고 사람들 앞에 서면 긴장을 많이 하거든. 큰 발표를 해야 하는데 너무 걱정이 돼서 한숨을 계속 내쉬니까 친구 엄마가 이렇게 말씀하셨대. '앞에 있는 사람들이 개미라고 생각하렴. 너무 작아서 잘 보이지 않는 개미들이야. 개미들 신경 쓰지 말고 네가 하고 싶은 이야기를 다 하고 나오렴.' 너도 앞의 사람들 때문에 긴장되면 개미들이 앞에 있다고 생각해 봐."

독서발표대회에서 지혜는 떨리는 목소리로 발표를 시작했다. 하지만 발표가 진행되면서 목소리가 안정되고 자신이 얘기하고자 하는 내용에 집중하는 것이 느껴졌다. 타인을 의식하며 살아 온 자신의 이야기와 칭찬 욕구에 대해 말하는 그녀의 발표가 점점 힘 있게 다가오고 용기 내어 자신을 극복하겠다는 내용에 진심이 실려 감동적이었다. 지혜는 우수상을 받았다. 내용 면에서는 최우수상 감이었지만 발표에서 감점 사항이 있었다. 지혜가 대회소감을 말했다.

"정말 처음에 사람들이 보여서 머릿속이 하얘지려 하는데, 앞에 있는 사람들 중에 샘이 보여서 그때부터 집중하면서 발표할 수 있었어요. 시작하고 나니까 떨리기는 해도 예전에 준비했던 것들이 생각나서 이어서 할 수 있었어요. 중간에 내용 빼 먹은 것도 있었는데….”

“그랬구나. 샘도 조마조마하며 발표 듣고 있었는데 뒤에서도 네 목소리가 잘 들렸어. 내용 빠진 건 그냥 자연스럽게 흘러가서 몰랐고. 샘은 너의 발표에서 진심이 느껴져서 감동적이었어. 아주 잘 했어!”

“다음에는 더 잘 할 수 있을 것 같아요.”

자신의 성취에 대해 뿌듯해하는 모습이 대견스러웠다. 발표를 두려워하고 피하려 했던 지혜는 이제는 발표를 해볼 만한 것으로 생각하고 다음을 기약하고 있었다. 그것만으로도 큰 도약이 아닐까. 지혜는 나와 함께 하는 1년 동안 더 밝아졌고 더 많은 도전에 참여했다. 대회에 참가하고 싶다고 제 발로 찾아와 먼저 얘기할 정도로.

아쉽게도 나는 지혜의 더 큰 도전을 보지 못하고 다른 학교로 전근을 가게 되었다. 학교에서의 마지막 날 나를 찾아 온 지혜에게 다음 해에는 임원 가산점을 따 두면 좋겠다는 나의 바람을 전달했다. 관계의 폭이 좁았던 지혜가 리더의 경험을 하면서 더 많은 친구들을 만나보고 다른 사람들과 의견을 조율해 가는 경험을 하면서 세상에 대한 적응력을 키워가길 바랐기 때문이다.

다음 해 지혜는 반장 선거에 입후보해 반장이 되었다.
그리고 그다음 해 자신이 원하는 고등학교에 진학했다.

지혜는 자신의 진로 목표를 설정해 두고 있었지만 목표를 달성하기 위해 무엇을 준비해야 할지, 어떻게 해야 할지에 대한 진지한 고민이 부족했다. 학생의 진로 목표와 학생의 특성을 파악한 교사의 지원과 돌봄으로 자신이 부족했던 부분에서 성공 경험을 쌓을 수 있었고 이를 바탕으로 서서히 자신의 진로에 대한 주도성을 발휘하였다.

몇 년 후 만난 지혜는 중학교 시절에 비해 더 단단해졌고 생기가 넘쳤다. 눈을 반짝이며 재잘거리는 그녀의 모습은 '청춘' 그 자체였다. 중학교 시절 나와 함께 했던 기억들을 들추며 선생님의 도움으로 즐겁게 학교생활을 할 수 있었고 원하는 학교에 진학할 수 있었다며 고마움을 표현했다. 나 역시 그녀에게 고마움을 전한다. 어린 씨앗이 나의 정성과 노력을 먹고 튼튼하게 성장하고 있음을 확인하며 오랜만에 교직 생활의 보람을 느낄 수 있었기 때문이다. 바로 눈에 보이지 않을지라도 아이들은 교사의 지원과 돌봄을 통해 성장하고 있음을 일깨워 줬다. 지혜의 사례 또한 나에게 성공 경험으로 다가와 또 다른 지혜들을 돌볼 수 있는 힘을 실어 준다.

2

수업 속에서
학생 주도성을 촉진하는 장치들

　윤은 수업 시간에 교사의 눈을 사로잡는 학생이다. 그는 또래 친구들보다 머리 하나가 더 있는 훤칠한 키에 약간의 수줍음이 묻어 있는 서글서글한 눈매를 지니고 있다. 그의 큰 키에 먼저 시선이 가고, 수업 중에는 맨 뒷자리에서 내 말을 하나도 놓치지 않겠다는 자세로 몸을 앞으로 쑤욱 내밀고 집중하는 모습에 저절로 눈길이 간다. 성격도 원만하고 적극적이어서 친구들과 두루두루 친하고 적당히 장난기도 있는 친구이다.

　나는 윤을 올해 처음 만났다고 생각했다. 작년에 1학년 다섯 개 반 중세 개의 반만을 담당했기 때문에 내가 맡지 않은 반의 학생이라고 생각했다. 그럴 수밖에 없는 것이 이렇게 열의를 다해 온몸으로 수업에 참여하는 학생을 내가 어떻게 놓칠 수 있겠는가!

　어느 날 나는 윤의 학적을 확인하면서 놀라움을 금치 못했다. 2학년에서 처음 지도하는 학생이라고 생각했던 윤의 1학년 학적이 바로 내가 담당했던 반 중의 하나인 것이었다. 내가 작년에 지도했던 학생을 알아보지 못하다니…. 교사로서 학생들을 제대로 관찰하지 못했나 싶은 자괴감과 함께 왜 그랬을까, 하는 의구심이 솟구쳐 윤에게 직접 물어보았다.

윤은 1학년 때 내가 가르쳤던 반에 있었지만 실제로 나와 수업을 하지는 않았다고 한다. 우리 학교는 중1을 대상으로 부모님과 학생의 동의 하에 영어 알파벳이나 파닉스를 제대로 알지 못하는 학생들을 따로 모아 기초영어를 지도하는 형태의 '영어 집중반'이라는 것을 운영하고 있다. 소수의 학생들로 구성되며 전담교사가 있어 학생들이 부족한 부분을 집중적으로 보완하여, 일반 수업으로 복귀할 수 있도록 지원하고 있다. 다시 말해 윤은 영어에 대한 기초학력이 아주 낮은 수준의 학생이었던 것이었다.

윤은 알파벳 A를 어떻게 발음하는지도 몰랐다고 한다. 초등학생 시절부터 영어 수업을 받았지만, 흥미를 느끼지 못했고 수업 또한 재미가 없어 영어 공부를 하지 않았다고 한다. 1학년 중반, 공부에 대한 필요성을 느껴 처음으로 학원에 다니기 시작했고, 다행히 학원 영어 선생님을 잘 만나 영어 파닉스와 기초 단어를 익혔다고 말했다.

내가 만난 윤은 영어 성적이 우수한 학생은 아니지만 수업 내용을 잘 이해하고 있었고 모둠 활동에 주도적으로 참여하며 지필고사 성적 또한 중 수준을 유지하고 있었다. 반년 만에 이렇게 성장한 것이 흥미로워 윤과 대화를 나눠보았다.

"제가 영어를 싫어했거든요. 중1 때는 알파벳 A를 어떻게 발음해야 하는지도 몰랐어요. 영어를 왜 하는지도 모르겠고 재미가 없었어요. 근데 학원 선생님도 그렇고 선생님도 너무 재미있게 수업해 주시니까 영어가 싫어지지 않아요. 그래서 공부도 좀 하고 있어서 그런 것 같아요."

"영어 공부하면서 힘든 건 없었니?"

"힘든 건 없는 거 같아요. 그리고 최근에 느끼는 건데 영어가 그냥 하고 싶을 때가 있어요. 제가 원래 영어 공부를 안 하는데 1년 동안 좀 하게 되면서 내가 영어를 이렇게 하고 있다는 것이 혼자서 즐거워요. 이런 게 저도 좀 신기한데요, 예전이랑 달라져서 행복해요."

윤은 선생님들에 대해 언급했다. 친근하고 재미있게 수업해 주시는 선생님들과 그런 선생님들의 수업방식으로 인해 자신이 영어에 흥미를 느끼고 공부하고 싶은 의욕이 생긴다고 했다. 영어 공부에 대한 자발성이 생기고 변화된 자신의 모습을 자랑스럽게 여기고 있었다.

윤이 영어 학습에서 주도성을 갖게 된 이유는 무엇일까?

윤은 학습에서 내적동기가 충만해진 상태이다. 자신에 대한 만족감과 교과에 대한 흥미가 학습에 자발성을 갖게 하고 자기 주도적 학습을 촉진시키고 있었다. 윤의 사례를 통해 나는 교사의 태도와 수업방식은 학생의 내적동기를 촉발하는 중요한 요인임을 확인할 수 있었다. 윤은 선생님이 즐겁게 수업하는 모습을 보며 덩달아 즐거워지고 영어라는 교과에 대한 부담감을 낮출 수 있었다고 한다. 교과를 대하는 교사의 태도에 따라 학생들이 느끼는 어려운 교과의 벽을 낮춰줄 수 있다.

그런데 윤은 '선생님이 재미있게 수업해 주신다'라고 표현하였다. '재미있는 수업'이라는 것이 무엇일까? 나는 개인기로 학생들을 즐겁게 해 주는 교사도 아니고 수업에 오락적 요소를 가미하는 교사도 아니다. 교육과 학생에 대해 긍정적인 마인드를 지니고 유쾌한 태도로 학생들을 대하려 노력하지만, 수업 속에서 재미보다는 진지함과 몰입을 추구하는 교사이다. 윤은 개인적으로나 수업 속에서나 '재미'와는 거리가 먼 나를 왜 그렇게 표현했을까?

공자는 〈논어〉 학이편에서 '학이시습지 불역열호(學而時習之 不亦悅乎), 유붕자원방래 불역락호(有朋自遠方來 不亦樂乎), 인부지불온 불역군자호(人不知不慍 不亦君子乎).'라고 말씀하셨다. 공자께서 말씀하시는 배움에서의 즐거움이란 새로운 것을 알게 되는 깨달음의 즐거움과 이를 친구들과 함께 나눔의 즐거움이 아닐까. 윤이 말하는 '재미' 또한 공자님의 말씀과 닿아 있음이다. 윤과의 대화를 곱씹어 보고 1학기 나의 수업을 되돌아보며 나는 그 답을 올해 내가 실천하고 있는 교사교육과정 재구성에서 찾아보았다. 학생들은 교사가 재구성한 교육과정 속에서 공부와 활동에 '재미'를 느끼고, 공부를 지속하게 하는 동기와 힘을 얻게 된다. 또한 혼자 하는 활동이 아닌 또래 친구들과 함께 활동하고 공유함으로써 자신의 한계를 넘어 배움을 확장한다.

나는 올해 예년과 다르게 혼자서 2학년 영어 전담을 하게 되었다. 동과 선생님들과 한 학년을 함께 지도해야 하는 경우 평가의 객관성 문제나 선생님 간의 의견 차이로 인해 수행평가의 종류나 평가 자체가 제한되는 면이 있다. 특히 말하기 평가를 실시하는 것이 어려웠는데 올해 2학년 전담이 확정되고 난 후 나는 이제까지 마음속에 품고 있었던 평가를 다 해보겠다고 다짐하며 2월 말에 한 학기 평가 계획과 진도 계획표를 작성했다. 2학년 영어과 수업의 목표를 학생들의 표현력 향상으로 설정하였다. 1학년 때 학생들을 지도하면서 어휘와 읽기 활동에 집중하여 학생들의 영어 발화나 쓰기 활동을 충분히 하지 못했다는 성찰 하에 2학년 활동을 말하기와 쓰기에 좀 더 투자하기로 한 것이다. 이를 위해 수행평가의 종류와 영역을 다양화하였다.

3월초 첫 수업 오리엔테이션에서 평가 계획을 공지하였을 때 한 학기 내내 평가 준비와 평가 결과에 대한 괴로움으로 살아야 한다고 아우성 치는 아이들 모습이 떠오른다. 이미 예상하고 있던 일이라 나는 차분히 아이들 앞에서 평가의 목적과 의미에 대해 이야기하며 수행평가를 통해 영어 표현력을 향상시킬 수 있다고 설득하였다. 또한 학생들의 평가에 대한 부담을 줄여 주기 위해 제공하는 장치들(일회 평가가 아닌 여러 번의 기회 제공, 과정 평가)을 얘기하였다. 놀랍게도 아이들은 너무나 쉽게 평가 계획에 동의하였다. 아이들은 자신의 성장에 도움이 되고 의미 있는 활동에 동참하고 기여하고 싶어 한다는 것을 알 수 있었다.

모두의 마음속에 잠재된 성장 욕구를 이끌어 내고 실현시키는 방법으로 수행평가의 방식을 택하였다. 학생들은 주로 평가를 압박과 부담스러운 존재로만 생각하는데 수행평가를 통해 평가가 성장의 디딤돌이 될 수 있다는 것을 보여 주고 싶었다. 또한 별도로 준비해야 하는 평가가 아니라 수업 속에서 만들어 가는 평가를 실행하고 싶었다. 수행평가 중 말하기 평가는 3개월이라는 평가 기간을 두고 매 수업 중 5분 정도의 시간을 할애하여 개인별로 실시했다. 발표순서는 자신의 스케줄을 고려하여 학생들이 선택하게끔 하였다. 3개월의 평가기간을 설정한 이유는 재시험을 고려해서였다.

첫 번째는 모든 학생들이 자신이 선택한 날짜에 수행해야 하며, 한 사이클이 끝난 후 재시험을 원하는 학생들은 다시 일정을 잡아 재기의 기회를 얻을 수 있다.

두 번째 기회가 있어서였을까? 평가를 하며 나는 학생들이 즐겁게 참여하고 친구들의 발표 모습을 보며 함께 긴장하고 즐기는 모습을 볼 수 있었다. 발표 이후에 안도감과 성취감에 취해 만족스러워하는 모습도 볼 수 있었다. 평가과정에서 나는 학생들이 주도적으로 활동하는 모습들을 관찰할 수 있었다.

주도성 발현의 첫 번째 장치: 자신의 삶과 연결짓기

말하기 평가에 관해 몇몇 학생들과 인터뷰하면서 나는 내가 의도했지만 정말 큰 의미를 가져다준 요인을 확인할 수 있었다.

"한 학기 동안 공부하면서 인상적이거나 기억에 많이 남는 수업이나 과제, 아니면 평가가 있을까?"

"말하기 수행평가요."

"수행평가의 어떤 부분 때문에?"

"제가 말하기 수행평가 전날 학원 끝나고 집에서 대본을 하루 종일 달달 외웠거든요. 그렇게 열심히 한 경험 때문에 기억이 많이 나요."

"왜 그렇게 열심히 했어?"

"제가 말하기에 조금 자신이 있거든요. 영어에서 쓰기보다는 말하기를 더 잘할 거라고 생각했고 친구들 앞에서 잘하고 싶었어요. 주제가 나의 관심사에 관한 거라 더 편했구요."

"말하기 연습하기 전에 대본도 써야 했는데 어렵지 않았니?"

"선생님이 제시해 주신 형식들을 참고해서 쓰니까 별로 어렵지 않았어요. 그 표현들을 바탕으로 제 이야기로 쓰면서 여기 '이럴 때는 이런 표현을 쓰는구나'라는 것도 알게 되고 외우는 거도 쉬웠던 거 같아요."

윤은 수행평가를 위해 생전 처음 최선을 다했고 몰입의 경험을 하였다. 상기되어 자랑스럽게 말하는 그의 모습을 보며 말하기 수행평가를 시작하기 잘했구나 싶었다. 말하기 평가는 암기해서 발표해야 했기 때문에 주제 선정에 있어 학생들에게 쉽고 친근한 내용을 선택하였다. 또한 학년 프로젝트[32]의 내용이 자신에 대한 이해와 강점 강화에 관한 내용이라 프로젝트에 대해 고민한 내용이 말하기에 담길 수 있도록 자신의 관심사에 대해 발표하는 것을 주제로 정하였다. 윤의 발표 내용은 자신의 취미활동인 모작 그리기에 관한 것이었다. 디지털 그림에서 관심사가 손그림으로 바뀌었다는 것과 최근 모작에 관심이 생겨 연습하고 있다며 원본과 똑같이 그리는 것이 힘들었지만 여러 번 도전하면서 점점 비슷해져 가는 그림을 보면 기쁘다는 내용이었다.

말하기에 자신이 있는 윤에게도 영어 말하기는 도전이었을 것이다. 학생들이 말하기 평가에 앞서 대본을 수월하게 작성할 수 있도록 필요한 의사소통 기능의 활용 사례를 함께 훑어보고 자신의 관심사와 연결 지어 대본을 작성하는 수업을 진행하였다. 자신의 생활이나 자신이 좋아하는 일을 직접 글과 말로 표현하는 과제였기 때문에 윤은 자신의 이야기에 몰입하고 더 열심히 평가를 준비할 수 있었다.

---

32 학교자율과정의 일환인 학년별 주제 탐구 프로젝트를 줄여 부르는 표현

주도성 발현의 두 번째 장치
: 회복탄력성을 키워주는 환경 만들기

민규는 모든 면에서 주도적인 학생이다. 영어 수업에서도 내신 성적을 목표로 계획성 있게 공부하고 있다. 공부 자체의 흥미보다 자신의 목표 달성과 전교 1등이나 100점과 같은 성취감을 공부의 원동력으로 삼고 있다. 민규 역시 말하기 평가를 인상적이었다고 회상하며 그 이유를 다음과 같이 말했다.

"말하기 수행평가가 왜 인상적이었어?"

"말하기에서 처음으로 감점을 받았어요. 미리 준비도 하고 다 외웠었는데 순간 그 부분이 생각이 안 나는 거예요. 당황해서 한참 멈칫하면서 점수가 깎였어요. 자존심도 상하고 100점을 못 받아서 교과우수상을 놓칠까봐 걱정됐고요."

"말하기 수행은 재시험의 기회가 있었잖아. 다시 시험 칠 때 마음은 어땠니?"

"다시 할 수 있는 기회가 있어서 정말 감사했어요. 두 번째 칠 때는 감점 요인을 알고 있어서 그 부분에서 실수하지 않도록 더 신경 써서 준비했어요. 그리고 선생님이 큐카드를 써도 된다고 하셨잖아요. 처음에는 바빠서 큐카드를 안 만들고 시험 쳤는데 두 번째는 말해야 하는 중심 내용을 큐카드에 써서 들고 하니까 마음이 좀 편해지고 편하게 생각하면서 하니까 잘 해낸 거 같아요. 근데 시험 칠 때 사용은 안 했어요."

민규가 말하는 큐카드는 말하기 도중 학생들이 말할 내용을 잊지 않도록 주요 어구나 단어를 일정 개수 적어 손에 들고 필요시 보고 말하기를 이어가도록 도와주는 도구이다. 긴장도가 높은 학생들에게는 심리적인 안전장치로, 준비가 부족한 학생들에게는 기억을 도와주는 촉진장치로 허용해 두었다. 실제 효용가치를 민규의 말을 통해 알 수 있었다.

나는 수행평가를 1회만 실시하지 않는다. 과정형으로 하거나 평가 마감 기한을 정해 두고 평가 기간 중에는 희망자에 한해 재시험의 기회를 열어둔다. 평가자의 입장에서는 귀찮은 일이기도 하지만 학생들은 재시험을 통해 스스로를 피드백하고 활동 내용을 더 정확하게 이해하며 반복 연습을 통해 학습을 정교화시킬 수 있었다. 평가의 목적이 이런 것이 아니었던가?

실제 재시험에 도전한 학생들은 재시험 후에 성적 향상과 함께 높은 성취감과 자기효능감을 얻었다. 재시험이 없었다면 민규는 한 번의 실수로 인해 제 실력을 제대로 평가받지 못했을 것이며 자신이 부족했던 점을 보완할 기회도 없었을 것이다.

경쟁적인 요소나 불안감이 아닌 회복탄력성을 키워주는 장치들이 학생들의 주도성을 높여준다. 민규의 사례처럼 큐카드와 재시험은 학생들로 하여금 평가에 대한 압박과 긴장을 낮춰 주고 실수나 실패 후에도 다시 도전할 수 있는 회복탄력성을 높여 주는 장치이며, 학생들이 안전한 환경에서 배우고 성장할 수 있도록 도와주는 정서적 지지 장치이다.

큐카드와 재시험의 의도를 충분히 알려주고 평가를 시작해도 이를 남용하는 친구들이 있다. 큐카드에 어구나 단어 수준이 아니라 아예 외우기 힘든 문장을 채워 오는 학생, 재시험 기회가 있다는 것만 알고 시험 종료 기간은 신경 쓰지 않아 수행평가 마감일에 급하게 대본을 외우는 학생, 충분히 연습하지도 않고 매번 재시험 보겠다고 떼쓰는 학생도 존재한다. 하지만 이러한 장치들로 인해 그들은 시험을 포기하지 않고 편안하게 시도할 수 있으며 이러한 시작이 그들의 주도성을 이끌어 내는 발화점이 될 것이다.

주도성 발현의 세 번째 장치: 공유툴을 적극 활용하기

선호는 2학년 들어 수업 시간에 끊임없이 친구들과 잡담을 많이 하고 있다. 학업 성취도 낮고 공부 의욕도 없었지만 1학년 때는 조용히 앉아 있고 수업 방해를 하지는 않았다. 학년이 바뀌고 반이 바뀌어 선호는 과도하게 활발해졌다. 사방팔방의 친구들과 소곤거리느라 수업에 참여가 안 되어 지적을 많이 받고 있다. 선호는 수업에서 놓치는 부분이 많았는데 자기의 발표날을 까맣게 잊고, 아무 준비도 하지 않아 결국 첫 번째 말하기 평가 기회를 놓치고 말았다. 그런 그가 재시험 날짜를 앞두고 큐카드를 받으러 와서 놀라웠다. 그리고 재시험을 자기 실력보다 월등히 잘 치렀다. 재시험 성공의 비결로 선호는 친구의 도움과 패들렛을 얘기했다. 대본 암기하는 것을 힘들어 하는 그를 위해 친구가 쉬는 시간과 점심시간마다 외우는 것을 확인해 주었고 큐카드 쓰는 것도 도와주었다고 한다.

선호는 친구를 정말 잘 사귀었구나 싶었고 그 순간 선호가 떠들어 대던 모든 순간들이 용서되었다. 준비가 늦어져 몇 차례 교무실로 따로 불러 대본 확인도 하고 재시험에 대해 상기시키기도 했지만, 그는 나의 말에는 꿈쩍도 안 했던 학생이었다. 며칠 사이에 친구와 함께 대본도 완성하고 암기까지 했단 말에 교사보다 또래가 미치는 영향력을 확인할 수 있었다.

　선호가 얘기하는 패들렛은 공유도구이다. 교사에게는 학생들의 대본을 피드백하기 위한 용도로 사용했고 말하기 평가를 할 때는 듣는 학생들이 좀 더 집중할 수 있도록 대본을 보여 주는 용도로 패들렛을 사용했다. 학급 단톡방 공지사항에 평가 기간 동안 패들렛 주소를 올려놓고 언제든 접근 가능하게 해 뒀는데, 선호처럼 대본 작성이 힘든 학생들은 다른 친구들의 대본을 모방하는 용도로도 사용하고 있었다. 재미있는 사실은 이렇게 공유해 둬도 똑같은 대본이 하나도 없었다는 것이다. 모방은 창조의 어머니라고도 한다. 의도치 않게 공유툴이라는 장치는 선호가 스스로 할 수 있는 비계가 되어 주었고 자신도 할 수 있다는 자기효능감을 안겨 주었다.

　한 학기 마무리 활동으로 학생들이 자기평가를 해 보게끔 하고 더불어 2학기 평가 계획 수립 전 학생들의 의견을 듣고 싶어 학기 말에 영어 수업과 평가에 대한 설문조사를 실시하였다. 자기평가 항목으로 자신이 한 학기 동안 제일 잘했다고 생각하는 활동이 무엇인지 묻는 질문에 학생들 대부분이 말하기 수행평가라고 답하였다. 2학기에 하고 싶은 수행평가를 묻는 질문에서는 말하기 평가 선호도가 70%에 달해 긍정적이었다.

말하기 수행평가에서 학생들은 주도적으로 평가를 준비하고 능동적으로 평가를 수행했으며 거의 대부분의 학생이 자기 스스로 잘 해냈다라는 성취감을 맛보았다. 나는 이것이 가능했던 이유가 수업과 평가라는 틀 속에 학생들의 주도성을 조장할 수 있는 여러 가지 장치를 교사가 심어 두었기 때문이라고 생각한다. 수업 내용을 바탕으로 평가하며 평가 전이나 평가 중 학생들이 도움받을 수 있는 도구(패들렛, 큐카드)를 제공하고 가능한 많은 기회를 부여하여 제 능력을 맘껏 발휘하게끔 하는 제도(수행평가)가 그것이다. 그리고 이것은 교사가 학생과 교과에 대한 전문성을 바탕으로 뚜렷한 목표를 향해 교육과정을 재구성하였기에 가능한 일이었다.

이전에도 말하기 수행평가를 한 적은 많았지만 이렇게 오랜 시간에 걸쳐 많은 장치들을 사용한 적은 없었다. 여러 차례의 경험을 통해 내가 계획하는 수행평가의 형태도 진화하는 것 같다. 다행스럽게도 이번 말하기 평가는 많은 시간과 노력을 들인 만큼의 만족감과 성취감을 나와 학생들에게 안겨 주었다.

학생 주도성의 실험실
: 학년 주제 통합 프로젝트

민수는 초등학교 시절부터 중학교 현재까지 학원의 도움 없이 가정에서 인터넷 강의를 듣고 학교 수업을 복습하며 혼자 공부해 왔다. 2학년에서 처음 치르게 되는 지필고사를 준비하면서 그는 친구들이 어떻게 공부하고 있는지에 관심이 많았고, 자신이 공부계획이나 방법을 제대로 설정하고 있는지에 대한 불안감을 지니고 있었다. 이런 민수에게 학년 주제 통합 프로젝트(이하 학년 프로젝트)는 가뭄에 단비와도 같은 존재였으며 자신의 호기심을 마음껏 탐구할 수 있는 실험실이었다.

학년 주제 통합 프로젝트는 학생들의 자발성을 바탕으로 한 학기 동안 학생들이 자신의 관심 분야를 선택하여 탐구하고 실천하며 이러한 일련의 과정과 결과를 정리하여 발표하는 활동이다. 올해 2학년의 비전은 '나를 채우고 함께 도전하는 알잘딱깔센 우리 2학년'이며 학년 비전을 실현하기 위해 '3H(지성, 감성, 체력) UP'을 프로젝트 주제로 정하였다. 학생들은 동일한 관심사를 지닌 친구들과 모둠을 형성해 활동하며 모둠

내에서 프로젝트 계획, 역할 분담, 실천, 발표자료 제작을 주도적으로 운영한다. 학생들의 활동은 주로 쉬는 시간이나 점심시간, 또는 SNS를 이용하여 자발적으로 이뤄지며 발표자료 제작과 공유 활동을 위해 학교교육과정 중 창의적 체험활동의 일환으로 자율활동 시간을 할애하고 있다. 프로젝트 기간 동안 담임교사 및 교과담당교사는 자신의 수업에서 학년 프로젝트 주제에 대해 학생들이 고민을 이어갈 수 있도록 관련 수업을 진행하며, 학생들이 프로젝트 활동을 원활하게 진행하도록 수업 속에서 또는 상담 활동을 통해 지원한다.

민수의 모둠은 3H 중 지력을 선택한 친구들이 모여 모둠이 형성되었고, 모둠 내 토의를 통해 '효율적인 공부법'을 세부 주제로 결정했다. 민수는 모둠이 편성되자마자 모둠장을 맡아 발 빠르게 모둠원들과 함께 활동 계획을 수립하였다. 활동 초반 민수 모둠의 프로젝트 목적은 1차 고사와 2차 고사를 대비하며 많은 학습 정보를 효과적으로 정리하여 쉽게 공부하는 것이었다. 즉 자신만의 공부 방법을 이용하거나 개발하여 효율적으로 공부하기였다. 자신의 관심사를 그대로 반영한 모둠의 주제는 민수가 프로젝트에 자발적이며 적극적으로 참여하게 하는 주된 동기였다. 프로젝트 초반부터 주도성이 빛나는 그를 관찰하며 나는 주도성이란 난관에 부딪칠 때 더 명확하게 드러난다는 것을 알 수 있었다. 프로젝트 진행 과정 중 마주한 어려움들을 민수는 걸림돌이라 생각하거나 난관에 좌절하지 않았다. 오히려 즐겁게 맞이하고 자신의 성장 기회로 이용하였다.

민수는 프로젝트를 진행하면서 힘들었던 점에 대해 말했다. 첫 번째 고민은 공부할 장소에 관한 것이었다. 일주일에 2~3회 모둠원들과 함께 모여 공부하기로 했는데 교실에서는 집중을 할 수가 없고 점심시간에 이용할 만한 마땅한 장소가 없었다. 학생들은 점심시간에 비는 교실을 찾아 학교를 구석구석 찾아다니며 만나는 모든 사람에게 자신들의 사정을 말하고 도움을 요청했다. 마침 2층 수학실에서 선생님 한 분이 나오시는 것을 봤다는 누군가의 말을 듣고 민수 모둠은 수학실로 달려갔고 교실이 점심시간에 비어 있다는 것을 확인하였다. 교무실에 들어와 숨을 헐떡이며 수학 선생님께 교실이 비는 날 수학실을 사용할 수 있도록 허락을 구하는 그의 모습이 눈에 선하다. 두드리면 문은 열린다고 했다. 만약 학생들이 학교를 몇 군데 돌아보다 포기했으면 어땠을까. 학생들이 포기하지 않고 열심히 하는 모습을 보였기 때문에 또 누군가의 시선이 그들에게 닿아 도움을 준 것이고, 학생들 또한 문제 해결을 위해 주도적으로 움직임으로써 공부 장소를 찾을 수 있었다.

민수의 말에 따르면 1차 고사 전까지는 프로젝트가 계획대로 진행되지 않았다고 한다. 모임 날짜를 잊고 안 오는 친구들이 많아서 그날 모임이 있다는 것을 일일이 찾아다니며 알려줘야 했다고 한다. 그래도 점심시간이 되면 나타나지 않는 친구들이 있어 많이 속상했다고 한다. 민수는 참여율을 높일 방법을 고민하며 단톡방을 개설하여 모둠원의 참여도와 기여도를 더 높이기로 했다. 운영 계획과 모임 날짜를 단톡방의 공지 사항에 올려 모둠원이 당일 무엇을 해야 하는지 수시로 확인할 수 있게 하였다. 단톡방을 자기의 공부 방법 나누기나 읽은 책에 관한 수다, 각자의 공부법에 대한 의견 공유의 공간으로 활용하면서 모둠원들이 모임과 프로젝트에 대해 자유롭게 소통하고 참여할 수 있도록 했다. 일이 잘 돌아가지 않을 때 새로운 방법들을 계속 시도하는 창의성과 탐구심, 그리고 포기하지 않는 집념을 그에게서 발견할 수 있었다.

민수의 모둠 친구들은 공부를 잘하는 편이고 학구열이 강한 편이다. 1차 고사를 앞두고 지필평가를 처음 치르는 학생들은 나름대로 공부하면서 모두 잘해 낼 것 같은 자신감을 지니고 있었다고 한다. 그러나 1차 고사를 치르고 난 후 시험결과가 자신들의 예상보다 낮은 것을 알고 모둠원들의 프로젝트 참여가 더욱 활발해졌다. 수학실을 완전히 다 불태울 것 같은 분위기가 형성되었다. 민수 역시 성적에 크게 충격을 받고 자신의 공부 방법을 대대적으로 수정했다고 한다. 민수는 인터넷 강의나 수업에서 학습한 내용을 노트에 정리하고 응용문제 풀이를 하였다. 자신만의 계획하에 혼자 조용히 공부하는 스타일의 그는 이제 적극적으로 친구들의 공부법을 관찰하고 묻고 자신에게 적용했다고 한다. 모둠 친구 중 하나는 시험 예상문제나 중요한 내용을 포스트잇에 붙여 강조하고 선생님이 언급해 준 내용을 옆에 볼펜으로 필기하는 등 노트 정리에 뛰어났는데, 민수는 친구의 노트 정리법을 받아들여 중요 내용을 빨리 필요한 부분만 암기할 수 있었다. 점심시간마다 모여 민수와 친구들은 궁금한 것과 모르는 것을 서로에게 적극적으로 묻고 의견을 나누면서 자신도 모르게 하브루타 학습법으로 공부하고 말로 풀어낼 때 배가되는 학습의 효과를 체험했다고 한다. 프로젝트를 진행하며 아이들은 자신의 방식에 연연하지 않고 새로운 것을 받아들이는 열린 자세와 유연함을 지니게 되었다.

모둠의 발표 자료를 준비하는 과정에서 민수는 많은 선생님들께 조언을 구하였다. 발표 자료를 보여 주며 청중의 입장에서 이해가 잘 되는지를 묻기도 하고, 원 자료를 시각적으로 눈에 띄게 만드는 방법을 묻기도 했다. 현재 결과물에 만족하지 않고 더 나은 결과물로 만들기 위해 끝없이 질문하는 그의 모습에서 완벽을 추구하는 자세를 엿볼 수 있었다.

민수 모둠의 프로젝트는 이 학생들에게 자신들의 효과적인 공부를 위한 실험과 시행착오의 결과이며 자신에게 맞는 공부법 발견의 도화선이었다. 프로젝트 공유의 날에 민수의 모둠은 효율적인 공부법을 주제로 계획을 세우고 실천하고 실천한 결과를 아름답게 펼쳐 보였다. 민수는 영어 시간에 말하기 수행평가를 위해 큐카드를 사용했던 경험을 살려 발표할 때도 큐카드에 발표내용의 순서를 적어 실수 없이 자연스러운 태도로 발표를 마무리할 수 있었다. 찐 실천이기에 아이들의 발표는 진심과 성의가 느껴져 매우 감동적이었다.

모둠 발표 자료 일부   노트정리법

민수는 학년 프로젝트를 하면서 프로젝트 예찬론자가 되었다. 학습과 활동의 주체가 되어 스스로 배우고 탐구하는 활동과 혼자가 아닌 모둠원들과 함께 상호작용하며 서로의 장점을 보고 배울 수 있는 방식이 자신에게 꼭 맞는 학습 방법이라는 것을 알게 되었다고 한다. 그리고 '자기주도학습'에 대한 생각이 바뀌었다고 한다.

"저는 자기 주도적 학습이라는 게 계획을 완벽하게 세워서 내 계획에 따라 그대로 실천해 가는 거라고 생각했어요. 그런데 이제는 정말 자기가 하고 싶은 것을 하면서 알아가는 게 자기 주도적 학습이라고 생각해요. 프로젝트를 하면서 이게 저한테 딱 맞는 공부 방법이라고 느꼈거든요. 저한테는 제가 실천한 내용을 친구들에게 말해 주면서 장점과 단점을 알려 주고 친구들한테 피드백을 받아 보완해서 결과물을 만들어 내는 방식이 최고의 공부 방법이예요."

학년 프로젝트 활동을 지켜보며 수업에서는 보지 못한 뜻밖의 모습을 발견한다. 영어 시간에 주눅 들었던 목소리가 아니라 우렁찬 소리로 발표장을 울리는 친구, 발표자료를 논리적으로 일목요연하게 작성하는 친구, 자료 검색을 잘하는 친구, 파스텔을 효과적으로 잘 사용하는 친구, 격려와 칭찬으로 모둠을 화합시키는 친구 등….

학년 프로젝트에 참여한 모든 학생들이 민수처럼 주도적으로 활동을 이끌어 가지는 못한다. 하지만 학생들은 『관심-탐구-실천-기록-공유-성찰』의 프로젝트 전 과정을 통틀어 어떤 지점에서인가 자신의 주도성을 발휘한다. 교과수업 밖에서 학생들이 자유롭게 탐색하며 자신을 이해하고 몰입하여 탐구하며 익힌 것을 활용해 보고 자신이 배운 것을 공유하며 배움을 나누는 일련의 활동을 학년 프로젝트 기간에 할 수 있다. 주도성을 실험해 볼 수 있는 기회와 지원을 3년간 받는다면 민수와 같은 학생이 더 많아질 것이다.

학생자치를 존중하고
지원하는 학교 문화

　학생들은 어떤 환경에서 행위 주체성을 발휘할까? OECD 2030 학습 나침반은 학생 주도성이란 표현에 대한 불편함과 오해를 풀어준다. 학습 나침반 속 학생을 둘러싼 존재들, 동료, 교사, 공동체의 지원과 협력을 통해 우리는 학생 주도성이라는 것이 주변의 사람들과 환경, 상황과 같은 사회적 역동구조 속에서 길러질 수 있음을 알 수 있다. 학생 주도성을 정의하며 주도성이란 뚜렷한 목적의식, 능동적인 참여와 책임감을 강조하는 개념이라고 했다. 이것을 보았을 때 바로 내 머리속에 떠올랐던 것이 학생자치부였다. 학생자치부는 뚜렷한 목적의식을 지닌 집단이다. 집단으로서의 자치부는 학생자치 실현을 목적으로 하고 자치부원 개개인의 욕구와 동기를 각자 다르지만 이들 모두 공동의 목적을 실현하기 위해 자발성과 책임감을 갖고 움직인다.

학생자치부 문화와 활동

윤은 2학년 들어 수업과 자치활동 분야에서 두드러진 성취를 보이고 있다. 자치부에 지원하게 된 동기에 대해 윤은 자신감을 높이고 싶고 학교를 대표해서 뭔가를 해 보고 싶었다는 마음을 털어놓았다. 1학년 때부터 선배들과 잘 어울렸던 윤은 선배들의 권유도 자치부에 들어오게 된 원인 중 하나라고 했다. 민규도 윤처럼 선배들의 권유가 있었다. 하지만 민규는 내신성적 가산점 획득이 가장 큰 이유였고 자치부에서의 경험이 어떤 형태로든 자신의 미래에 도움이 될 거라는 생각에 지원했다고 했다. 윤과 민규가 자치부에 지원한 동기는 다르지만, 그들 모두 자치부 활동을 통해 얻고자 하는 바는 분명했다. 자신감, 자기효능감, 성취감을 얻길 원했고 이들은 자치부 활동을 통해 자신들의 성장 욕구를 충족시킬 수 있음을 알고 있었다. 학생들이 학생자치부를 성장의 장으로 인식하게 된 배경은 무엇일까? 윤과 민규는 선배들의 모습을 보고 느꼈을 것이며 그들의 선배들은 이전 선배들의 활동을 보고 겪고 알았을 것이다. 학생자치부원들은 학교에서 교과를 배우고 익히는 학생이기도 하지만 학생들을 위한 행사와 활동을 기획하고 운영하는 핵심운영요원라는 것을….

학교에는 공식적으로 여덟 개의 부서(세 개의 학년부, 교육과정부, 안전인성부, 정보평가부, 행복연구부, 자치진로부)가 존재하지만 실제 운영면에서는 학생자치부를 포함하여 총 아홉 개의 부서가 연중 분주하게 돌아간다. 코로나 3년의 기간에도 자치부는 이전에 해 왔던 행사들을 학생들이 담당하여 꾸준히 진행해 왔다. 달랐던 것은 방역 상황에서 학생들이 많이 모이는 장소나 행사에서의 줄 세우기와 같은 질서 유지나 학생들의 안전 지도 정도를 선생님이나 방역 요원이 대체했을 뿐이었다. 학생자치부에서 주관하는 행사는 1년 내내 진행된다.

교사의 1년살이처럼 자치회 학생들은 학생의 신분으로서 자치회 업무를 맡아 매년 자치부 운영계획에 따라 자치회의 내부 회의(정기, 수시)를 진행하고 각 부서의 행사를 운영한다. 학생자치부의 강점은 회의에서 시작된다. 온전히 학생들에 의해 운영되며 매주 금요일 운영되는 정기회의와 수시회의를 통해 행사 진행 과정 중 생기는 어려움과 문제를 해결한다.

자치부의 행사는 연례행사라 행사 계획이나 운영이 관례적인 경우가 대부분이다. 자치부 구성원이 매년 바뀌기 때문에 항상 똑같이 이뤄지지는 않지만 정해진 순서와 내용이 있어 창의성을 요구하지는 않는다.

자치부에서 1년간 진행하는 행사

- 입학생 신입생 오리엔테이션
- 반장 선거
- 학급비전, 존중의 약속 정하기
- 동아리 부서 조직
- 리더십 캠프
- 1학기 스포츠 리그
- 체육 대회
- 스승의 날 행사
- 작은 음악회
- 친구의 날 행사
- 게릴라 이벤트
- ○○여중 출장 공연
- 1학기 E-sports 대회

- 학생생활규정 공청회
- 회장 선거
- 2학기 스포츠 리그
- 2학기 E-sports 대회
- 동아리 산출물 발표
- 가을 버스킹
- 미얀마 민주주의 회복 응원 챌린지
- 축제
- 차기 자치부원 선발
- 자치부 업무 달력 제작 및 전달연수
- 졸업식 감사 영상 제작
- 1년 내내-급식투표

아마 매년의 행사를 치러내는 것만으로도 벅찰 것이다. 그런데 재미있는 것은 학생자치부의 구성이 매년 바뀌고 자치부원들이 힘들다고 하면서도 학생들은 해마다 다르게 행사를 운영하거나 새로운 것을 만들어낸다는 것이다. 활동 동기가 충만한 상태로 자치부에 입부한 학생들의 에너지가 새롭고 재미있는, 더 나아가 전교 학생들에게 유익한 활동들을 구상하는 방향으로 흐르는 것 같다.

학급 반장과 부반장이 선출되고 나면 자치부의 가장 큰 행사 중의 하나인 리더십 캠프가 있다. 학생자치부원들과 학급의 반장, 부반장이 정식으로 만나 자치부 일정을 공유하고 친목을 다지는 행사이다. 자치부는 리더십 캠프를 금요일 오후부터 토요일 오전까지 1박 2일로 학교에서 운영하길 원했고 자치부장님과 선생님들의 지원 아래 캠프를 운영했다. 학생자치부 기획부 차장인 민규는 가장 행복했던 자치회 경험으로 리더십 캠프를 꼽았다. 기획부 주관으로 3월 말에 리더십 캠프를 했는데 처음 치르는 행사였고 야간 활동까지 기획하는 일이 어렵기도 했지만 즐거웠다고 한다. 1부는 각 부서별 업무계획을 반장, 부반장에게 보고하는 시간인데 민규는 1부 행사를 다음과 같이 평가했다.

"3월에 저희가 계획하고 있는 일들에 대해 학급 임원들과 소통하는 기회가 있어 좋았어요. 반장, 부반장 애들을 아직 잘 모르잖아요. 친목도모 활동을 하면서 애들도 많이 알게 되었어요. 부서별로 발표한 다음에 보완할 점에 대해 얘기하고 같이 의논했어요. 반장과 부반장이 같이 해 줘야 하는 일들이 많았는데, 같이 논의하면서 반발의 강도가 낮아지고 학급 임원들도 우리의 전체 행사에 대한 개요를 다 알게 되어서 의미가 있었어요. 자치부 행사는 항상 학생들 설문조사에서부터 시작하거든요. 학급 단톡방에 뿌려야 되니까 학급 임원들의 지지와 도움을 많이 받아야 해요.”

업무계획 공유에 이은 2부는 친교의 시간이었다. 학생들은 저녁 식사를 한 후 친교의 시간으로 레크리에이션을 하고 야밤 담력 테스트까지 하였다. 신이 나서 학교를 사방팔방으로 뛰어다니는 자치부원들을 보면서 ‘선생님들이 시킨 일이었으면 저렇게 즐겁게 할 수 있을까’, 하는 의구심이 들었다.

텐트 대여업체 연락 및 행정적인 업무와 예산 사용에 관한 일만 자치부장님이 처리해 주었을 뿐 리더십 캠프의 모든 계획과 운영은 전적으로 자치부의 몫이었다. 1부와 2부 행사를 균형감 있게 운영하는 것을 지켜보며 나는 학생들이 단순히 재미나 친교활동에 머무르지 않고 실제 그들이 꾸려갈 활동을 중심으로 기획했다는 사실에 적잖이 놀랐다. 학생자치부의 활동 목적을 명확히 알고 방향을 잃지 않고 나아가는 멋진 학생들과 그런 학생들을 지원하는 학교에서 근무하고 있다는 사실에 한없는 자부심과 뿌듯함을 느낄 수 있었다.

리더십캠프-다모임 부서별 건의사항

리더십캠프 – 자치부원들의 희망을 담아 V

학생자치부 활동을 지원하는 교사, 그리고 학교 문화

올해 예기치 않은 행사로 인해 선생님들과 학생자치부 사이에 갈등이 생겼던 적이 있었다. 한 해의 교육과정은 각 부서의 검토와 조율을 거쳐 새 학기가 시작되기 전에 수립된다. 학생자치부도 2월 워크숍에서 각 부서의 계획을 세우고 이를 선생님 워크숍에서 발표하며 자치부의 행사도 함께 공유하고 학교교육과정 속에 담는다. 학교교육과정과 일과가 확정되면 선생님들은 교육과정에 맞춰 수업과 평가를 준비하신다. 5월쯤 학생자치부에서 스쿨데이[33]에 대한 논의가 올라왔다. 학생들이 스쿨데이 실시를 요구하는 것은 이것이 학생회장의 공약사항이기 때문이라고 했다. 공약이기 때문에 올해 중에 꼭 실행을 해야 하며 1학기에 운영하는 것을 제안하였다. 학생자치부가 새로이 구성되면서 학생들도 작년의 약속을 까맣게 잊고 있다가 이제야 이야기하는 것이었다. 당장 어제 일도 기억이 안 나는데 작년 학생회장 선거에서 했던 이야기를 누가 알고 있다고 헤집어 꺼내는 것인지….

안 된다고 말하고 싶은 마음이 굴뚝이었다. 이미 교육과정이 짜져 있는 상태에서 행사일을 편성하는 것은 교육과정 변경에 관한 건이라 학교운영위원회 심의를 통과해야 하는 문제이기도 해서 난처한 상황이었다. 예정에 없던 일이고 스쿨데이는 학생자치부만의 일이 아니라 교사들이 함께 준비하고 참여해야 하는 일이라 다모임 안건으로 올리게 되었다.

선생님들의 의견이 갈렸다. 한편에서는 자치부 행사가 많아 학생들이 학업에 소홀해질 수 있다는 의견과 함께 스쿨데이를 행사시수로 처리할 경우 수업시수 확보의 문제를 제기하며 스쿨데이 불허의 입장이 있었다. 한편에서는 자치 활동의 의미에 대해 논하였다. 학생들은 자치활동을 통해 학교 민주주의를 경험하는 데 진정한 자치 활동은 학생들로 하여금 자신의 목소리를 내게 하고 그것이 실제로 반영된다는 것을 보여주는 것이라고 했다. 이를 위해 학생회장이 약속한 공약을 지키도록 도와줘야 한다는 것이었다. 교육과정 운영의 불편함보다 민주시민으로서 학생들이 성장할 수 있도록 지원하는 것이 더 중요하다는 의견이었다.

다모임 결과 스쿨데이를 운영하되 수업시수도 확보할 수 있도록 당일

---

33 전교생이 함께 하는 문화체험 행사

일과를 조정해 방과 후에 스쿨데이를 실시하도록 하였다. 이러한 시행 착오 과정 또한 학생들의 배움의 기회가 되었을 거라고 믿고 교육과정 변경의 번거로움이나 업무 부담보다 학생자치부가 자신들의 약속을 지키는 모습을 전교생에게 보여 주는 것이 더 중요하다고 판단하신 것이다. 학생 자치의 실현은 결국 민주시민교육의 실현으로 학교에서 우리가 가르치는 교육의 목적이기 때문이다.

선생님들의 허락과 지지를 받고 자치부는 '친구와 함께 하는 문화체험(NC스쿨데이)'으로 야구경기 관람을 하기로 했다. 학생 자치활동을 존중하고 장려하는 학교의 문화 속에서 학생들은 자발성을 키우고 민주주의의 가치를 지닌 건강한 시민으로 자란다.

정기회의, 스쿨데이, 리더십 캠프 등 무수한 학생자치회 활동 속에서 학생들은 능동적이며 책임감 있는 민주시민으로 성장하고 있음을 우리 선생님들은 매 순간 목격하고 있다. 그럼 학생들은 어떻게 느끼고 있을까? 자치부에 대해 일반 학생들이 가지고 있는 몇 가지 선입견을 모아보면 다음과 같다.

자치부에 들어가면 공부에 소홀해지기 쉽다.
학원시간을 많이 빼야 한다.
친구들이나 선배들한테 욕먹는 일이 많다.
자치부는 점심을 일찍 먹는 특권층이다.

매주 금요일 점심시간이 자치부 정기 모임일이지만 워낙 진행 중인 일이 많다 보니 아침 자습시간과 점심시간에 수시 모임이 빈번하다. 학업에 지장을 주지 않고 학교에서의 또 다른 업무를 병행하기 위해서인데 보이는 것으로만 판단하면 자치부는 학교에서 특별대접을 해 주는 존재일 것이다. 또한 학생으로서 업무를 진행하다 보면 일이 잘 이뤄지지 않을 때 동년배에게 또는 선배들에게 비난의 소리와 같은 싫은 소리를 더 많이 듣게 될 것이다. 자치부 내에서도 의견 출동이 잦아 언성을 높여 싸우거나 톡방에서 배틀이 붙는 것도 부지기수이다. 자치부는 육체적으로도 정서적으로도 정말 고된 일이다. 그럼에도 불구하고 왜 학생들은 자치부에 지원하고 다른 학생보다 곱절의 노동을 감내할까? 자치부를 하면서 가장 힘든 순간과 자치부를 계속하는 이유에 대해 윤과 민규는 이렇게 이야기했다.

"원래 자신감을 기르고 싶어서 자치부에 지원했는데 진짜 이게 이뤄진 것 같아요. 학급마다 들어가서 행사 알리는 것도 하고 선생님들 앞에서 발표하는 일도 많다 보니까 발표할 때 안 떨려요. 행사 때문에 학원을 못 가는 경우도 있었어요. 학원 못 가면 수업을 놓치는 거잖아요. 그래서 좀 속상할 때도 있지만 한 행사가 끝나면 그만큼 인상 깊고 재미있어서 계속 자치부 일을 하는 것 같아요. '아 끝냈다' 하는 후련함이랑 성취감 아니면 좀 잘했을 경우는 뿌듯한 기분이 좋아요. 힘들 때는 자치부 내 회의하면서 의견 조율이 안 돼서 싸울 때…"

"점심 스포츠리그 할 때가 가장 힘든 시기였어요. 경기마다 인력이 가장 많이 필요하고 시험기간이 겹쳐져서 공부하면서 시간을 내는 것이 부담스러웠어요. 게다가 스포츠리그 운영하면서 주변에서 싫은 소리를 들을 때가 있었어요. 학생이라 완벽할 수 없는데 열심히 하는 것을 몰라줘서 억울했어요. 내신 가산점 때문에 계속 하고 있긴 한데요, 대표로서의 책임감이랑 선배들의 눈치? 이런 거 때문이기도 해요. 그리고 여러 가지 행사를 하면서 제가 성장하고 있다는 느낌을 받거든요. 저는 리더십이랑 다른 사람과의 의사소통능력이 길러진 것 같아서요. 문서 작성하는 방법도 많이 알았고요."

학생들은 학교라는 울타리 안에서 사회에서 필요한 역량과 삶의 기술들을 배우고 학생과 학생, 교사와 학생 간의 상호작용을 통해 바람직한 관계 맺음과 올바른 가치관을 형성한다. 윤과 민규는 자치부 활동을 하면서 어려움을 겪기도 하지만 좌절하거나 포기하지 않고 책임감 있는 행동과 자신의 성장에 대한 긍정적인 평가를 바탕으로 성숙한 인격체로 자라고 있다. 한 가지 행사를 마무리할 때마다 성공의 경험을 차곡차곡 쌓아 가는 것이다. 이러한 성공 경험은 자치활동뿐 아니라 학습의 주도성을 이끄는 촉매가 된다.

학생자치부 교사의 역할

새롭게 구성된 학생자치부는 회의 할 때마다 크고 작은 의견 다툼이 생기기 마련이다. 친한 친구 사이에서도 마음이 맞지 않아 싸우는 경우가 다반사인데 학년도 다르고 서로에 대한 이해가 부족한 상태에서 소위 '일'이라는 것들을 해 내가야 하는 자치부 학생들의 갈등을 짐작하는 것은 어렵지 않다. 자치부장의 말에 따르면 학생들끼리 갈등이 있을 때 주먹만 오가지 않을 뿐 살벌한 기운과 날카로운 말들로 전쟁터가 따로 없다고 하셨다. 앞서 윤은 자치부에서 힘들었던 때를 의견 충돌로 싸울 때라고 말했다.

"체육대회 계획하면서 반티 시행여부와 자치부의 개입 정도에 대한 논의가 있었어요. 반티를 허용하는 것은 대다수의 의견이 같았는데, 자치부가 어느 정도까지 개입할 것이냐에 대한 의견이 갈렸어요. 각자 추구하는 방향이 달라서 서로의 의견에 대해 양보하거나 조율하는 게 힘들었고, 의견 조율이 잘 안되니까 서로 목소리도 커지고 분위기도 험악해지고 해서 감정적으로도 많이 힘들었어요. 막 격앙되니까 옆에 계셨던 자치부장 선생님이 저희를 진정시켜 주셨어요. 선생님이 지켜봐 주시고 다독여 주시니까 감정이 추슬러졌고, 어쨌든 이걸 결정해야 또 다음을 진행할 수 있으니까 동학년 내에서의 같은 색은 피하되 동학년 내에서 같은 것이 나오면 자치부가 조율해 주자라는 의견으로 중재가 되었어요."

위와 같은 상황에 학생들끼리만 있었다면 어떠했을까? 체육대회라는 행사를 운영해야 했고 싸움만 하다가는 행사를 시작도 못해 전교생에게 질책을 당할 거라는 것을 알고 있었기에 자치부 학생들은 어찌 되었든 자기들끼리 문제를 해결했을 것이다. 다만 감정의 골이 돌이키기 힘들 정도로 깊어지고 문제를 해결하는 시간이 많이 지체되었을 것이다. 그리고 자치부장의 개입이 없었다면 어쩌면 윤은 자치부를 탈퇴했을지도 모른다.

우리 학교 자치부장은 학생자치회 회의에 항상 함께하신다. 회의에 동참하되 발언하지 않고 참관만 하신다. 윤의 사례처럼 학생간의 갈등이 지나칠 때 한 번씩 개입하여 아이들의 갈등이 고조되는 것을 중재한다. 대단한 인내력의 소유자다. 나 같았으면 진작에 개입하여 의견을 조율하고 갈등이 시작되기 전에 싹을 잘라 버렸을 텐데….

자치부장은 자신의 역할에 대해 다음과 같이 말한다.

"저는 아이들의 판을 행정적으로나 재정적으로 지원해 주는 역할이에요. 어떤 행사를 계획하면서 아이들이 필요한 물건목록을 들고 와요. 물건가격이나 대여비까지 적어 오면 검토해서 품의 올리는 정도요. 계획에 없던 행사가 들어오거나 예산이 부족할 때 학교와 의논해서 가용할 수 있는 예산을 만들어 지원해 주는 거죠. 그리고 학생자치부 회의를 참관하고 자치부와 학교 사이의 가교역할을 해요. 아이들의 회의를 지켜보며 자치부 행사의 전반적인 사항을 파악해 둬요. 전체적인 그림을 저도 알고 있어야 필요한 지원을 해 줄 수 있으니까요. 참관은 하되 개입은 하지 않지만, 가끔 학생들 간의 갈등이 지나치면 제 3자의 입장에서 중재하기도 합니다. 그리고 자치부에서 어른의 조언을 구하거나 학교의 입장을 알고자 할 때 제가 양측의 입장을 전달하고 조율하기도 해요."

주도성이 높은 자치부 구성원들도 다양한 상황 아래 갈등하고 많은 시행착오를 겪는다. 서로 다른 성향의 아이들이 '학교 행사'라는 큰 배를 운행한다. 업무라는 크고 자잘한 파도의 몰아침 속에서 누구 한사람 삐걱대더라도 어찌하다 보면 일이 이루어진다고 자치부장은 말한다. 싸우는 것 같지만 그러면서도 일은 하고 있다고 한다. 모두 한 배에 탑승한 공동체임을, 궁극적으로는 모든 것을 함께 겪게 된다는 것을 아이들은 말하지 않아도 알고 있는 것이다. 자치부장은 항구 같다고 할까, 모진 풍파를 겪은 아이들의 쉼터가 되기도 하고 돌아올 장소가 되기도 하고 필요한 물건들을 아낌없이 제공해 주는 존재(?) 이런 자치부장의 역할로 인해 학생자치부는 주도성을 갖고 자신들의 역량과 포부를 실행해 나갈 수 있었다.

"자치부장으로서 했던 일을 하나 사례로 들어 줄 수 있을까요?"

"음…. 최근에 E-스포츠 행사가 있었어요. 아이들이 이번에는 사양이 좋은 컴퓨터로 운영을 해보고 싶다고 했죠. 교실에서 휴대폰으로 하는 대신 선수들을 컴퓨터실에 모아 진짜 프로경기처럼 하겠다고 했어요. 컴퓨터실을 사용하면 되겠지, 하고 단순히 생각했는데 전날 연습게임을 하려고 하니까 교육청에서 게임 사이트를 막아 둔 거예요. 학생들도 저도 신경 쓰지 않았던 부분이라 정신이 혼미했어요. 부랴부랴 정보부장님의 협조를 얻어 교육청에 허락을 받아 냈지요."

"정말 아슬아슬하게 진행되었네요. 행사 진행은 잘 이뤄졌나요?"

"정말 성공적이었어요. 경기하는 선수들이나 교실에서 지켜보는 아이들 모두 만족하는 행사였어요. 학생들이 좋아하는 일이기도 하지만 자치부 학생들이 E-스포츠 경기 운영을 위해 많은 노력을 기울였거든요. 신경 써서 많이 준비한 만큼 결과도 좋았어요. 학생들이 주도적으로 기획하고 진행하는 행사는 대부분 성공적이에요. 저는 아이들이 벌이는 판의 앞과 뒤처리를 주로 한다고 할까요."

학생자치는 학생들에게 주도권을 쥐여 줬을 때 성공한다. 학교의 주체로서 학생들이 학교생활과 관련된 일을 스스로 계획하고 결정하며 운영할 때 학생들의 주도적 활동은 극대화된다. OECD 학습 나침반의 최종 목적지인 웰빙(총체적인 잘살기)은 결국 우리 학교 교육의 목표인 민주시민 되기이다. 학교 자치를 경험하며 학생들은 존중과 배려의 학교 문화 아래서 주체성과 책임 의식을 가진 민주시민으로 성장할 것이다.

4장

-

진로, 진학의 고민에서도
빛나는 고교 아이들

'나', '너', '우리'가
함께 만드는 교실

함께 걸으며 각자의 길을 찾아가는 학급살이

비고츠키의 사회적 구성주의 관점에서 보면 청소년기는 타인과의 관계에서 영향을 받으며 성장하는 시기로, 일상생활에서 이루어지는 상호작용이 매우 중요[34]하다. 학급은 학생, 교사, 학부모, 지역사회 등 교육 주체의 주도성이 만나는 공간이다. 학생은 1년간 학급살이를 하며 서른 명 남짓의 친구들 그리고 여러 교사와 상호작용한다. 그리고 이들과 협력적으로 관계를 맺으며 혼자서는 도달하기 어렵지만 함께하면 도달할 수 있는 성장을 이룬다. 학생은 학급살이를 하며 자기의 경험과 지식을 재구성하고, 사회성을 습득해 나가는 것이다.

---

[34] 문창배 외(2010), 「교육주체간 상호작용을 고려한 구성주의 기반 학급운영시스템」, 『한국콘텐츠학회눈문지』, 한국콘텐츠학회, 455쪽.

학급살이는 오케스트라의 교향곡 연주를 닮았다. 오케스트라의 교향곡 연주를 듣는 관객은 여러 악기의 소리를 하나의 곡으로 듣는다. 그러나 실제로는 적게는 60명, 많게는 100명의 개별 연주자가 모여 하나의 곡을 연주한다. 연주자가 공유된 음악 해석을 실현하기 위해 노력할 때, 오케스트라의 연주는 조화롭고 아름답게 들린다.

오케스트라 연주처럼 고유한 개성을 지닌 구성원이 민주적으로 의사소통할 때, 푸른 숲을 닮은 건강한 학급을 만들 수 있다. 담임교사는 오케스트라의 지휘자, 학급 임원은 악장과 비슷하다. 이들은 학급 구성원이 마음 놓고 자율성을 발휘하는 학교생활을 할 수 있도록 주도성을 발휘한다. 그러나 리더의 역할만으로는 함께 성장하는 학급을 만들기 어렵다. 살아 있는 학급은 모든 구성원이 학급의 주인으로서 주도성을 발휘하는 공동체다.

고등학교에서는 입시를 비롯한 개인의 성장과 성취가 중요하게 여겨진다. 이 시기에 공동체의 일원으로서 더불어 성장하는 경험을 하는 것은 무척 중요하다. 주변 사람들과 함께할 때 더 행복한 삶을 살 수 있다는 것을 아는 학생은, 사회 발전에 이바지하는 어른으로 성장할 것이기 때문이다. 학기 초, 모든 구성원이 함께 성장하는 학급살이를 위해 '누구나 꽃, 더불어 숲'의 가치관을 공유한다. 그리고 학생들이 학급 공동체 안에서 자기를 드러내며 빛내고, 공동체의 성장에 기여하는 경험을 할 수 있도록 한다. 모든 구성원이 참여하는 현장 체험 학습, 1인 1역, 문집 제작 등 학급 특색 활동을 기획하는 것이다.

처음에는 적극적이지 않았던 학생도 친구들과 어울려 프로그램을 진행하다 보면 재미와 흥미를 느낀다. 그 내재적 동기가 모여 학기 말까지 학급 프로그램이 진행되고 완성된다. 학기 초에는 리더십 있는 학생이 눈에 띄지만, 시간이 지날수록 학생 한 명 한 명이 선명하게 보인다. 학기 말에 활동 점검을 해보면 대부분 학생이 1인 1역을 수행했다. 몇몇 역할을 완수하지 않은 학생도 옆 친구를 보며 배운 것이 있으리라 믿는다. 12월쯤 완성된 문집을 받은 학생들 얼굴에는 자부심이 가득 반짝인다. 자연스럽게 혼자보다 함께 걸을 때 더 행복하다는 것을 느끼고 있다는 확신이 든다. 이렇게 학급살이는 물방울이 모여 작은 냇물을 이루듯, 학생 주도성이 모여 공동의 주도성을 발휘하며 성장할 수 있는 귀한 시간이다.

학생의 고유성을 발견하고 함께 성장하는 담임

학생 수만큼 학생 주도성도 다양하다는 말로는 학생 주도성의 특징을 충분히 설명하지 못한다. 학생 주도성은 학생이 처한 상황 맥락마다 달라질 수 있다. 또한 행위로 드러날 수도, 내면에 잠재되어 있을 수도 있다. 이렇게 학생마다, 상황과 맥락마다 변화하는 학생 주도성을 가장 잘 관찰하며, 촉진해 줄 수 있는 사람은 누구일까? 바로 담임교사이다.

담임교사는 담임 학급 학생에게 지식을 전달하는 역할을 넘어, 사랑으로 학생을 성장시키는 존재다. 담임교사의 역할은 무엇이며, 어떠한 역할까지 해야 하는가에 관한 논의는 다층적으로 이루어질 수 있다. 하지만 담임교사가 책임감을 기반으로 학급 학생과 깊은 마음을 나누며, 성장을 돕는 역할을 하는 것만은 틀림없다.

교실을 우주에 비유한다면 한 명의 학생은 하나의 별이다. 밤하늘을 평면적으로 바라보면 별들은 까만 하늘에서 같은 빛깔로 빛나고 있다.

그러나 별 하나하나에 주목해 관측해 보면, 별은 서로 다른 위치에서 고유한 빛깔로 빛난다. 학생도 마찬가지다. 학생들은 저마다 고유한 개성과 무한한 잠재력을 지니고 있다. 담임교사는 끊기지 않는 시선과 은근한 애정으로 학생의 존재를 알아봐 주고, 이끌어 주어야 한다. 담임의 알아챔은 학생 주도성 발현의 시작이 될 수 있다. 교사가 자기의 존재를 알아봐 주었을 때, 학생은 자기 존재를 새롭게 인식하고, 자기만의 목적지로 나아갈 용기를 얻는다.

교사 주도성을 발휘하여 학생들과 생활하며 깨달은 게 있다. 학생의 성장을 이끄는 과정은 오롯이 교사의 성장으로 이어진다는 것이다. 이러한 점에서 담임교사는 행성에 에너지를 주는 태양이 아니다. 학생의 성장을 촉진하고, 조력하는 담임교사 또한 스스로 빛나는 별이다. 담임교사의 매력은 매 순간 학생들과 함께 빛나며 성장할 수 있는 것이다.

나는 수업하는 것만큼 학급 담임교사로서 학생들과 함께 생활하는 시간이 행복하다. 학생들과 이야기를 나누고, 학생의 빛나는 고유함을 관찰하고, 함께한 시간이 쌓여가며 하나의 우주를 더 넓게 이해해 가는 과정이 즐겁다. 내가 발견한 학생의 빛나는 지점들이 나와 상호작용하며 점점 커지는 모습을 지켜볼 때, 큰 기쁨을 느낀다. 학생들을 성장시키는 일이 나에게는 곧 행복한 삶이다. 그렇기에 담임교사는 '나'도 아니고, '너'도 아닌 '우리'를 위해 교사 주도성을 발휘하고, 학생의 주도성을 성장시키는 교육 활동을 해야 한다고 믿는다.

주도성을 발휘하며 자기만의 빛깔로 빛나는 학생들

단언컨대, 내가 만난 모든 학생은 주도성을 발휘하며 학교생활을 했다. 다만, 주도성이 발휘되는 범위와 정도의 차이가 있을 뿐이었다. 담임 교사로서 1년간 학급 학생들과 함께 생활하며 얻는 가장 큰 즐거움은 한 명 한 명의 성장 과정을 함께할 수 있는 것이다. 학생들은 학교생활을 하며 1년간 눈부신 성장을 이룬다. 학기 말이 되면 처음 만났던 모습을 떠올리지 못할 만큼 지식, 기능, 태도 및 가치를 포함한 모든 역량이 총체적으로 함양된다.

이런 관찰 경험을 통해 학교는 학생이 또래 친구, 교사, 학부모, 지역사회와 만나 상호작용하며 성장하는 무한한 가능성의 공간임을 확인했다. 또한 교사는 학생들의 주도성을 촉진하고 성장의 폭을 키우는 존재라는 확신을 하게 되었다.

여기, 내가 만난 학생 주도성이 강화되어 있었던 학생 세 명이 있다. 운 좋게도 짧게는 1년, 길게는 10년 이상 학생들이 주도성을 발휘하며 살아가는 모습을 지켜봤다. 인터뷰를 통해 삶의 주체로서 능동적으로 주도성을 발휘하는 학생의 특징을 찾아보았다. 더불어 학생들의 주체성을 길러주기 위해 교사와 학교가 해야 하는 역할을 탐색해 보았다.

（2）

스스로 선택하고 만드는 삶, 승찬이의 입시 도전기

자기 결정성과 책임

자기 결정성은 학생 주도성 발현의 중요한 동기로 작용한다. 자기 결정성이란 목표 설정의 단계에서 자신이 주체가 되어 원하는 것을 결정하게 해주는 힘[35]이다. 자기 결정성의 핵심은 자율성의 획득이다. 자율성이 보장될 때 내재적 동기가 발현되고, 성공적인 목표 달성의 가능성이 높아진다.

학생에게 삶의 선택권이 주어졌을 때, 삶 그 자체만을 결정하는 것은 아니다. 삶의 길을 선택을 한다는 것은 자기가 마주할 삶의 과정과 그 결과까지 책임진다는 의미를 내포하고 있다. 선택하는 순간에는 그 결과

---

35   류재준 외(2018), 「성장신념, 자기결정성, 그릿의 관계에서 목표 유형의 조절효과」, 『교육심리연구』 제32호, 한국교육심리학회, 399쪽.

가 목표에 도달하는 것일지, 중도 포기하는 것일지 알 수 없다. 혹은 한 번의 선택이 삶을 더 나쁜 방향으로 이끌 수도 있다. 학생은 어떤 선택을 하는 것이 좋을지 고민하며 동시에 그 결과가 어떠하든 스스로 책임진다는 각오를 해야 한다. 이 과정에서 목표 의식과 책임감이 함께 강화된다.

승찬이는 고등학교 3학년 때 만난 우리 반 야구부 학생이었다. 승찬이와 첫 상담을 하고, 열여덟 살 학생의 삶의 궤적에 감탄했던 기억이 생생하다. 승찬이는 중학교 1학년 때 엘리트 야구를 시작했다. 보통 야구부 학생선수가 초등학교 저학년 때부터 운동을 시작하는 것에 비해 늦은 시작이었다. 초등학교 5학년 때 필리핀 어학연수에서 만난 멘토 선생님과 야구를 해보고, 야구에 매료되었다. 우연한 기회에 선택하지 않고는 못 견딜 만큼 강렬한 운명을 만난 것이다.

부모님은 야구부 활동을 반대했다. 승찬이가 학업의 길을 걷길 바랐다. 끈질긴 설득 끝에 중학교 1학년 6월쯤 어머니가 야구부가 있는 중학교 전학을 알아봐 주었다. 굽히지 않는 승찬이의 뜻을 존중하고, 하고 싶은 일을 즐길 수 있는 환경을 마련해 주기로 한 것이다. 초등학교 때 야구부 활동을 하지 않았기 때문에 전학 갈 학교를 찾기 쉽지 않았다. 결국 강원도 춘천시에 있는 중학교 야구부에 전학 허가를 받았다. 승찬이 집은 서울이었기에, 춘천에서 자취 생활을 해야 했다. 어린 나이였지만 두려움보다 야구를 할 수 있게 된 설렘과 기쁨이 더 컸다.

승찬이는 그토록 바라던 야구를 시작했지만, 얼마 가지 않아 어려움에 부딪힌다. 통통한 몸에, 운동을 해본 적 없어서 조금만 움직여도 숨이 찼다. 코치님은 살부터 빼야 한다며 매일 3시간씩 달리기를 시켰다. 부모님과 떨어져 생활하며 혹독한 훈련을 견디기 힘들었다. 그런데도 야구를 포기하지 않은 힘은 어디에서 온 걸까?

"제가 처음 야구를 시작했을 때 사람들이 일주일 안에 그만둘 거라고 말했어요. 그런 말을 듣고 그대로 그만두고 돌아가면 패배자가 되는 것 같았어요. 그래서 그냥 울면서 버텼어요. 그랬더니 살도 빠지고 기본기도 쌓이게 되더라고요. 그리고 저는 욕심이 굉장히 많아요. 내가 원하는 걸 얻으려면 이 정도는 해야 한다고 생각했기 때문에 열심히 했던 것 같아요. 사실 다른 사람들 앞에서는 자신감 있는 척했지만, 내면에는 두려움도 있었죠."

영화 〈매트릭스〉에서 모피어스는 네오를 찾아와 빨간 약과 파란 약 중하나를 선택하게 한다. 그리고 선택이 어떤 결과를 가져올 것인지 충분히 설명해 준다. 만약 모피어스가 네오에게 자율적인 선택권을 주지 않았다면, 네오는 세상을 구원할 절대자가 되기 위해 애쓰지 않았을 것이다. 네오가 삶의 주체로서 주도적으로 삶을 개척했던 까닭은 그 길을 스스로 선택했기 때문이다.

승찬이가 야구를 시작할 때 주변 사람들은 야구부 생활을 오래 버티지 못할 것이라고 말했다. 엘리트 체육 시스템에 쉽게 적응하지 못할 것이라 예상한 것이다. 그러나 주변 사람들의 부정적인 반응은 오히려 승찬이가 야구를 더 열심히 하는 동기가 되었다. 또한 부모님에 대한 고마움은 야구부 활동이 힘들 때마다 승찬이를 지탱해 주는 힘이 되었다. 학생선수로서의 삶을 일회적 선택으로 여기는 것이 아니라, 지속해서 노력하고 책임져야 하는 것으로 받아들이도록 했다. 부모님의 믿음, 주변사람들의 불신, 그 모든 반응이 모여 스스로 선택한 길의 과정과 결과까지도 책임지게 하는 동력이 되었다.

자아 정체성과 조언

청소년기는 아동기에서 성인기에 이르는 과도기로, 자아정체성이 형성되는 시기이다. 자아정체성이란 다른 사람과 구분되는 자신만의 고유성을 깨닫고 사회적 관계를 통해 자신이 누구인지 명확하게 이해하는 것이다. 자아정체성은 또래 친구, 교사, 가족 등 '나'를 둘러싼 다양한 요인과 상호작용하며 형성되고 변화한다. 청소년은 주변 사람들이 '나'를 어떻게 생각하는지를 거울삼아 자신을 파악하며 자아를 형성한다. 그러므로 친구, 교사, 가족이 자기 존재를 알아주는 것을 넘어, 자기 존재를 인정하고 격려해 줄 때 건강한 자아정체성을 형성할 수 있다.

삶의 위기를 만났을 때, 자아정체성이 확고히 선 학생은 자기를 둘러싼 요소를 고려하여 문제를 해결할 것이다. 그러나 어떤 삶을 살기 원하는지 잘 모르는 학생은 삶을 행복으로 이끌어 줄 선택을 하기 어렵다. 문제는, '나'도 '나'를 둘러싼 환경도 끊임없이 변화하기 때문에, 일관된 자아정체성을 형성하기 어렵다는 것이다. '나는 누구인가?'와 같은 자기 탐색적 질문을 반복하며 정체성을 형성해 나가야 하는 이유가 여기에 있다.

중학교 1학년을 마칠 때 야구부 감독님이 야구 기본기가 부족하니 유급을 하면 어떻겠냐고 권유했다. 승찬이 혼자서는 쉽게 결정하기 어려운 문제였다. 어머니는 유급을 안 했으면 좋겠다고 했고, 아버지는 감독님 의견에 동의하며 유급을 하자고 했다. 부모님은 승찬이가 선택의 갈림길에 설 때마다 균형을 맞추듯 상반되는 의견을 제시해 주었다. 승찬이는 야구부 감독님, 부모님, 친구들의 의견을 고루 들어보고 유급을 결정했다.

"결정적으로 선택은 제가 하는 거지만, 주변 어른들의 의견을 참고했어요. 부모님, 감독님, 코치님, 트레이너 선생님, 선생님들께서 선택에 도움이 되는 좋은 말씀을 해주셨어요."

청소년기에 자아를 깊이 이해하게 되며, 삶의 목표와 방향이 수정되는 것은 자연스러운 일이다. 이때 교사, 부모, 또래 친구 등 주변 지지자의 역할이 중요하다. 주변 사람들은 진심어린 조언으로 학생이 안정감과 자신감을 지니고 위기를 극복할 수 있도록 도와야 한다.

승찬이가 주변 사람들의 조언에 귀를 기울였던 이유는 자기를 위한 진심이 담긴 말이라는 것을 알았기 때문이다. 주변 사람들의 조언을 비판적으로 수용하며 숙고했던 시간은 선택에 확신을 더해 주었다. 여러 갈래의 길 중 자기가 선택하고 결정한 길이 최선이라는 믿음이 생긴 후에는 야구에 도전적으로 몰입할 수 있었다. 야구를 더 좋아하게 되며 야구 선수로서의 정체성 또한 확고하게 세웠다. 크고 작은 자기 결정의 경험이 쌓이면서 승찬이는 두려움보다 큰 용기로 내면의 나침반을 따라 삶의 길을 만들어 나갔다.

'나'를 믿는 힘, 자기효능감

승찬이는 고등학교 3학년이 되는 3월 개학을 일주일 앞두고 팔꿈치 인대가 파열됐다. 병원에 가보니 팔에 힘줄은 없고, 인대는 너덜너덜했다. 야구를 시작할 때처럼, 야구를 그만두는 것도 승찬이 스스로 결정했다.

여느 학생선수처럼 승찬이도 야구를 그만둔 이후의 삶을 생각해 본 적이 없었다. 승찬이가 위기를 극복하는 과정은 주도성을 발휘하여 인생의 가능성을 탐색하는 시간이었다. 시시각각 변화하는 상황, 타고난 성격과 기질, 가정환경 등을 고려하여 '나는 앞으로 무엇을 해야 하나?', '내가 잘하고 좋아하는 일은 무엇인가?'를 탐색했다. 그리고 야구가 아니더라도 행복한 삶을 추구하는 길은 다양하다는 것을 깨우쳐 갔다.

승찬이가 야구를 그만두는 것을 고민할 때, 나는 담임으로서 내가 해야 하는 역할을 고민했다. 노파심에 방황의 시기를 겪을까 걱정되어 매일 같이 대화를 나눴다. 승찬이의 이야기를 들어주고, 또 다른 인생길을 제시해 주고 싶어 체육 관련 학과 진학 정보를 찾아 주기도 했다. 몇 달간의 고민 끝에 야구부를 그만둔 날, 우리 학급 야구부 친구들과 야구부 졸업식을 열어주었다. 야구 인생을 중도 포기한 것이 아니라, 성공적으로 마무리했다는 마음을 심어 주고 싶었다.

걱정과는 달리 승찬이는 야구부를 그만두고 5일 만에 대학 입시를 목표로 공부해 보겠다고 말했다. 얼마간은 학교생활이 어려울 것이라고 생각했기에, 공부를 시작한다는 말이 반가우면서도 놀라웠다. 승찬이의 평균 내신 성적은 8등급이었다. 공부하겠다고 다짐했어도 꾸준히 실천할 수 있을지 우려되기도 했다. 그러나 승찬이는 인터넷 강의와 방과 후 자기주도학습을 신청하고 빠르게 규칙적인 생활에 적응했다. 승찬이의 회복탄력성에 교사도, 학급 친구들도 놀랐다.

야구를 그만둘 때 두렵지 않았냐는 질문에 승찬이는, "저는 자존감이 높은 건지, 무모한 건지 모르겠는데 야구를 그만두고 다른 걸 해도 잘할 것 같다는 생각이 있었어요. 공부하면 하는 거지, 이런 생각이요."라고 답했다. 야구를 그만두기 전까지 야구를 하지 않는 삶에 대해 생각해 본

적이 없었다는 학생이 보여준 자신감의 원천은 무엇일까?

내가 찾은 답은 자기효능감이다. 승찬이가 보여준 어떤 길을 선택하든 잘해 낼 수 있다는 자신감은 자기효능감에서 나왔다. 자기효능감은 목표를 달성하기 위해 필요한 과제들을 성공적으로 수행할 수 있는 개인의 능력에 대한 자신감을 의미한다(Bandura, 1977)[36]. 승찬이의 높은 자기효능감은 삶의 방향을 바꾸어 새로운 목표를 설정하는 데 큰 도움이 되었다.

Bandura(1993)[37]에 따르면 과거의 성공적인 경험이 누적되거나, 이미 성공한 주위의 다양한 사례를 모델로 하여 대리 경험을 하게 해주면 학생의 자기효능감을 향상시킬 수 있다. 승찬이는 어린 시절부터 주도적 선택의 성공 경험이 축적되어 긍정적인 자아관이 형성되어 있었다. 중학교 때부터 야구부 활동을 하며 느낀 만족감과 성취감도 자기효능감 형성에 도움이 되었을 것이다. 크고 작은 자율적 선택의 반복 그리고 그 결과가 가져온 성취감이 아직 가보지 않은 길을 과감하게 선택하는 힘이 되었다.

'나'를 이해하고 목표 세우기

승찬이가 학업 계획을 세우고 생활하는 것을 지켜보며 눈에 띄는 점

36　김지연 외(2014), 「자아탄력성 및 진로결정 자기효능감이 진로준비행동에 미치는 영향: 성취동기의 조절된 매개효과검증」, 『진로교육연구』, 한국진로교육학회, 7쪽.

37　위의 논문.

이 있었다. 야구를 시작할 때처럼 공부할 때도 구체적인 상위 목표를 세우지 않았다는 것이다. 승찬이는 어떤 대학, 어느 학과에 진학하겠다는 목표를 설정하지 않았다. 다만 '노력한 결과를 받아들이고 성적에 맞추어 대학에 가자'라는 다짐만 했다.

명확한 목표는 주도성 발휘의 주요 동기로 여겨진다. 중고등학생이 인식한 학생 주도성 발현의 촉진 요인 중 하나가 '확고한 목표'[38]이다. 흥미로운 점은 중고등학생이 인식한 학생 주도성 발현의 저해 요인에 '너무 높은 목표', '노력의 배신', '부담감'[39] 등이 있다는 것이다. 어떤 학생에게는 '확고한 목표'가 주도성 발현을 촉진하는 동기로 작용하지만, 어떤 학생에게는 실패감을 안겨주는 주도성 발현을 저해하는 요소로 작용하는 것이다.

승찬이는 현실을 반영하지 않고 섣부르게 목표를 설정하면 외려 독이 된다고 보았다. 부담을 갖지 않기 위해 "대학에 가지 않아도 좋다.", "공부도 좋은 경험이라고 생각하고 해보자."라고 스스로에게 말했다. 결국 자기 이해를 바탕으로 구체적인 입시 목표를 세우지 않은 덕분에 유연하게 입시 방향을 수정할 수 있었다. 또한 목표를 세우는 데 시간을 쓰지 않고 공부에 몰입할 수 있었다.

하지만 승찬이가 목표를 전혀 세우지 않은 것은 아니다. 지속적으로 학업에 주도성을 발휘하기 위해서는 현재 수준과 주어진 상황 맥락에 맞춘 하위 목표 설정이 필요했다. 승찬이와 나는 상담하며 승찬이에게

---

38   남미자 외(2019), 『학습자 주도성의 교육적 함의와 공교육에서의 실현가능성 탐색』, 경기도교육연구원, 250쪽.

39   위의 책, 270쪽.

잘 어울리는 직업에는 무엇이 있는지, 학업 계획과 전략은 어떻게 세우면 좋을지 고민했다. 모의고사 성적을 분석해 지원 가능 대학과 학과를 탐색하고, 현재 위치와 가능성을 확인했다. 그리고 전문대, 4년제 대학, 수도권 4년제 대학 진학으로 차근차근 목표를 상향 조정해 나갔다. 자기에 대한 이해를 바탕으로 하위 목표를 세워 노력한 결과, 승찬이는 목표했던 대학에 합격했다. 승찬이가 입시 과정을 완주할 수 있었던 힘은 어디에서 왔을까?

"고등학교 1, 2학년까지만 해도 남들이 하는 것만 따라 하고, 남들이 하라는 대로만 했던 적이 있어요. 그런데 위기를 겪으며 저만의 생각도 생기고, '나'라는 사람이 어떤 사람인지 점점 확실해지니까 주도성이 생긴 것 같아요. 어차피 제 인생은 제가 결정하는 거고, 남이 살아주는 게 아니잖아요. 남 얘기를 잘 들어서 결과가 좋지 않으면 남 탓을 할 수도 없고요. 다른 사람의 의견은 참고만 할 뿐이고, 제 모든 선택의 주체는 저니까 제 삶의 주도성을 가져야 한다고 생각해요."

승찬이는 스스로 삶을 주도할 때 성장할 수 있다는 믿음을 지니고 있었다. 위기 앞에서도 흔들리지 않는 단단한 마음은 야구 선수로서 겪었던 크고 작은 위기가 준 선물이었다. 승찬이는 야구 선수를 그만두어야 하는 순간에도 환경 탓을 하지 않았다. 대신 주어진 환경 안에서 새로운 길을 탐색했다. 자기 자신을 충분히 이해하고 있었던 덕분에 빠르게 새로운 길에 들어설 수 있었다.

삶의 '절대자'로 성장하는 학생과 지지자들

승찬이는 약 7개월간 스스로 하루 계획을 세워 꾸준히 실천했다. 담임 교사로서 승찬이가 투지를 지니고 공부하는 모습이 대견했다. 승찬이를 보면 저절로 격려의 말이 나왔다. 승찬이의 변화를 보고 놀란 것은 나뿐만이 아니었다. 교과 선생님들은 수업을 마치고 교무실에 들어오면 승찬이의 수업 태도를 칭찬했다. 우리 학급 수업에 들어오지 않는 3학년 부장 선생님도 승찬이에게 칭찬과 격려의 말을 아끼지 않았다. 친구들도 마찬가지였다. 야구부 내에서는 승찬이의 학업성취도 향상이 이슈가되었다. 야구부 학생들은 승찬이의 새로운 도전과 성취를 보며 야구를 그만두더라도 스스로 새로운 길을 개척할 수 있다는 가능성을 확인했다. 학급 친구들도 승찬이가 공부하는 과정을 함께 하며 응원해 주었다. 승찬이를 둘러싼 사람들은 승찬이를 응원하고 지지했다. 승찬이가 생각할 때, 주도적인 삶을 사는 데 학교와 교사는 어떤 역할을 했을까?

"저는 학교가 학생이 무엇을 잘 할 수 있는지 찾는 곳이라고 생각해요. 꿈을 찾고, 꿈을 잡는 곳이요. 요즘은 인터넷 강의도 잘 되어 있고 사교육으로 배울 수 있는 게 많아요. 그런데 학교는 공부만 하는 곳이 아니잖아요. 선생님이랑 상담도 하고, 친구들이랑 여러 가지 활동도 하고. 야구를 그만두고 나서 주변에 좋은 사람들이 많다는 걸 알게 되었고 소중함을 느꼈어요. 감사했어요. 내가 뭐라고 이렇게 나에게 잘해줄까. 혼자서는 못 했을 것들을 주변 사람들의 응원을 듣고, 서포트를 받으면서 해낼 수 있었어요."

승찬이는 학교를 '내가 어떤 사람인지 알 수 있는 경험을 하는 곳'이라고 정의했다. 그리고 교사는 '학생이 가고 있는 방향이 바른 방향인지 확인해 주는 역할을 해주는 사람'이라고 생각했다. 승찬이가 삶의 주인으로서 새로운 길을 선택할 수 있었던 힘은, 승찬이를 아끼고 사랑하는 사람들의 지지에서 나왔다. 승찬이는 위기를 극복하며 부모님, 교사, 친구 모두 자기의 성장을 돕는 조력자라는 사실을 깨달았다. 그렇기에 어떤 선택을 하든 그 길이 모두의 마음을 모은 최선이라는 확신을 할 수 있었다. 진정한 자기 삶의 절대자로 거듭난 것이다.

3

자기만의 세계를 꿈꾸는 삶, 승희의 자아정체성

학생과 교사의 마음을 이어주는 상담

교사의 말에는 강한 생명력이 있다. 학생은 교사가 건넨 말에 담긴 진심을 마음에 품는다. 그 희망의 씨앗은 학생의 삶 곳곳에서 피어나 힘을 발휘한다. 중학생 때 음악 선생님이 내 글을 읽고 다른 사람 글과는 다른 특별함이 보인다고 말씀해 주셨다. 글 쓰는 걸 좋아했던 내게 그 말씀은 큰 울림을 주었다. 마음에 새겨진 선생님의 말씀이 나를 국문학과로, 국어 교사의 길로 이끌었다. 때때로 상담 이후 학교생활을 의욕적으로 하거나, 내가 조언했던 방향으로 변화하려 노력하는 학생을 보면서 말의 힘을 확인한다. 그래서 당장 변화를 확인하지 못하더라도 언젠가 꽃 피울 날을 기대하며 학생과 진심을 담은 따뜻한 말로 상호작용하려 노력한다.

담임교사로서 학생과 상호작용했던 기억을 떠올리면 가장 먼저 승희가 떠오른다. 승희와는 고등학교 1학년 담임 반 학생으로 만났다. 그해에는 코로나19의 확산으로 학생들이 6월이 되어서야 첫 등교를 했다. 세 개 학년이 3주마다 돌아가며 한 주는 등교하고, 두 주는 온라인 수업을 했다. 여러모로 학생들이 기본적인 학교생활을 이끌어가는 것만으로도 큰 주도성이 필요한 시기였다.

코로나19는 담임교사가 학생들의 학교생활 적응에 핵심적인 역할을 한다는 것을 일깨워 주었다. 코로나19로 인해 학생들은 사회적 상호작용의 경험이 부족해졌다. 담임교사의 세심한 관찰과 적절한 역할은 더욱 필요해졌고, 그 영향력 또한 컸다. 나는 학생들의 학교 적응을 돕고 능동적인 학교생활을 이끌기 위해, 어느 때보다 학생들과 많은 대화를 나누며 라포(Rapport)를 형성했다.

대면 수업을 하지 않은 3월부터 전화 상담을 시작했다. 상담을 진행하며 학생이 느끼는 막연한 불안과 우울을 줄여주고 싶었다. 그리고 새로운 학교, 친구들에 대한 기대를 품길 바랐다. 학생들에게 요즘 어떻게 지내는지, 온라인 수업에 어려움은 없는지 물었다. 그리고 '온라인 수업 과제를 잘 해냈다', '코로나19의 어려움에도 불구하고 충분히 잘하고 있다'처럼 안정감을 줄 수 있는 말을 해주었다. 대면 수업이 시작된 후에는 상담뿐만 아니라 학생들과 짧은 대화를 자주 나누려 노력했다. 쉬는 시간이나 점심시간에도 교실에서 학생들과 대화를 나누고, 학생과 학생 사이의 대화를 매개했다.

상담의 효능 중 하나는 담임교사가 나에게 관심이 있고, 나에 관해 알고 싶어 한다는 긍정적인 인식을 심어 줄 수 있는 것이다. 자기가 담임교사의 관심과 지지를 받을 만큼 소중한 존재라는 사실을 자각하는 것은, 자아존중감 형성의 씨앗이 된다. 첫 상담으로 학생의 특성, 성격, 꿈, 요즘 하는 생각 등을 파악했다. 그리고 다음 대화를 나눌 때 이전 상담 내용을 인용하여 관심을 표현했다. 가벼운 대화를 나누는 것만으로도 학생들은 교사에 대한 긍정적인 상을 형성했다. 그리고 조금씩 마음을 열었다. 담임교사와 라포를 형성하면 학급 생활, 학교생활에 긴장감을 줄여줄 수 있다. 새로운 생활에 대한 부담감이 충분히 낮아지면 비로소 학교생활에 주도성을 발휘할 심리적 준비가 된 것이다.

줄탁동시, 함께 성장하는 도전

청소년기 학생들은 끊임없이 세상 속에서 자기 위치를 확인하고, 타인과 자기를 비교하며 자아를 형성해 나간다. 자아를 찾아가는 과정은 미로를 빠져나오는 것과 비슷하다. 어떤 학생은 자기만의 나침반을 이용하여 수월하게 길을 찾아간다. 하지만 어떤 학생은 미로에서 길을 잃고 오랜 시간 방황하기도 한다. 내가 만난 모든 학생은 자기 삶을 더 나은 방향으로 이끌고자 하는 마음이 있었다. 그러나 어떤 학생은 더 나은 삶을 살기 위해서는 어떻게 해야 하는지 알지 못했다. 알 속의 병아리가 자기 의지로 내면의 바람을 실천으로 옮기면 가장 좋다. 하지만 때로는 알 밖에 있는 조력자가 알을 두드려 사인을 주어야 한다. "자, 이제 깨어날 시간이야. 알을 깨고 나와 보자."

줄탁동시(啐啄同時)는 병아리가 알에서 나오기 위해서는 새끼와 어미 닭이 안팎에서 서로 쪼아야 한다는 뜻이다. 알 안에서 알을 깨고 나오려고 하는 병아리는 학생이다. 그리고 병아리를 돕는 어미 닭은 학생에게 깨우침의 방법을 알려주는 교사다. 병아리와 어미 닭 누구든 먼저 알을 깨는 시도를 할 수 있다. 그리고 동시에 알을 쪼아 알을 깨는 시기를 앞당길 수도 있다. 그러나 우리가 기억해야 하는 중요한 사실이 있다. 알 밖으로 나오는 일은 누구도 아닌 병아리 자신만이 할 수 있다.

학교라는 공간에서 만난 학생과 교사는 자기에게 주어진 알을 깨면서도, 서로의 알을 깨기 위해 협력하는 관계이다. 즉, 교사와 학생은 각자 삶의 주인으로서, 동시에 조력자로서 함께 성장하는 관계이다. 성장은 점점 커진다는 뜻이다. 성장을 위해서는 좁은 알을 깨고 나와 넓은 세상을 만나야 한다.

승희는 주도성을 지닌 학생이 주도성을 지닌 교사와 만났을 때 얼마나 큰 성장을 이룰 수 있는지를 보여준 학생이다. 고1, 고3 두 해 동안 담임을 하며 진로뿐만 아니라 삶의 방향을 결정하고 깊이와 폭을 넓혀가며 성장하는 과정을 지켜봤다. 그리고 담임교사의 지속적인 상담, 스치듯 건네는 따뜻한 말 한마디, 칭찬과 격려의 메시지가 학생들의 주도성을 깨우는 신호가 될 수 있음을 경험했다.

인터뷰 중 가장 인상 깊었던 내용은 승희의 관심 분야를 알고, 활동의 기회를 준 선생님 이야기이다.

"우리 학교는 인문학 아카데미가 여러 번 열렸어요. 한 번은 국제 분야 기자분을 초청해서 아프가니스탄과 관련된 강연을 했어요. 담당 선생님께서 저를 부르셔서 강사분은 선생님께서 초청해 줄테니, 저에게 아카데미를 진행해 보라고 하셨어요. 처음으로 행사를 진행하며 자료 조사도 하고, 질의응답도 해 봤어요."

인문학 아카데미는 학생들이 각 분야의 전문가 강연에 참여하여 교과 수업 내용 및 관심 분야를 심화 탐구하는 프로그램이다. 승희가 2학년이었을 때 인문사회부에서 진행한 아카데미는 특정 동아리나 학생이 기획과 운영을 맡아 진행했다. 담당 교사가 학생과 면담하고, 학생이 도전 의지를 보인다면 강사 섭외부터 운영까지 전 과정을 학생에게 맡기기도 했다.

학생의 주도성을 성장시키려면, 학생에게 주도성을 발휘할 기회를 제공해야 한다. 진정한 학생의 성장을 위해서는 교사가 준비한 프로그램에 참여하게 하는 것만으로는 부족하다. 학생이 직접 프로그램을 기획, 운영하고, 책임까지 온전히 경험할 수 있도록 맡겨야 한다. 학생을 지켜보며 학생이 필요로 하는 도움만 주는 일은, 교사가 프로그램 전체를 기획하여 운영하는 것보다 어렵다. 하지만 학교 프로그램 운영의 목적은 학생의 성장이다. 교사는 학생의 성장을 기대하며 실패의 두려움 대신 인내를 지녀야 한다.

아카데미 운영을 권유한 교사는 승희가 정치외교학과에 진학하고 싶어 한다는 것을 알고 있었다. 그리고 도전적이고 적극적인 성격을 발휘해 본 경험이 적다는 것도 알고 있었다. 그렇기에 승희가 리더가 되어 주도적으로 행사를 기획하고 운영하며 진로 관련 분야를 심화 탐구할 수 있는 기회를 마련해 준 것이다.

담당 교사는 학생들이 프로그램을 준비하는 모습을 관찰하며, 언제든 도움을 요청할 수 있도록 했다. 그리고 승희를 비롯한 학생들이 협력하여 문제를 해결할 수 있도록 도왔다. "잘하고 있어.", "이런 걸 더 해보면 어떨까?"와 같은 격려와 조언의 말로 승희의 자신감을 북돋아 주기도 했다. 학생의 주도성을 가장 쉽고 확실하게 촉진하는 방법은 교사가 학생에게 따뜻한 말 한마디를 건네는 것이다. 승희는 교사의 조력을 받으며 스스로 만족하는 아카데미를 진행했다. 승희는 주도성을 발휘하여 학교 활동을 계획하고 이끌었던 힘의 원천에 관해 다음과 같이 말했다.

"저는 선생님이 해주신 역할이 정말 컸어요. 왜냐하면 제가 중학교 때까지만 해도 앞에 나서서 뭔가를 주도하는 걸 잘 못 했어요. 그런데 선생님들께서 제가 학교생활 하는 모습을 지켜보시고 진심으로 칭찬을 해주셨을 때나, 힘든 일을 상담하면 방향성 있는 조언을 해주셨을 때 학교생활을 조금 더 열심히 해봐야 겠다고 생각하게 됐어요."

교사는 학생의 주도성을 깨우는 촉진자로서, 학생이 자기 삶과 마주 할 수 있도록 도와야 한다. 자기만의 길을 찾아가는 힘, 그것이 바로 학생 주도성이다. 승희는 교사가 아카데미를 비롯한 다양한 기회를 제공한 이유를 이해하고 있었다. 그렇기에 자기 성장에 필요한 활동에 용기 있게 도전하고, 책임감 있게 이끌었다. 혼자보다 함께할 때, 힘이 몇 배는 세진다. 교사와 학생이 협력적으로 주도성을 발휘할 때, 학생이 마주할 세계는 끝없이 확장된다. 승희의 성장은 이를 증명해 주었다.

학급 친구, 성장의 동반자

승희의 학생 주도성이 눈에 띈 것은 고등학교 3학년 담임이 되어서다. 승희는 1학년 때보다 학교생활에 훨씬 적극적이었다. 일 년 사이에 승희 의 주도성이 눈에 띄게 성장한 원인은 무엇일까? 승희에게 적극적으로 주도성을 발휘하게 된 계기를 물었다.

"1학년 때 우리 반에 1인 1역 활동이 있었어요. 제 역할이 평가 알리미였어요. 수행평가랑 지필평가 관련 정보를 정리해서 반 단톡방에 공유하고 친구들에게 알려주는 일을 했어요. 1인 1역은 학급을 위해 사소한 봉사를 하는 거로 생각했는데, 제가 반 단톡방에 글을 올리면 친구들이 고맙다는 말을 많이 해줬어요. 그리고 선생님께서도 잘하고 있다고 칭찬해 주시고요. 내가 한 일이 다른 친구들에게 도움이 되고, 또 고맙다는 말을 들은 나도 기분이 좋으니까 긍정적인 효과가 선순환된다고 생각했어요. 1학년이 끝나고 나니까 좀 아쉽더라고요. 2학년 때는 반장선거에 꼭 나가야겠다고 다짐했어요. 1학년 때는 주어진 봉사를 하는 데 그쳤다면, 2학년 때 반장을 하면서는 반 전체적인 분위기에도 신경 쓰고, 반 친구들에게 더 많은 도움을 줬어요."

승희의 말에서 칭찬, 격려, 인정을 담은 타인의 긍정적인 반응은 학생의 주도성을 촉진하는 요인임을 확인할 수 있다. 거창한 칭찬의 말이나, 큰 박수 소리로 반응한 것이 아니다. 담임교사인 나는 승희의 이타심이 소진되지 않도록 격려의 글과 칭찬의 말로 반응했다. 승희가 봉사를 하며 자기를 더 좋아하게 되는 경험을 한 것은 학급 친구들의 덕이 더 컸다. '고마워', '도움이 되었어'와 같은 사소한 말들이 모여 승희를 변화시켰다. 학급 친구들의 인정과 격려는 승희에게 자기가 학급에 필요한 사람이라는 인식을 심어 주었다. 그리고 이 경험은 더 큰 리더십을 발휘하는 동기가 되었다.

승희는 진로 탐색의 과정에서도 학급 친구의 영향을 받았다.

"1학년 말쯤에 같은 반 친구가 국제기구에서 일하고 싶다고 이야기했어요. 멋있어 보인다고는 생각했지만, 국제기구가 정확히 무슨 일을 하는지는 몰랐어요. 통합사회 시간에 '왜 세계의 절반은 굶주리는가'를 읽게 되었는데, 그때 처음으로 국제 문제에 관심을 갖게 되었어요. 2학년 때 수업에서 아프가니스탄 사건 같은 국제 문제를 조사하면서 그 과정이 굉장히 즐거웠어요. 그래서 국제 정치 외교 분야로 진로를 바꾸게 되었어요."

학생은 수업이나 학급 활동과 같은 특정 상황 맥락 안에서 배우고 성장한다. 그런데 이것이 끝이 아니다. 학생은 학교생활을 하는 모든 순간에 배우며 삶의 지평을 넓힌다. 학생들은 또래 친구들과 상호작용하며, 복잡한 관계망을 형성한다. 그리고 또래 친구의 말 한마디, 사소한 행동에도 영향을 받으며 흥미와 목표 의식을 발전시킨다. 또래 친구와 서로 영향력을 주고받으며 주도성을 키워나가는 것이다.

승희가 친구와의 대화를 계기로 진로 목표를 새롭게 수립한 것은 운이 좋은 일이었다. 우연한 기회에 삶의 목적지로 날아갈 준비를 마친 것이니 말이다. 교사는 학교에서 또래 친구 사이에서 일어난 상호작용의 결과를 쉽게 관찰할 수 있다. 나는 그럴 때마다 학생은 또래 친구와 깊은 관계를 맺으며 저마다 삶의 방향을 탐색한다는 사실을 확인한다. 만약 학교가 아니었다면 승희는 친구와 대화를 나누지도, 수업을 통해 진로를 탐색하지도 못했을 것이다. 승희의 이야기에서 학교는 개별 주체성이 상호작용하며 성장을 이루는 공간임을 다시 한 번 확인했다.

자기만의 목적지로 날아가는 연습을 하는 학교

삶의 주체가 되는 것은 곧 배움의 주체가 된다는 의미이다. 자기 자신에 대한 이해가 높은 학생은 삶에 필요한 공부를 스스로 선택하고, 즐거운 마음으로 배움의 과정을 주도한다. 대학 입시는 학생의 주도성을 촉진하는 주요 요인 중 하나다. 그러나 입시는 삶의 최종 목적지인 '웰빙'에 도달하기 위한 중간 과정일 뿐이다. 학생은 대학 입시를 넘어 오늘의 배움이 삶에 어떤 의미인지 고민하고, 자기만의 답을 찾아내야만 한다.

학교는 학생이 배움의 주체로서 자아정체성과 진로 정체성을 찾아가는 탐색의 장(場)이다. 학생이 자기만의 목적지를 향해 날아가기 위해 준비하는 무한한 가능성의 공간이다. 학교는 교육과정 내 수업뿐만 아니라 수업과 연계된 수업 외 프로그램을 개발하여 학생들이 주도성을 펼칠 기회를 제공한다. 그리고 학생은 교육 활동을 하며 개성을 드러내고, 교사, 친구들과 상호작용하며 성장한다.

학생마다 추구하는 인생의 목적지는 다르다. 따라서 미래 학교는 보다 개별 학생의 삶에 주목하고, '웰빙'을 지원하는 공간이 되어야 한다. 이를 위해서는 학교의 물리적 시공간성을 확장할 필요가 있다. 미래 학교의 모습 중 하나가 승희가 수강한 클러스터 수업이다. 클러스터 수업은 지역의 학교가 교과목 프로그램을 공유하여, 학생들이 희망 수업이 열리는 학교에 찾아가 수업을 듣는 프로그램이다. 오프라인뿐만 아니라 온라인 수업도 가능하다. 자율 신청이고, 방과 후에 이루어지기 때문에 학생의 배우고자 하는 의지가 무엇보다 중요하다.

승희는 2학년 때 클러스터 수업으로 '국제 정치' 과목을 수강했다. 학교 교육과정에 개설된 법과정치 과목을 수강하면서, 국제 정치 및 외교 분야를 심화 탐구하고 싶었다. 승희는 이 수업에서 국제기구를 탐구하는 활동을 했다. 학교 수업 시간에 배운 내용 중 더 탐구하고 싶은 관심 주제가 국제기구였기 때문이다. 클러스터 수업을 들으며 학교 수업에서 배운 교과 지식이 전공 분야에 대한 깊은 호기심으로 확장되었다. 배움을 통한 지적 호기심의 발현, 지적 호기심 해소를 위한 탐구 활동. 배움에 주도성의 사이클이 발휘된 것이다.

승희는 클러스터 수업을 계기로, 여러 진로 관련 활동을 주도하기 시작했다. 학교에서 정치외교학과 진학 맞춤 프로그램이 열리는 경우가 많지 않았다. 자율적으로 학교 프로그램과 자기 진로를 연결해 입시 로드맵을 계획하고 실천해야 했다. 친구들과 자율 동아리를 개설했을 때, 특히 승희의 주도성이 빛났다.

승희는 덴마크 국제교류 활동 후, 덴마크에 관해 더 공부하고 싶었다. 친구들과 서로 가르치고 배우는 활동을 고민하다, 자율 동아리를 개설했다. 정치 외교를 전공하고 싶은 친구들이 많이 없어 경영, 경제, 국제통상 같은 사회 계열 전공에 관심 있는 친구들을 모았다. 활동을 계획할 때 여러 진로를 지닌 친구들의 욕구를 충족시킬 수 있도록 함께 계획을 세웠다. 그리고 폭넓은 주제의 책을 선정해서 독서토론도 하고, 발표 활동도 했다.

학생 주도성은 학습의 목적인 동시에 학습의 과정이라고 했다.[40] 학교 활동을 하며 국제 문제에 관한 흥미와 호기심을 심화했다. 그리고 메타인지를 발휘하여 새로운 주제를 선정하고 탐구하는 과정을 반복하며 주도성을 성장시켰다. 승희는 이러한 과정을 경험하고서야 비로소 정치 외교 분야야말로 자기가 진정으로 공부하고 싶은 분야라는 확신을 가졌다.

---

40   허주 외(2020), 『OECD 교육 2030 참여 연구: 미래지향적 역량교육 실행을 위한 교사의 역할과 역량』, 한국교육개발원, 22쪽.

나선형으로 확장하는 학생 주도성

예측(Anticipation)−행동(Action)−성찰(Reflection)(A−A−R) 사이클은 학생들이 계속적으로 자신의 사고를 발전시키고, 개인과 사회의 웰빙 방향으로 책임감 있게 행동할 수 있도록 하는 순환적인 학습 과정을 의미한다.[41] A−A−R 사이클은 단선적이기보다는 사이클과 사이클이 서로 긴밀하게 연결되어 있으며, 상호 보완적이고 순환적인 성격을 갖는다.

승희는 학교에서 또래 친구, 교사와 상호작용하며 수많은 A−A−R 사이클을 경험했다. 학교에서 교사가 제공하거나 또래 친구들과 함께 계획한 프로그램을 넘나들며 친구, 교사와 함께 협력적 주도성을 발휘했다. 대체로는 성공적이나 가끔은 실패도 하는 A−A−R 사이클을 반복적으로 경험하며 다른 사람의 자극 없이도 내적 동기를 발휘하여 학교생활을 이끌어 갔다.

승희가 학교생활에서 주도성을 발현한 장면들을 정리하며, 학생 주도성은 나선형으로 확장하며 발전한다는 것을 확인했다. 주도성 발휘의 성공적인 경험은 다음 주도성 발휘로 이어진다. 주도성을 발휘한 경험을 반복할수록 자율성, 적극성, 참여도 등은 점점 커진다. 주도성은 학생의 삶 평생에 걸쳐 발휘되고 성장하므로 성장의 크기와 범위를 가늠하기 어렵다. 소라의 껍데기처럼 빙빙 비틀리어 삶의 도착지까지 끝없이 확장해 나가는 것이다.

마지막으로 승희가 스스로 학교생활을 주도하며 이룬 가장 큰 성장은

---

41 위의 책, 27쪽.

무엇이라고 생각하는지에 관해 말하고자 한다.

"반장을 하면서 우리 반 친구들을 위해 봉사하는 게 친구들뿐만 아니라 나에게도 도움이 된다는 걸 깨닫게 되었어요. 예를 들어 수행평가 정보를 정리해서 친구들에게 알려주는 게 친구들에게 도움이 되라고 한 일이지만, 수행평가를 꼼꼼하게 준비할 수 있는 게 나에게도 좋은 일이더라고요. 이후에는 무슨 일을 하든 내가 희생하는 게 아니고 나의 성장을 위한 일이라고 생각하게 돼서, 조금 더 적극적으로 "제가 할게요."라는 말이 나왔어요."

승희는 학교생활을 하며 봉사는 타인을 위한 희생이 아니라, '나'의 성장을 이끄는 일이라는 것을 배웠다. 주도성을 발휘하며 '나'와 친구, '나'와 세계가 연결되어 있다는 것을 깨달았다. 더 나은 공동체, 더 좋은 사회를 만들기 위해 기여하는 일은 곧 '나'의 삶을 소중히 가꾸는 일이라는 것을 알았다. 승희는 대학교 진학 후에도 자원하여 총학생회 임원 활동을 하고 있다. 고등학교 생활을 하며 형성한 건강한 자아정체성과 가치관을 일관성 있게 지켜나가고 있는 것이다.

내가 공동체의 일원으로서 친구, 학교, 지역사회, 국가, 세계와 연결된 존재라는 것을 아는 학생은 자기 자신뿐만 아니라 타인의 성장을 돕기 위해 자기의 주도성을 발휘하는 데에도 망설이지 않는다. 학교가 경쟁의 공간을 넘어 상호 성장하는 공간으로 기능할 수 있는 힘이 여기에 있다.

(4)

서울대가 끝이 아닌 시작,
선영이의 위대한 도전

자기주도학습 능력과 학생 주도성

자기주도학습은 학생 스스로가 학습의 참여 여부에서부터 목표 설정 및 교육 프로그램의 선정과 교육평가에 이르기까지 교육의 전 과정을 자발적 의사에 따라 선택하고 결정하여 행하게 되는 학습 형태[42]를 의미한다. 흔히 학업성취도가 높은 학생은 자기주도학습 능력이 발달했을 것이라 여겨진다. 그러나 내가 만난 학업성취도가 높은 학생 모두가 자기주도학습 능력을 갖춘 것은 아니었다. 또한 자기주도학습 능력이 발달했다고 하여, 학교생활 전반에 주도성을 발휘하는 것도 아니었다. 학업성취도 상위권 학생 중에는 부모님이 정해준 학습 계획을 비판 없이

---

42 서울대학교 교육연구소, 『교육학용어사전』(https://terms.naver.com/entry.naver?docId=511941&cid=42126&categoryId=42126).

따르는 학생도 많았다. 혹은 다른 학생과 자신을 비교하며 생긴 내적 불안 때문에 꼭 필요하지 않아도 사교육에 의존하는 학생도 흔했다.

교직 첫해 담임 학급 학생으로 만난 선영이는 내신 1점대 초반의 학업 성취도가 높은 학생이었다. 선영이는 자기주도학습 능력이 뛰어났다. 특히 스스로 학업 계획을 세우고, 규칙적으로 실천하는 것을 잘했다. 선영이가 다른 학생과 차별화되는 점 중 하나는 사교육을 듣지 않는 것이었다. 선영이는 고등학교 3년간 학교 수업과 EBS 인터넷 강의만 듣고 자기주도적으로 공부했다. 한두 과목 정도는 학원에 다니거나, 사설 인터넷 강의를 듣는 다른 학생과 달랐다. 그런데 선영이를 자기주도학습 능력이 뛰어난 학생으로 기억하는 이유는 단순히 사교육을 받지 않아서만은 아니다. 선영이는 자기만의 학업 신념이 있었다.

선영이의 1학년 1학기 성적을 보니 전 과목 중 수학만 2등급이었다. 초보 교사였던 나는 선영이 부모님과 상담하며 수학 학원에 다니거나 과외를 해보는 게 어떻겠냐고 조심스럽게 권했다. 부모님이 하신 말씀이 십 년이 지난 지금까지도 나를 부끄럽게 한다. 선영이가 사교육에 의존하지 않고 공부하고 싶어 한다는 것이다. 부모님은 선영이의 신념을 진심으로 이해하고 존중해 주었다. 선영이에게 고등학교 시절 사교육을 선택하지 않은 이유를 물어보았다.

"학원에 가서 강제적으로 하는 것보다는 스스로 공부하는 게 더 좋았어요. 제가 어렸을 때 엄마께서 공부의 왕도 채널을 즐겨 보셨고, 또 거기에서 제게 도움이 될 만한 내용을 노트에 적어주셨던 기억이 나요. 부모님께서 놀이처럼 재밌게 수학 문제에 접근하는 방법을 알려주시면서 너는 혼자서도 잘할 수 있다고 자신감을 많이 넣어주셨어요. 그리고 실제로 공부를 했을 때 성과가 나는 걸 확인 하니까, 공부 방법에 대해서는 자신감이 있었던 것 같아요."

누적된 학습 경험에서 자기주도적으로 공부하겠다는 신념이 생겼다. 선영이는 사교육을 받지 않고도 학업 목표를 이룰 수 있다는 학업 자신감을 지니고 있었다. 이 믿음은 어렸을 때부터 부모님과 함께 공부하는 방법을 익히며 형성된 것이다. 선영이의 부모님은 초등학교 고학년 때부터 선영이와 함께 학업 계획을 세웠다. 벽걸이 달력에 한 달 계획, 주간 계획, 하루 계획을 세우는 연습을 했다. 선영이는 시행착오를 겪으며 학업 스타일을 찾아갔다.

중학교 2학년부터는 선영이 혼자 학업 계획을 세웠다. 부모님은 직접적인 개입을 하지 않고 선영이를 독립적인 학습자로 인정해 주었다. 부모님의 믿음이 혼자서도 할 수 있다는 자기효능감을 높였다. 그리고 이는 학업 주도성 발현으로 이어졌다. 선영이는 자기가 세운 공부 계획과 스스로 익힌 공부 방법으로 성취를 경험하며, 자기주도학습 능력을 키워 나갔다.

"학업 계획을 짜는 연습을 어렸을 때부터 많이 해왔어요. 그래서 저한테는 계획을 짜는 것 자체가 어려운 일이 아니었어요."

요즘 학생들을 보면 학업 계획을 세우는 데 어려움을 겪는 경우가 많다. 스스로 계획을 세우지 못하니, 주어진 학원 시간표에 따라 공부하는 것을 편하게 여긴다. 선영이에게 부모님의 도움을 받으며 학업 계획을 세웠던 경험은 기능 숙달의 과정이었다. 반복적으로 학업 계획을 세웠던 연습이 체화되어 혼자서도 익숙하게 학업 계획을 세울 수 있게 되었다. 자기주도학습 능력이 형성된 것이다.

주도적으로 공부하는 과정을 지켜보며 선영이가 보여준 자기주도학습 능력은 학생 주도성의 일부분이었다는 것을 알게 되었다. 선영이의 학업 목표는 전교 1등, 전 과목 1등급, 서울대 진학이 아니었다. 자기 노력만큼의 성취를 이루는 것이었다. 그렇기 때문에 다른 과목이 1등급인 것에 비해 수학이 2등급인 것을 크게 아쉬워하지 않았다. 다만 열심히 노력한 과정이 결과로 이어지지 않은 것을 아쉬워했다. 열일곱 살 선영이는 확신을 지니고 내면의 나침반을 따라 자기만의 목적지를 향해 걷고 있었다.

그릿, 열정과 결합한 끈기

더크워스(Duckworth)는 성공한 사람들과 면담하며 공통된 특성을 찾아냈다. 그들은 끊임없이 발전을 추구하며, 큰 야망을 추구하는 과정이 지루하고 고통스럽다고 해도, 오랫동안 지속했다. 그리고 이 특성은 적성이나 지능과 별개로 발휘되었다. 그녀는 성공한 사람들이 보인 장기적인 목표를 달성하도록 노력하게 하는 열정과 결합된 끈기를 그릿(Grit)[43]이라고 이름 붙였다. 그릿은 흥미유지와 노력지속 두 가지 요인으로 구성[44]된다. 목표를 성취하기 위해 필요한 관심을 유지하는 요인이 흥미유지이다. 그리고 장애물, 실패, 고난 등에 직면해도 목표를 계속 유지하는

---

[43] 앤절라 더크워스(Angela Duckworth) (2016), 『그릿(Grit)』, 비즈니스북스, 29쪽.

요인이 노력지속이다.

더크워스는 열정은 나침반과 같다고 말한다[45]. 나침반은 만들고 방향을 맞추는 데 시간을 들여야 하지만 제대로 맞춰지면 길을 끝까지 찾을 수 있게 안내해 준다. 열정을 쏟을 수 있는 목표를 세우면 나침반의 방향을 조금은 수월하게 찾을 수 있다. 또한 그 길 끝을 향해 가는 길이 험난해도 끈기 있게 버틸 수 있다.

선영이에게도 사그라지지 않는 열정을 불러일으키는 관심사가 있었다. 바로 '환경'이다. 선영이는 환경 감수성이 발달한 학생이었다. 어렸을 때부터 '북극의 눈물' 같은 환경 다큐멘터리 보는 것을 좋아했다. 어머니 말씀으로는 어렸을 때 바닷가에 휴가를 가서 쓰레기를 줍고 다니거나, 환경 일기 작성하는 것을 잘했다고 한다.

환경에 관한 관심은 학교생활에도 이어졌다. 선영이는 학급 1인 1역으로 분리수거를 맡았다. 어느 날 교감 선생님이 나를 부르셨다. 점심시간에 분리수거장 가는 길에 보이는 쓰레기를 다 주우며 가는 학생을 보셨다고 한다. 기특한 마음에 학생을 불러서 대화를 나누셨는데, 그 학생이 선영이었다. 선영이는 누가 보든, 보지 않든 환경 보호를 위해 자기가 할 수 있는 일들을 실천했다. 4-H 동아리 활동을 하면서는 농약 없이 농사짓는 활동을 주도했다. 그리고 학생회 임원으로 활동하며 잔반 줄이기 캠페인을 기획해 실천하기도 했다. 진로를 고민할 때도 환경 문제 해결에 이바지할 수 있는 직업을 탐색했다. 환경 문제를 해결하고 싶다는 목표 의식은 진로 탐색까지에도 이어진다.

---

44   류재준 외(2018), 앞의 논문, 400쪽.

45   앤절라 더크워스(Angela Duckworth)(2016), 앞의 책, 95쪽.

도전의 결과도 성장의 과정

선영이는 수시 전형으로 서울대학교 자유전공학부에 입학했다. 서울대 지원 학과를 결정할 때 주변 교사들은 입학 점수가 가장 낮은 학과에 지원하라고 말했다. 농어촌 지역의 공립학교에서 서울대학교에 입학하려면 목표를 낮춰야 한다고 조언한 것이다. 그러나 선영이는 환경컨설턴트가 되는 공부를 주도적으로 할 수 있다는 사실에 매료되어 자유전공학부를 선택했다. 선영이는 입시 준비하던 때를 회상하며 교사들의 조언이 고마웠지만 그 조언을 따랐다면 지금처럼 만족스러운 대학 생활을 하지는 못했을 것이라고 말했다.

"어떤 선택을 하든 후회도 많이 되고 자책도 하게 되겠지만 그래도 주도성을 발휘해서 자유전공학부를 지원한 게 좋은 경험이었다고 생각해요."

삶의 주인이 되는 것은 곧 노예의 삶에서 벗어나는 것이다. 주인이 선택하고, 명령하는 일만 하는 것은 노예의 삶이다. 스스로 하고 싶은 일과 해야 하는 일을 선택하는 것이 주인이 되는 삶이다. 자기 삶에 주인의식을 지닌 학생은 부모님이 자녀의 삶을 고려해 A 직업을 권해도 '싫어요'라고 당당하게 말한다. 그리고 교사가 B 학과가 아니라 C 학과에 지원하라고 조언해도 '아니요'라고 자신 있게 생각을 표현한다. 이런 용기 있는 반항의 바탕에는 스스로 삶의 길을 선택하겠다는 의지와 그 결과가 어떠하더라도 자기가 결정한 선택이 최선이라는 믿음이 있다.

그릿과 같은 심리적 기제를 바탕으로 주도성을 발휘하는 학생들의 위대함은 도전의 결과를 성공과 실패로 양분하지 않는 데 있다. 삶의 주인으로 사는 학생에게 도전의 과정과 결과는 모두 성장을 위한 배움이다. 그들은 위기에 맞서는 과정에서 성장했기 때문에, 위기를 극복하지 못했어도 괜찮다고 생각한다. 삶의 모든 경험은 '웰빙'이라는 삶의 최종 목적지에 도달하기 위해 직접 겪고 배워야 하는 과정일 뿐임을 안다. 그러므로 도전으로 원하는 결과를 얻지 못했다면 다시 도전하면 그만이라고 말할 수 있는 것이다.

내재적 목표, 사회적 웰빙

'웰빙'은 학생 스스로 설정한 최종 생애 목표이다. 생애 목표는 삶의 질과 행복감을 결정하는 데 큰 영향을 미친다. 자기 삶의 목표를 무엇으로 삼느냐에 따라 그 목표를 추구하기 위한 과정으로서의 삶의 질 또한 달라질 수밖에 없다.

목표는 그 내용에 따라 개인의 성장, 소속감, 의미 있는 관계와 같은 내적 성장을 지향하는 내재적 목표와 신체적 매력, 금전적 성공, 사회적 명예 등을 지향하는 외재적 목표로 나눌 수 있다. 폰 쿨린(Von Culin), 츠카야마(Tsukayama), 더크워스의 연구(2014)를 보면 외재적 목표를 추구하는 사람보다 내재적 목표를 추구하는 사람들의 그릿이 더 높았다[46]. 이외 여러 연구에서 내재적 목표를 추구하는 것이 외재적 목표를 추구하는 것보다 학업성취, 삶의 만족감, 행복감, 자기효능감, 정신 건강 등에 정적인 영향

46　류재준 외(2018), 앞의 책, 399쪽.

을 미치는 것으로 나타났다[47].

선영이는 내재적 목표를 추구하는 삶의 가치를 아는 학생이었다. 쉬는 시간에 교실에 가보면 수업 내용이나 수행평가에 관해 물어보는 친구들이 선영이를 둘러싸고 있었다. 선영이가 친구들의 질문에 친절하게 답해 주기 때문이다. 주말에는 친구들과 요양원 봉사를 꾸준히 했다. 대학교 1학년 때부터 현재까지는 수능 멘토링 프로그램에 참여해 봉사하고 있다. 수능 멘토링은 교육 소외 지역에 있는 중고등학생에게 온라인 멘토링을 해주는 프로그램이다. 학교생활, 학업 문제뿐만 아니라 개인적인 어려움에 관한 상담도 해준다. 선영이가 이 프로그램에 자발적으로 참여하게 된 이유를 물었다.

"제가 입학하고 얼마 되지 않았을 때 학교에 걸려 있는 현수막을 보고 우연히 그 활동에 대해서 알게 되었어요. 저는 운이 좋게도 고등학교 시절에 좋은 교육 환경에서 어려움 없이 성장했어요. 사실 우리 주변에 공부하기 어려운 환경에 있는 친구들이 많잖아요. 그 친구들에게 제가 조금이라도 도움을 줄 수 있는 게 있지 않을까 해서 그 활동을 지속하게 되었어요."

선영이는 운명 혹은 사회가 자기에게 준 삶을 감사하게 여길 줄 알았다. 그렇기에 취업 스펙, 사회적 인정과 같은 외재적 목표가 아니라, 자기 자신과 이웃의 행복, 더불어 사는 사회 추구와 같은 내재적 목표를 추구했다. 그리고 이를 실현하고자 자기 삶뿐만 아니라 이웃과 사회의 웰빙

---

47 장희선(2016), 「초등학생의 인성과 행복감의 관계에서 생애목표(내재적 목표, 외재적 목표)의 매개효과」, 『교육심리학연구』 제20권 제3호, 교육심리학회, 587쪽, 599쪽.

을 목표로 주도성을 발휘했다. 자신과 타인의 삶을 조금 더 나은 곳으로 이끌고자 하는 내재적 동기에서 유발된 봉사이기에 오랜 시간 지속할 수 있었다.

세상과 연결된 나, 세상의 일부인 나

학생 주도성을 갖는다는 것은 자신과 자신을 둘러싼 세상에 긍정적인 영향을 미치고자 하는 마음가짐과 능력을 갖춘다는 것을 의미한다.[48] 성숙한 개인은 내적 성찰과 조정의 과정을 거치며 개인적 웰빙과 사회적 웰빙을 더불어 추구하는 방향으로 삶을 이끈다. 이 두 지향점이 독립적으로 존재하는 것이 아니라는 것을 알고 있기 때문이다.

개인은 다원적이고 불확실성으로 가득 찬 세계의 관계망 위에 존재한다. '나'와 타인, '나'와 집단, '나'와 세계가 연결되어 있기에, 개인의 웰빙은 곧 사회의 웰빙과 연결된다. 반대로 개인이 속한 사회의 웰빙, 전지구적 웰빙은 평안하고 행복한 개인의 웰빙과 직결된다. 미세먼지 없이 깨끗한 공기 질이 유지되는 국가, 치안 유지가 잘 되는 사회에서 개인은 안전을 보장받으며 행복한 삶을 추구할 수 있다. 따라서 우리는 학생이 개인의 웰빙과 함께, 자기가 속한 사회의 웰빙을 추구하는 방향으로 주도성을 발휘하도록 교육해야 한다.

선영이는 개인의 웰빙이 나를 둘러싼 타인의 웰빙 그리고 사회의 웰

---

48   허주 외(2020), 앞의 책, 21쪽.

빙과 연결되어 있다는 것을 알고 있는 학생이었다. 높은 자아 존중감을 지니고 있었고, 자기를 소중히 여기는 만큼 자기와 연결된 다른 존재를 존중했다. 또한 타인의 웰빙을 도울 때 자기도 행복을 누릴 수 있다는 성숙한 인식을 지니고 있었다. 선영이에게 공부의 목적이 무엇인지 물어보았다.

"어떤 직업적인 목표라기보다는 일단 세상에 도움이 되는 사람이 되고 싶다는 생각을 항상 하고 있었어요. 대학교 진학에 있어서는 소위 말하는 좋은 대학교에 가면 더 많은 기회를 가질 수 있게 된다는 생각도 했고요. 사회에 기여할 수 있는 조금 더 많은 기회를 얻기 위해서 입시에 많은 힘을 쏟았던 것 같아요."

선영이는 대학에 진학해 환경 문제 해결에 이바지할 수 있는 일을 적극적으로 탐색하기 시작했다. 대학교 2학년 때는 '환경에너지정책학'을 설계 전공으로 선택했다. 서울대학교 설계 전공은 학생이 스스로 교육과정을 구성하여 학교의 승인을 받아 이수하는 전공 과정이다. 기존의 전공 이수로는 환경 문제를 심화학습 하기 어렵다고 생각해서 직접 전공을 설계한 것이다. 선영이는 직접 지도 교수를 섭외하고, 커리큘럼을 짜고, 이수 심사위원회를 거쳐 1인 전공 탐구를 진행했다. 그리고 이 과정을 이수하기 위해 다른 친구들보다 1년 더 학교에 다녀야 했다. 선영이가 남들이 쉽게 가지 않는 길을 선택한 이유는 무엇일까?

"처음에는 조금 더 환경에 관해 공부하고 싶다는 마음이었어요. 단순히 '지금 지구가 위험하다' 정도가 아니라, 본질적으로 현재 어떤 환경 문제가 있고 어떤 방법으로 해결할 수 있는지를 공부하고 싶어서 그 길을 선택하게 되었어요."

개인의 웰빙과 사회의 웰빙이 추구하는 방향이 일치할 때, 그릿은 강렬한 힘을 발휘한다. 다른 사람이 쉽게 가지 않는 길을 선택한 데에는 환경 문제 해결에 이바지하고 싶다는 목표 의식이 있었다. 환경 문제 해결을 삶의 소명으로 여기게 된 것이다. 선영이는 동기들이 취업하는 모습을 보면서 초조함을 느끼기도 했다. 하지만 자기가 걸어가고 길에 의구심을 품지는 않았다. 환경 문제라는 전 지구적 문제를 해결하려면 배움의 주체로서 성찰과 탐색을 반복하는 준비의 시간이 필요하다고 믿었다.

선영이는 지금도 내면의 나침반에 따라 속도를 조절하며 꾸준히 자기 길을 걷고 있다. 선영이의 현재 목표는 환경 분야의 전문가로 활약하는 환경 전문 변호사가 되는 것이다. 선영이가 앞으로 환경 분야에 어떠한 발자취를 남길지 모르겠다. 하지만 이것만큼은 확신한다. 선영이는 세상을 더 나은 곳으로 만들며 언젠가 자기만의 삶의 목적지에 다다를 것이다. 교사로서 그 모습을 지켜볼 수 있다는 상상만으로도 행복하다.

5장

-

교사 주도성을 높이는
방법과 문화

교사 주도성과
학생 주도성

교사 주도형 동아리 활동의 결말

"여보세요, 민수니?"

"누구세요?"

"동아리 선생님인데, 동아리 활동 들어와야지?"

"저, 학교 안 가는데요."

"응, 괜찮아, 온라인 활동이야, 핸드폰으로 들어오면 돼."

"(큰 목소리로) 저 학교 안 다닌다고요!"

"아, 그렇구나, 학교 안 다니는구나. 그래, 전화 끊을게…."

학교를 옮긴 첫해 동아리 활동은 이렇게 시작되었다. 코로나가 끝나지 않은 때였다. 첫 수업은 온라인으로 영화 보고 설문 작성하기였다. 첫 활동에 들어온 19명의 동아리 부원 중에서 10명 정도 출석했다. 빈 교실에서 일단 온라인으로 영화를 보여 주면서 결석한 친구들에게 전화를 걸었다. 일부 친구들은 집이 아닌 교육청에서 전화를 받았다. 학교 폭력 사안으로 교육청에 있다고 했다. 민수는 자퇴 예정으로 학교에 나오지 않고 있었다. 분주한 학년 초라서 출석부만 보고 전화를 하다 보니 이런 안타까운 실수를 했다.

두 번째 동아리 활동 시간에 출석한 학생은 고작 2명뿐이었다. 첫 수업에서 가장 적극적으로 활동했던 여학생 5명의 이름은 출석부에서 사라졌다. 다른 동아리로 옮긴 것이다. 퇴근 후 집에 오니 온갖 생각이 다 들었다.

'뭐가 문제일까?'

'성실해 보이는 친구들이 말도 없이 동아리를 왜 옮겼을까?'

'지난번 영화가 재미 없었나?'

'영화 말고 다른 프로그램을 할 걸 그랬나?'

다음 날 해당 학생들 담임 선생님에게 찾아가서 조심스럽게 물었다.

"선생님반 학생 다섯 명이 제 동아리였는데 말도 없이 다른 동아리로 모두 옮겼어요. 혹시 왜 옮겼는지 아세요?"

"무슨 동아리죠?"

"학교사랑반이요"

"아, 미안해요, 미리 연락드렸어야 했는데 제가 정신이 없어서 알려 드리지 못했어요. 첫 동아리 시간 끝나자마자 다섯 명이 같이 찾아왔어요. 동아리 못하겠다고 하더라고요. 제가 직접 다른 선생님에게 부탁해서 어렵게 옮겨줬어요."

"혹시 애들이 왜 그랬는지 알 수 있을까요?"

"학년 초에 몇몇 학생들이 우리 반 교실에 와서 난동을 부린 일이 있었는데 동아리 명단에 그 친구들 이름이 모두 있었다고 하네요, 도저히 무서워서 활동 같이 못하겠다고 해서요…."

"아, 네…."

19명으로 시작한 학교사랑 동아리 부원은 1학기가 지나는 동안 급기야 두 명으로 줄었고 2학기가 시작될 무렵 한 명 남았다. 열세 명의 학생들이 모두 학교를 옮기거나 그만두었다. 2학기 동아리 시간은 남은 부원 학생 1명과 강당에서 배드민턴을 치고 교실에서 소품을 만드는 활동을 하며 보냈다. 이 웃지 못할 동아리 상황을 간혹 주변 선생님께 얘기하곤 했는데 그 때마다 어김없이 내게 물었다.

"그런데 학교사랑반은 무슨 활동을 하는 동아리죠?"

학교사랑반은 원래 학생부장님이 모집한 동아리였다. 내가 모집한 독서반이 인원 부족으로 폐강되어 신청 인원이 많은 반을 넘겨받았다. 학생부장님은 원래 학교사랑 캠페인 활동을 하려고 동아리 부원을 모집했다고 한다. 안타깝게도 대부분의 동아리 부원은 학교생활 부적응으로 학교에서 얼굴 보기가 어려웠다.

1년을 보내는 동안 동아리 활동에 대한 고민을 많이 하게 되었다. 또다시 이런 일을 반복하고 싶지 않았다. 그래서 문득 새로운 아이디어가 떠오르면 틈틈이 메모를 했다.

'내년에는 어떤 동아리를 개설하지?'

'재밌어야 해, 다양해야 해, 체험 위주가 좋아!'

'동아리명은 다양한 감각으로 체험하는 "오감만족"으로 해야겠어!'

이듬해 3월이 시작되었다. 전통 있는 동아리는 기존 부원들의 홍보와 사전 모집으로 인원이 넘친다. 나는 그동안 준비한 동아리 부원 모집을 새롭게 진행해야 했다. 사실 아이디어만 있을 뿐 구체적인 실행 계획은 없었다. 일단 동아리명과 지도교사 연락처가 있는 안내문을 수업 들어

가는 반에 게시했다. 수업 시작 전에 동아리 홍보를 간단하게 했다. 진로 탐색을 위한 체험 위주 동아리라고 소개했다. 제일 먼저 여학생 한 명이 연락을 해왔다.

"동아리에서 어떤 활동을 해요?"

"전시나 공연, 스포츠 등 외부 활동 위주로 할 거야. 구체적인 건 인원이 모집되면 함께 정할 거란다."

"아, 네. 저 하고 싶어요."

"그래? 혹시 같이 활동할 다른 친구들이 있니?"

"네, 2명 더 있어요."

"그래? 들어오겠다는 친구가 더 생기면 연락주렴."

일단 세 명이면 최소 인원은 채웠다. 다행스럽게도 꼬리에 꼬리를 물고 신청해서 열다섯 명이 됐다. 여학생 세 명을 빼고, 모두 남학생이었다. 알고 보니 대부분 그 여학생과 같은 반 친구들이었다. 동아리 활동이 시작된 이후에도 한 명이 더 들어와서 총 열여섯 명이 되었다.

동아리를 처음 계획할 때 세운 기준은 두 가지였다. 첫 번째는 "다양한 곳에서 활동한다" 두 번째는 "오감을 만족시키는 새로운 활동을 한다" 이다. 학교 안에서 한 가지 활동만 하다 보면 학년말이 다가올수록 지루해 하는 경우가 많기 때문이다. 연간 계획을 3월에 세웠지만 실제 활동 장소와 활동 내용은 계속 달라졌다. 창업학과 학생들이 대부분이라서 "창업 구상을 위한 진로 체험"이라는 활동 목표를 세웠다. 동아리 활동이 다가올 때마다 학교 인근 상업 시설과 전시 공간을 섭외하러 다녔다. 외부 활동이라서 걱정도 많았다.

'외부로 나가면 입장료가 필요한 경우가 대부분인데 어떻게 지원받지?'

'아이들이 낯선 장소로 찾아오는 길이 안전할까?'

'비가 오면 어떡하지?'

'수업 참여도 잘 안 하는 녀석들이 외부 공간에서 하는 활동은 열심히 할까?'

교통안전에 대한 걱정이 제일 컸다. 안전 교육을 반복적으로 실시하고 수시로 확인하는 것 외에 달리 방법은 없었다. 그렇다고 안전 때문에 교실에서 영상 보고 진로 체험 보고서 작성을 하는 정적인 활동은 하고 싶지 않았다. 오감만족 동아리는 날이 더워도 나가고 비가 와도 나가고 바람이 불어도 나갔다. 시에서 지원해 준 북페이를 들고 서점 탐방을 하던 날에 책을 고를 줄 몰라서 우왕좌왕하는 모습이 아직도 눈에 선하다. 서점에 가서 책을 고르는 것이 무슨 동아리 활동인가 싶겠지만 학생들이 주도적으로 서점을 갈 것 같지 않아서 교사인 내가 야심차게 계획한 첫 활동이었다. 그렇게 오감만족 진로체험 동아리 활동이 시작되었다. 반응이 가장 좋았던 활동은 자동차 제작 과정과 미래 자동차를 체험해 보는 활동이었다. 반응이 제일 시큰둥했던 활동은 소규모 미술 전시회였다. 도슨트 설명이나 감상 관련 미션을 다양하게 준비했다면 훨씬 의미 있는 활동이 되었을 텐데 상황이 여의치 못했던 것이 아쉬웠다. 그런데 이 전시회 활동이 공교롭게도 학생들의 주도성을 자극하는 결정적인 계기가 되었다. 전시회 관람이 정해진 시간보다 일찍 끝나서 학생들과 함께 활동에 대한 피드백을 여유롭게 나눌 수 있었다. 전시회에 대한 불만을 쏟아내던 찰나에 우연찮게 다음 동아리 활동에 대한 기막힌 제안이 나왔다.

"선생님, 지금까지 동아리 시간에 선생님이 하자는 대로 다 했으니까 다음에는 우리가 하고 싶은 거 하게 해주세요."

"맞아요, 축구하고 싶어요."

"운동장에서 하는 거 말고 축구장에서요."

"우리가 축구장 예약할게요, 제발요."

그동안 지도교사인 내가 주도하는 활동에 모두 참여했으니 마지막 동아리 활동은 본인들이 하고 싶은 활동을 직접 기획하고 싶다는 것이었다. 내심 나도 바라는 바였다. 이렇게 탄생한 학생 주도형 동아리 활동이 '잔디 깔린 축구장에서 하는 축구 경기'였다. 인근 축구장을 알아보고 예약하고 비용을 지불하고 함께 뛸 상대팀 동아리를 섭외하는 모든 과정을 지도교사인 내게 도움을 요청하지 않고 일사천리로 준비했다. 당일 팀을 구성해서 축구 경기를 펼치는 아이들의 표정에서 설렘과 기쁨, 만족감을 모두 찾아볼 수 있었다. 이렇게 오감만족 진로체험 동아리 활동은 "학생들의 학생들에 의한 학생들을 위한 축구경기"로 대미를 장식했다. 나는 깨달았다. 교사가 학생의 주도성을 발휘할 수 있는 발판만 만들어 줄 수 있다면 학생들은 본인이 원하는 것을 향해 성큼성큼 앞으로 나아간다는 것을. 자신들이 원하는 활동을 기획하고 실천하는 과정에서 얻는 성취감으로 스스로 성장한다는 것을. 이날 결석생은 한 명도 없었다. 학년 말에 동아리 활동을 함께 한 학생이 아래와 같이 피드백을 남겨주었다.

"선생님, 저희 동아리를 잘 맡아주시고 잘 이끌어주셔서 감사했습니다. 선생님, 제가 10년 20년 50년이 지나도 선생님 잊지 않겠습니다. 그동안 감사했습니다."

시작		
서점 탐방 4월 8일 (금)	운동장 축구 5월 13일 (금)	볼링장 볼링 5월 20일 (금)
모터 스튜디오 체험 9월 2일 (금)	만화 카페 8월 19일 (금)	보드게임 카페 6월 17일 (금)
전력지원 전시관 9월 23일 (금)	미술 전시회 10월 19일 (수)	축구장 축구 11월 25일 (금) 끝

오감 만족 진로 체험 동아리 활동

　네모난 교실에서 하루종일 의자에 앉아 생활하는 학생들에게 색다른 체험의 기회를 주고 싶었다. 그래서 동아리 시간이 돌아올 때마다 동분서주하며 외부활동을 계획하고 추진했다. 교통안전과 예산지원 등 넘어야 할 여러 장벽들이 생겼지만 그때마다 어떻게든 해결점을 찾을 수 있었다. 학기 초에는 동아리 활동에 큰 기대가 없어 보이던 학생들도 활동이 거듭될수록 질문과 요구사항이 많아졌다. 학교 밖에서는 교실 안에서보다 교사와 학생이 더 대등한 관계로 소통할 수 있고 때로는 교사와 학생의 역할이 바뀌기도 한다. 시간이 지남에 따라 학생들은 자신의 생각을 스스럼없이 표현했고, 교사의 지시와 결정에 따르기만 하던 순응적인 태도가 적극적이고 주도적으로 변해갔다. 이런 변화는 어떻게 일어난 것일까? 새로운 환경과 호기심을 자극하는 활동이 학생들 내면의 주도성을 깨우고 원하는 것을 하고자 하는 욕구를 끌어올린 것이다. 이 변화의 지점에서 교사와 학생의 주도성은 상호작용하고 결합하게 된다.

교사 문화는 학생과 교사 성장의 촉진제

학교 교육에서 학생이 주도적으로 행동하고 참여하는 것만큼 교사가 바라는 게 또 있을까? Margaret Vaughn은 〈학생 주도성〉에서 "학생 주도성을 함양할 수 있는 공간을 교육과정 내에서 형성할 수 있는 방안은, 교사가 학생의 탐구를 인식하고 구성해 가게끔 안내해 줄 수 있을 때이다."라고 말한다. 학생이 삶의 주체로 살아갈 힘을 키워주는 것은 급변하는 현대 사회에 필요한 교육의 목적이라고 생각한다. 이를 실현하려면 교사는 교육과정을 재구성하여 수업을 설계하고 실행하는 교사로서의 주도성을 발휘해야 한다. 즉 학생이 주도성을 발휘하고 향상시킬 수 있는 장을 만들어 줄 수 있는 사람은 결국 교사이다.

교사 대상 주도성에 대한 설문 조사에서 교사의 주도성 발휘를 촉진하는 가장 중요한 요소로 '학교 문화'가 1위로 집계되었다. 이 결과는 어떤 분위기의 학교에서 근무하느냐에 따라 교사의 주도성이 잘 발휘되기도 하고 그렇지 못하기도 하다는 것을 보여 준다. 다시 말해 학생의 주도성을 향상시키는 데 매우 중요한 교사의 역할에 큰 영향을 끼치는 것이 '학교 문화'인 것이다.

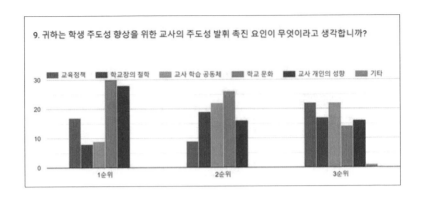

9. 귀하는 학생 주도성 향상을 위한 교사의 주도성 발휘 촉진 요인이 무엇이라고 생각합니까?

학교 문화를 만드는 데 가장 큰 역할을 하는 요소는 무엇일까? 학교장의 철학과 학생들의 학업 성취도 중요하지만, 교사 문화가 그 중심에 있다. 협력적인 공동체 문화가 정착된 학교에서는 교사들의 다양한 능력이 상호작용하여 학생들에게 긍정적인 영향을 미칠 수 있다. 자기 삶을 주체적으로 살아가는 데 필요한 주도성은 학교 안에서 학생과 교사가 함께 실천해 나가야 할 덕목이다. 학생이 주도성을 가지고 수업에 참여할 수 있도록 하려면 교사 또한 주도적으로 교육과정을 분석하고 성취 기준을 재구조화하여 수업에서 학생이 주인공이 될 수 있는 무대를 마련해 주어야 한다. 이를 위해 교사는 학생을 이해하고 학생 주도성에 대해 존중하는 마음으로 소통할 수 있어야 한다.

인생을 살아가면서 매 순간 느끼는 감정들은 여러 가지가 있다. 긍정적인 감정도 있고 부정적인 감정도 있다. 교사로서 나는 학생들에게 내면의 주도성을 발휘하는 기회를 많이 만들어 주고 싶고 이를 통해 학생들이 크고 작은 '뿌듯함'을 자주 느꼈으면 좋겠다. 이 소망을 혼자의 힘으로 실현하기는 버겁다. 그래서 교사들이 함께 모여 생각을 나누고 실천 방안을 연구하는 공동체가 필요하다고 생각한다. 각자 최선을 다하는 선생님들이 함께 자신들의 강점과 경험을 나눈다면 분명히 더 큰 시너지 효과가 일어날 것이다. 나아가 교사는 점차 학생과 함께 주도적 성장을 만들어 가는 데 힘을 얻을 것이다.

2

함께 하는
교사 공동체

개방과 자율이 살아 숨 쉬는 교사 공동체 만들기

교직 경력 20년 동안 수업과 학교 업무를 하면서 여러 가지 원인으로 시행착오와 어려움을 겪었다. 학생들의 무반응으로 자괴감을 느끼기도 하고, 과다한 업무로 무력감을 경험하기도 했다. 이런 상황에서도 교직을 계속할 수 있었던 힘의 원천은 주변 동료 교사와의 소통과 공감이었다. 교사 공동체 활동에서 정기적으로 이런 소통과 공감을 바탕으로 한 나눔과 협력의 시간이 마련된다면 교사와 학생의 주도성 향상에도 분명 도움이 될 것이다.

2021년 학교 안 교사 공동체 활동 운영 업무를 처음 맡게 되었다. 기존의 운영 방식을 유지하면서 조금씩 개선해 나가 보고자 노력했다. 과중한 업무로 바쁜 일과 안에서 공동체 활동은 형식적으로 진행되는 경우가 부지기수였다. 학교 문화 개선이라는 눈에 보이지 않는 목적을 가진 공동체 활동은 긴급하고 중요한 개인 업무 시간으로 대체되는 경우가 많았다.

학생의 주도성 향상을 위해 교사 주도성을 발휘하려면 교육정책의 흐름과 교육과정에 대한 이해가 필요하고 수업 설계 시 학생의 주도성이 반영될 수 있도록 계획해야 한다. 이러한 역량을 기르기 위해서는 교사 개인의 노력과 공동체의 힘이 모두 필요하다. 학교 안에서 수직적인 업무 조직이 아닌 수평적인 학습 조직으로서 교사 공동체가 교사의 주도성을 발휘하는 데 충분히 제 역할을 할 수 있다고 생각한다. 앤디 하그리브스·데니스 셜리는 〈학교교육 제4의 길〉에서 "교사 공동체는 교사 전문성의 가치를 성찰하고 회복하는 공간이지 단순히 정부 정책을 시행하고 성과를 쌓아 올리는 수단이 아니다."라고 말한다. 이와 같이 교사 공동체는 학교 안의 업무 조직과는 성격과 목적이 근본적으로 다르다. 학교 업무 조직이 외부적 동기인 책무성과 타성에 충실한 반면, 교사 공동체는 내부적 동기인 의미와 성장에 집중한다. 교사 공동체는 업무 조직이 아니기 때문에 조직 구성부터 개방적이고 자율적이다.

학년 초 공동체 신청 시 공동체 간의 미묘한 경계가 세워지기도 한다. 예를 들면 교과로 모인 공동체 같은 경우는 타 교과 교사의 신청 자체가 불가능하다. 참여 의지가 있음에도 불구하고 신청할 수 있는 공동체

전문적 학습공동체란?								
전문가로서 교사의 판단을 기반으로 학생과 교사의 학습, 궁극적으로 학교조직의 학습이 가능하도록 교사들이 함께 일하고 생활하는 공동체로(Hargreaves & Fullan, 2014) 교사 상호 간 협력하여 비전을 공유하고, 학생의 학습에 초점을 두어 성찰하고 수업을 개방하며 실천의 탈 사유화를 위해 노력하는 것 (OECD, 2012)								
분야	교과					주제		
전학공명	디자인	정보	보건간호	수업 혁신	즐거운 직업교육	체육연구활동	상업 진로	진로교육
주제	디자인	학생이 재미있어 하는 수행평가	보건간호	수업도구개발	즐거운 직업교육	체육연구활동	상업 진로 맞춤형 교육	진로(장체)
활동 내용	1. 소통하는 수업 2. 학년별 진로 로드맵 연구(자격증 취득) 3. 수업과정연구	수행평가 개발	보건 간호 분야 연구	영화, 독서, 놀이, 음악 등의 매체 기반 수업도구 개발	1. 직업기초능력 2. 취업역량강화 3. 신입생 모집 홍보 4. 자격증 취득 향상	1.신체수련수업 2.체력관리 3.건강체력수업 (코어,플랭크,타바타)	1.학과별 인력 양성에 맞춘 직업교육 2.학과별 인력 양성에 맞춘 진로교육 3.학생중심 프로젝트 수업	진로 수업 연구

교사 공동체 조직

가 제한된다면 해당 교사는 소외감을 느끼게 된다. 이 같은 상황을 예방하기 위해 주제별 공동체 중에서 인원수와 상관없이 문을 활짝 열어 놓은 공동체를 하나 이상 개설하면 좋다. 이 때문인지 의무적으로 해야 하는 업무성 활동이 아님에도 불구하고 퇴직이나 휴직 등의 특별한 사유가 없는 교사들은 모두 신청하였다. 나중에 안 사실이지만 담당 선생님의 '찾아가는 홍보'도 한몫했다.

공동체별 운영에 있어서는 기획, 일지, 보고서, 사진, 발표, 물품 준비 등의 역할 나누기가 중요하다. 역할을 나눔으로써 팀장의 부담을 최소화하고 구성원의 소속감을 높여 자발적 참여를 유도할 수 있기 때문이다. 또한 교사가 리더로서 각자의 능력을 주도적으로 발휘할 수 있는 기회가 될 수 있다. 자율적인 신청으로 공동체가 구성되고 팀장과 구성원의 역할 나누기까지 마무리가 되면 공동체 안에서 개인은 모두 각자의 역할에 책임감을 가지고 활동에 참여하고자 한다.

그러나 막상 새학기가 시작되고 수업과 업무로 일상이 채워지다 보면 정기적으로 다가오는 공동체 활동 시간이 부담으로 다가오는 경우가 다반사다. 이 때에는 업무상의 피로를 줄여 주고 공동체 구성원들 사이를 끈끈하게 만들어 줄 수 있는 간식과 물품 지원이 필수다. 담당 부장으로서 담당 교사와 함께 공동체 활동의 만족감을 높여 줄 수 있는 간식을 제공하려고 노력했고 공동체별 활동에 필요한 도서와 물품도 적극 지원하였다.

정바울, 이승호(2017)는 교사 공동체 운영의 저해 요인으로 '업무과다로 인한 시간 부족', '비전 공유의 어려움', '변화에 대한 열정과 동기 부족', '관주도의 성과주의 문화', '교사 공동체에 대한 전문성 부족', '리더의 부재', '경쟁주의적 환경' 등을 제시하였다.[49] 이 중 '업무 과다로 인한 시간 부족'은 교사가 직면하고 있는 가장 현실적인 문제이다. 대부분의 교사들이 교사 공동체 활동의 필요성은 어느 정도 인정하는 편이다. 그러나 기간이 정해진 업무를 처리하고 시간표대로 수업에 들어가다 보면 교사 공동체 활동은 우선순위가 항상 뒤로 밀린다. 개인의 탁월한 능력이 집단의 협업 능력을 따라갈 수 없다는 것은 이미 여러 연구에서 입증된 사실이다. 이 점은 미래 사회가 학교교육에 요구하고 있는 능력에 공동체의 협업 능력이 빠지지 않는 이유이기도 하다. 시급하지 않지만 중요한 활동이 교사 공동체 활동이다. 교사가 시간이 부족하다는 이유로 소홀히 해서는 안 되는 중요한 활동인 것이다. 교사 주도성이야말로 학생들이 삶을 주체적으로 살아갈 힘을 길러 주기 위해 발휘되어야 할 필수 역량이다. 학교 안 교사 공동체 활동이 효과적으로 운영될 수만 있다면 교사의 주도성을 이끌어내기 위한 가장 유용한 조직이 될 것이다. 물론 교사 공동체 활동이 교육 문제를 손쉽게 해결해 주는 만능 해결사는 아니다. 다만 넘지 못할 것처럼 보이는 거대한 산을 넘으려고 혼자 애쓰지 말고 함께 터놓고 이야기하면서 손잡고 가보자는 것이다.

49 정바울, 이승호(2017). 한국의 전문적 학습공동체 실행에 관한 탐색적 연구: 효과적 실천의 저해요인에 대한 교사들의 인식을 중심으로. 한국교원교육연구, 34(4), 183-212.

공감과 대화를 통해 공동체를 이끌어낸 서클 활동

교직 생활이 밖에서 보는 것처럼 순탄하게만 흘러가지 않는다. 교실에서 소통 부재나 오해로 발생하는 사건 사고가 돌발적으로 일어난다. 무기력과 수업 방해가 공존하는 교실 환경에서 교사는 소진과 트라우마를 겪게 되기도 한다. 이 때문에 최근 교권 보호 보험 가입도 눈에 띄게 늘고 있다고 한다. 김현수는 〈선생님, 오늘도 무사히!〉에서 "학교는 하나의 조직이고 체계입니다. 학교에서 발생한 문제를 체계의 문제로 인식하고 팀을 이루어서 접근하고 함께 해결책을 찾는 방식이 정착되어야 합니다"라고 말하면서 교사 소진과 트라우마와 같은 문제를 해결하기 위해 교사 공동체 활동의 필요성을 제기했다.

교사 공동체 활동을 활용한다면 교사는 각자의 주도성을 적극적으로 발휘하여 학생의 주도성 향상을 위해 교육과정을 재구성하고 수업을 설계할 가능성이 높다. 혼자가 아닌 공동체 안에서 서로에 대한 자극과 반응을 오가며 내적 동기와 에너지가 생성되기 때문이다.

Margaret Vaughn은 〈학생 주도성〉에서 "주도성 문화를 개발하기 위해 교사는 학생의 성향과 동기를 지원하는 역할과 학생이 학교와 교실에서 어떻게 위치하는지 이해하기 위한 성찰부터 시작해야 한다."라고 말한다. 학생의 주도성을 함양하기 위해 교사는 제일 먼저 학생을 이해하는 노력을 기울여야 한다. 교실 안에서 학생의 물리적 정서적 위치까지 파악해야 학생과의 원활한 소통이 가능하고 수업 시간의 태도가 그동안 어떻게 길러졌는지 가늠해 볼 수 있다. 교사가 학생 내면의 모습을 이해하는 데 도움을 주는 대화방법으로 서클을 추천한다.

학년 초 교사 공동체 시간에 서클을 기반으로 정서적 유대감을 만들

서클을 통한 다양한 활동

고 소통하는 활동을 직접 해 보았다. 그리고 이 활동을 통해 배운 서클을 활용하여 수업 시간이나 학급 자율 시간에 학생들과 함께 할 수 있는 여러 가지 방안을 공유했다.

참여 교사 중에는 서클로 대화하는 경험이 처음인 분들과 연수를 통해 여러 번 참여해 본 분들이 같이 있었다. 토킹피스와 센터피스, 서클의 약속에 대한 간단한 퀴즈를 진행했다. 퀴즈는 역시 참여자의 집중력을 순간적으로 모으는 힘이 있었다. 첫 만남의 시간이라 '초성으로 하는 자기소개'를 했는데 기발한 표현들이 여럿 나와서 재미도 있고 분위기도 한결 부드러워졌다. 간단한 자기소개 활동을 통해 순식간에 서로의 거리가 가까워지는 경험을 할 수 있었다. 피로감이 몰려드는 금요일 오후임에도 불구하고 서클을 통해 학교에서 이루고 싶은 가치에 대한 이야기를 경청하며 잠깐의 '여유'를 누릴 수 있었다. 학생 대상 서클 적용 방안으로 학급 회의 시간에 '가치 카드'를 이용하여 학급 규칙을 정하는 것과 상담을 진행할 때 '느낌 카드'를 활용해 딱딱한 분위기를 부드럽게 만드는 것을 제안했다.

일반적인 회의나 대화에서는 지위가 높거나 목소리가 큰 사람 혹은 언변이 좋은 사람이 발언권을 독점하기 쉬운데 서클 안에서는 토킹피스를 가진 사람이 말을 하는 동안 다른 사람은 침묵으로 경청해야 하기 때문에 발언권이 누구에게나 공평하게 배분된다. 여러 사람이 자기를 바라보며 자신의 이야기에 귀 기울여 주는 경험은 소중하다. 상대방의 존중하는 마음이 온몸으로 느껴지기 때문이다. 또한 서클은 대화가 진행되는 동안 대화 내용에 대한 어떤 조언이나 충고를 하지 않는다. 말하는 사람은 자기 이야기에 대한 판단이나 비난을 걱정하지 않고 안전한 분위기에서 자기 생각을 자유롭게 표현할 수 있다. 이러한 서클 대화 방법은 서로에 대한 이해를 높이고 관계를 돈독하게 만들어 준다. 서클 대화법을 익히기 위해 교사 공동체 활동 시간에 독서서클, 영화서클, 음악서클 등 다양한 방식의 서클을 했다. 이 중에서 음악서클에 대한 반응이 제일 뜨거웠다. 각자가 고른 음악을 함께 듣고 음악에 담긴 자신의 이야기를 했다. 감성적인 음악이 닫힌 마음을 열어주며 분위기를 따뜻하게 만들었다. 음악에 얽힌 사연을 통해 서로에 대한 이해의 폭이 넓어졌다.

수평적인 협의 문화

③

수업 고민 터놓고 얘기해 볼까요?

교사 대상 주도성 관련 설문 조사 결과, 학생 주도성 향상을 위해 교사 주도성이 가장 잘 발휘될 수 있는 영역으로 교육과정, 창의적 체험활동, 수업, 학교 문화, 생활교육 중에서 '수업'이 압도적인 1위를 차지했다.

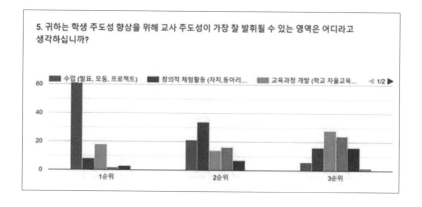

수업을 잘하고 싶다는 바람은 교사의 로망이다. 모든 교사는 수업에서 학생들과 교감을 나누며 함께 성장하고자 하는 욕구를 가지고 있다. 실제 수업에서도 교사의 바람대로 교사 주도성과 학생 주도성이 조화롭게 일어난다면 얼마나 좋을까? 그러나 현실은 녹록지 않다. 학생들은 학생이기 이전에 한 가정의 가족 구성원이면서 과거 교육에서 각자의 다른 경험을 가지고 있다. 특히 최근 눈부시게 발전한 정보통신 기술의 발달로 화려하고 자극적인 미디어에 노출되어 온 탓에 책 읽기나 공부에 어떤 매력도 느끼지 못하는 경우가 허다하다. 특히 내가 근무하는 학교 학생들은 중학교 과정을 마치면서 공부보다는 기술 습득에 마음을 두고 자격증 취득을 통한 취업을 목적으로 입학한다. 따라서 수업을 대하는 태도가 매우 소극적이거나 수업 참여를 전면적으로 거부하는 학생도 있다.

수업을 하다 보면 막다른 길에 다다른 것 같은 답답함이 느껴질 때가 있다. 특히 학생들이 수업에 전혀 흥미를 느끼지 못하거나 학습에 무기력한 태도를 보였을 때 더욱 막막하다. 그럴 때마다 나는 누군가와 함께 고민을 나누면서 위안을 얻고 싶었다. 옆에 있는 동료 교사와 틈틈이 이야기를 해도 적절한 해답을 찾기에는 역부족이었다. 당시 교무실에서는 소극적이고 무기력한 학생들 때문에 수업이 힘들다는 이야기가 심심치 않게 오가고 있었다. 시간이 지날수록 내가 가지고 있는 수업에 대한 고민이 나 혼자만의 것이 아니라는 것을 알게 되었다. 2021년 다른 해보다 시기를 앞당겨 '수업혁신'을 주제로 대토론회를 진행하게 되었다. 목적은 단 하나, 우리가 가지고 있는 수업에 대한 고민을 함께 나눠 보자는 것이었다. 코로나 상황을 고려하여 대토론회에는 학생과 학부모는 온라인 설문조사에 참여하고 교사는 대면으로 진행하는 것을 계획했다. 참여 교사는 학과 기준 세 분임으로 나누고 각각의 교실에 모여 수업에 대한 고민을 허심탄회하게 털어놓는 시간을 가졌다.

먼저 익명으로 진행하는 사전 설문 조사를 통해 학생들이 원하는 교사상의 우선순위를 알아보았다. 학생들은 '잘 이해해 주고 편안한 선생님, 재미있고 자상한 선생님, 친절한 선생님'을 원하고 있었다. 학생의 주도성을 향상시키려면 교사는 학생을 이해하고 학생의 말에 귀 기울이면서 허용적인 태도를 유지해야 한다고 생각한다. 이 점은 설문 결과에서 나온 학생이 원하는 교사상과도 일맥상통한다. 다음으로 학생들이 수업에 대해 어떻게 느끼고 있는지에 대해 알아보았다.

수업할 때 어떤 느낌이 들어요? 그 이유는요?

학생 A	재미있는, 심심함. 일단 좋아하는 과목은 재미있지만 내가 좋아하지 않거나 너무 주입식 교육이면 집중을 못해 심심할 때도 많다.
학생 B	어려워하는 교과의 경우 걱정되기도 하고 답답하고 스스로가 부끄럽기도 하고 남들이 부럽다는 감정이 들기도 한다.
학생 C	당황스러운 느낌이 든다. 빠르게 지나가면 이해가 되지 않을 때가 있는데 계속 묻기는 좀 다른 친구들에게 민폐가 될 것 같기도 해서 그냥 지나가게 된다.
학생 D	답답함. 처음 배우는 거라서 이해가 바로 되지 않아 답답한 마음이 들 때가 많다.
학생 E	매 수업 시간이 기대된다. 어떤 수업 시간엔, 때론 부담되고 불안하기도 하지만, "오늘은 무엇을 배울까? 어떤 걸 가르쳐 주실까?

오늘은 더 수업에 집중해야지!"라는 마음이 들며 기대가 된다.

학생 F   서운한, 억울한, 슬픔. 이유는 나는 분명 모르는 것을 알려 달라고 말한 것이었는데 선생님께서 다른 것으로 착각하여 이런 것은 초등학교 3, 4학년도 할 수 있다고 뭐라고 했을 때이다.

수업 시간에 학생이 교사에게 수업에 대한 느낌을 표현할 수 있는 기회는 많지 않다. 설문조사에서 학생들의 솔직한 의견을 생생하게 들을 수 있었다. 응답 내용을 통해 교사들은 수업에 대한 학생들의 다양한 느낌과 생각을 새롭게 알게 되었다.

• 수업에 임하는 교사의 느낌

주제	답변 내용
수업할 때의 느낌	

교사에게도 느낌카드를 활용해서 수업할 때의 느낌이 어떤지를 물었다. '답답함'을 느끼는 교사가 가장 많았다. 학생 설문 조사 결과에도 '답답함'은 여러 번 나왔다. 교실 안 교사와 학생 사이에 '보이지 않는

장벽'이 있었던 것이다. '이 장벽을 허물기 위해 교사가 할 수 있는 것이 무엇일까?'를 함께 고민해 보자는 것이 대토론회를 진행한 목적이다.

• 분임별 토론 결과

주제	활동 내용
수업에 대한 기대와 실천	

대토론회에서 수업 고충과 대안에 대해 토의했고 짧은 문구의 기록으로 남겼다. 한 번의 대토론회가 수업을 얼마나 바꿀 수 있었는지는 모르겠다. 다만 교사들이 대토론회를 통해 학생들 각양각색의 마음을 좀 더 이해할 수 있었고 동료 교사의 이야기를 통해 공감대를 형성함으로써 서로가 조금은 가까워지고 긍정적인 에너지가 만들어졌다.

교사 중 한 분은 대토론회가 일회성으로 끝난 요식 행위에 불과했다고 했다. 또 다른 교사는 대토론회에서 함께 나눈 이야기를 통해 큰 위안을 얻었고 수업 개선에 대한 의지를 고취하는 기회가 되었다고 했다. 대토론회의 유의미한 결과는 학생에 대한 이해를 바탕으로 개별 맞춤형 수업이 필요하다는 생각에 대다수가 동의했다는 것이다. 학기 중 실시한 대토론회를 통해 나는 교사들이 소통할 수 있는 공동체 활동이 경직

된 학교 분위기를 조금은 부드럽게 만들어 줄 수 있다는 것을 알게 되었다. 또한 학교 안 교사 공동체 활동이 활성화된다면 서로가 가진 고민을 함께 해결해 나갈 수 있겠다는 확신도 생겼다.

수업 나눔 협의회 어떻게 할까요?

교사에게 수업 공개는 부담스럽다. 학생들의 수업 참여율이 현저히 낮은 반을 담당한 교사는 부담의 정도가 더 심하다. 그러나 수업하기 어려운 반이 많을수록 수업 나눔은 더욱 필요하다. 교사의 능력 탓만 할 수도 없고 학생에게 책임을 다 돌릴 수도 없다. 한 학기에 한 번 있는 수업 나눔을 위해 학기별로 기간을 정해 수업 공개를 실시했다. 교과와 상관없이 릴레이 형식으로 수업 공개 날짜와 교시를 교사들이 서로 선택한 후 자유롭게 참관하였다. 같은 교과를 보고 싶어하는 경우도 있고 다른 교과를 참관하고 싶어 하는 경우도 있었다. 맞교환으로 참관을 하겠다는 경우만 제한하고 대부분 희망대로 참관하도록 계획을 세웠다.

바쁜 일과로 시간은 정신없이 지나가고 수업 참관이 자율적으로 이루어졌기 때문에 모든 교사가 참관했다고 볼 수는 없지만 대다수의 교사들이 수업의 전부는 아니더라도 일정 부분이라도 참관하려고 노력했다. 수업 공개의 목적이 교사가 수업을 잘하고 못하고를 판단하는 것이 아니라 학교 교실의 모습을 직시하고 학교 실정에 맞는 수업 방법을 다 같이 찾아보자는 것임을 거듭 강조했다. 또한 관찰 대상이 교사가 아니라 학생에게 있으니 학생의 모습을 자세히 관찰해야 한다고 반복해서 공지했다. 그럼에도 불구하고 수업 공개에 대한 심적 부담은 여전했다. 수업 공개가 부담되긴 해도 수업 나눔의 필요성에 대해서는 대부분 동의했다. 교실 수업에서 느껴지는 교사로서의 외로움은 누구에게나 예외 없이 찾아오기 때문이리라. 운영상 좋았던 점은 학교 관리자들도 수업 나눔에 대한 일련의 과정에 대해 모든 것을 담당 부서에 일임하고 세세하게 관여하지 않았기 때문에 형식에 얽매이지 않고 최대한 수평적으로 운영할 수 있었다.

• 학생 및 교사 대상 수업 관련 설문 조사 결과

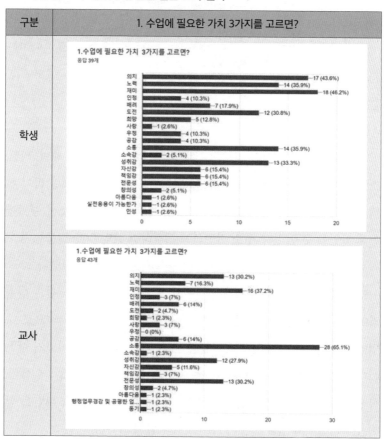

구분	2. 3가지 중 가장 중요한 가치는 무엇이며, 그 이유를 간단하게 적어 주세요.
학생	학생 A : 재미. 무엇보다 재미가 있어야 수업을 들을 때 집중도 더 잘 되고 수업을 더 하고 싶은 의지가 생길 것 같기 때문이다. 학생 B : 의지라고 생각한다. 배우려는 의지가 있어야 수업에 몰두하고 더 많은 것을 배우고 경험할 수 있기 때문이다. 학생 C : 소통. 학생과 선생님의 소통이 원활히 이루어져야 한다고 생각했기 때문에 소통을 골랐다. 학생 D : 성취감. 결과가 잘 나오면 내가 그만큼 열심히 했다는 거니까.
교사	교사 A : 소통. 소통을 통하여 학생들의 마음을 읽어주고 보듬어주는 과정도 필요하다고 생각한다. 교사 B : 재미. 배움이 일어나기 위해서는 학생들이 들을 준비가 되어야 한다고 생각한다. 듣고 싶은 마음이 생기려면 흥미로운 내용과 활동이 있어야 한다. 교사 C : 의지. 교사의 전문성(지식, 수업기술 등)이 아무리 뛰어나고 아이들 역량이 뛰어나도 서로 간에 가르치고 배울 의지가 없으면 좋은 수업(배움)이 이루어지지 않는다. 교사 D : 전문성. 전문성이 있어야 학생들도 신뢰하고 이를 토대로 소통하는 수업이 가능할 것 같다.

수업 나눔 협의회 사전 설문 조사 결과, 학생과 교사 모두 재미, 의지, 소통, 성취감을 수업에 필요한 가치로 선정했다. 학생들이 제일 많이 선택한 가치는 '재미'이고, 교사들은 '소통'이란 걸 이 설문 조사 결과를 통해 확인할 수 있었다. 평소 막연하게 생각하고 있던 것을 설문를 통해 직접 조사해 보니 수업의 방향을 좀 더 명확하게 설정할 수 있었다.

일부 교사는 본교 학생들이 수업에서 느끼고 싶은 것이 도전과 성취감이라는 것을 확인하고 다소 놀랐다. 평소 무기력하고 소극적으로 수업에 참여하는 모습에서는 찾아볼 수 없는 예상 밖의 응답이었기 때문이다. 눈으로 보여지는 것이 전부가 아님을 설문조사를 통해 확인했다. 학생들의 수업 태도에 불만을 토로하던 교사들 또한 마음 속 바람은 함께 소통하면서 수업을 만들어 가는 것임을 알게 되었다.

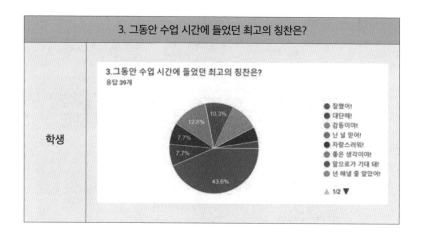

3. 그동안 수업 시간에 들었던 최고의 칭찬은?
학생

학생들이 수업 시간에 들었던 최고의 칭찬으로 "잘했어!"가 가장 많이 나왔다. 학생들이 교사로부터 제일 자주 듣는 칭찬 표현이 "잘했어!"가 아닌가 싶다. 학생들의 인정 욕구를 채워 줄 수 있는 방법 중 가장 효과적인 방법이 칭찬이라고 생각한다. 교사들이 설문 결과를 보고 앞으로는 더 다양한 표현으로 칭찬을 해 주고 싶다는 피드백을 남겨 주었다. 천편일률적인 표현보다 학생들의 행동을 세심하게 관찰해서 구체적인 표현으로 학생들을 칭찬해 준다면 학생들도 수업에서 적극성과 주도성을 발휘할 수 있지 않을까? 칭찬은 고래도 춤추게 한다고 하지 않던가.

무거운 마음으로 1학기 '수업나눔협의회'에 참여했던 분들도 2학기 때에는 학생들의 작은 변화에도 긍정적인 피드백을 남기며 적극적인 참여 모습을 보여 주었다. '수업나눔협의회'는 1, 2학기 동일하게 학년별로 진행되었다. 주도성은 저절로 생기는 것이 아니라, 서로의 생각을 나누는 질문과 대화를 통해 자극을 받으면서 형성된다. 따라서 수업나눔협의회는 교사의 주도성을 한층 더 향상시킬 수 있는 방안이 될 수 있다.

주제	1학기		2학기	
1학년 참관 수업에서 배운 점	3, 4반 수업의 어려움을 공감할 수 있어서 약간의 위로와 여전한 답답함이 남은 시간이었습니다. 2학기가 남았다는...	수업나눔을 통해서 수업을 참여하는 선생님 뿐만 아니라 모든 교사가 3,4반 학생들을 관찰하여 수업,생활지도면에서 어떻게 이끌어 가야 하는지.... 심각하게 고민되었습니다.	1학기 초반 보다 교과선생님의 노력과 생활지도를 통하여 아이들이 많이 좋아졌다고 생각합니다. 바른 자세로 수업에 참여하는 모습이 보기 좋았습니다.	수행 과제에 대한 이해가 부족해 진행에 많은 시간이 소요된다.
	수업 나눔 의견 1학년 3,4반에 대해 의견을 같이 나누어 좋았습니다.제 수업 시간에만 이렇지 않다는 점에 많은 위로를 받았습니다.다만 1학년 3,4반은 교사가 개선을 한다기보다 학생들이 많이 개선되어야 할 것 같습니다.전학공이 끝나고 집으로 돌아가는 동안	마음이 많이 무거웠습니다.	질의 응답(수업 내용이 아니더라도)을 통한 수업참여 독려	학생들의 수업 참여가 쉽지 않은 반이지만 교사의 유도에 참여하려는 태도를 보여 좋았습니다.
2학년 수업나눔 협의회 활동 소감	실시하신 좋은 수업 결과물이나 자료 공유해주시면 입학 홍보자료에 활용해도 좋을 것 같습니다.	다른 선생님들이 활용하고 계시는 수업 방법이나 노하우 등을 알 수 있어서 좋았습니다.	학생들에게 도전과 성취감을 느낄 수 있는 과제를 제시해 보아야겠다!!	활동 위주의 수업이 학생들의 참여를 높일 수 있다는 것에 공감합니다.
	몸으로 하는 수업, 실생활과 연계된 수업, 다채로운 판서기술, 도움반 친구들과 함께하는 발표수업이 효과적임	체육수업에서만 만났던 학생들이 일반 교과 혹은 전문 교과에서 어떻게 수업을 참여할 수 있는지 볼 수 있는 좋은 기회였고, 선생님들의 다양한 학습 지도 방법과 발표 수업들을 배울 수 있는 효과적인 수업나눔이었다고 생각함.	서로 많이 힘들지만, 화이팅~~!! 와이파이가 원활하면 좋겠어요. 이런 시간이 힘들지만, 꼭 필요한 시간인 듯 해요^^	학생들에게 다양한 표현으로 칭찬을 해야겠다는 생각이 들었다 !^^

누구나 자유롭게 쓰고 공유하는 기록

요즘 수업 어떻게 하세요?

학교는 톱니바퀴처럼 서로 유기적으로 연결되어 있고 같은 시간에 각각의 공간에서 다양한 교육 활동들이 일어난다. 교육 활동은 개별화된 수업과 동아리가 주를 이룬다. 이 활동들을 통합해서 서로 배울 수 있는 점을 찾는 것이 수업 나눔이다. 그러나 실시간 수업 공개는 여러 변수가 생기고 교사에게 큰 부담이다. 일회성 행사로 끝난다는 제한점도 있다. 이를 보완하기 위해서 학생들의 반응이 유의미한 교육 활동 위주로 취사선택하여 온라인 플랫폼에 올려놓으면 여러모로 유용하다. 같은 학생의 다른 모습을 엿볼 수도 있고 효과적인 수업 방법도 배울 수 있다. 수업 공개를 통한 수업 나눔의 근본적인 목적은 교사를 평가하는 것이 아니라, 다른 교과의 수업을 참관하며 내 수업에 적용할 수 있는 방법이 있는지, 학생들의 긍정적인 반응이 언제 생기는지를 관찰하고 그 노하우를 배우는 데 있다. 수업 나눔의 방법을 실시간 수업 공개로 제한하지 않고 수업 공개 자료를 온라인 플랫폼에 올려놓으면 언제 어디서나 다시 볼 수 있고 '수업 나눔 협의회'나 '학과 소개 활동'의 자료로 활용할 수도 있다.

구분	자료 공유 내용
수업	
동아리	

교사 공동체 시간에 무슨 활동 하세요?

학교 안 교사 공동체 활동은 건강한 학교 문화를 만드는 데 큰 역할을 할 수 있다. 특히 교과, 주제, 학년별로 구성된 소규모 공동체 활동에서는 보다 깊이 있게 교육과정을 논의하고 수업의 개선 방안을 도출하며 학교에서 일어나는 문제에 대해 함께 고민할 수 있다. 공동체 활동의 참여는 혼자 해결하기에 벅찬 일에 대한 걱정과 불안감을 줄일 수 있고 동료 교사와 유대감을 형성할 수 있다. 또한 학교에 대한 소속감을 높이며 협력적인 학교문화를 조성한다. 만약 공동체 활동의 유익한 내용을 기록으로 남겨 공유하게 되면 좋은 아이디어 하나를 여러 사람들이 함께 활용함으로써 서로에게 힘이 되어 줄 수 있다. 또한 자칫 형식적으로 지나갈 수 있는 활동에 내실화를 기할 수도 있다. 보고서로 기록을 남기는 것보다 디지털 공유 플랫폼에 자료를 남기는 것이 실제적인 활용도가 훨씬 높다.

학교에서 이루어지는 다양한 활동을 큰 주제로 분류하여 온라인 공간에 디지털 기록으로 남기면 학교의 1년 역사가 된다. 디지털 기록 공유는 문서뿐 아니라 사진과 영상 등 생생한 경험의 산물들이 주제와 시기별로 분류되어 있어 찾아보기도 편하고 반영구적으로 보존이 가능해서 차기 년도 교육활동 계획에도 큰 도움을 준다. 기록 공유를 통해 교사는 시간과 공간을 초월하여 서로가 가진 지식과 경험을 함께 나눌 수 있다. 이 점이 기록 공유의 가장 큰 의의다.

구기욱은 〈반영 조직〉에서 "회의나 워크숍은 집단이 하는 것이다. 따라서 이 집단이 효과적으로 그룹워크를 진행하려면 참여자의 발언 내용을 효과적으로 기록하여 실시간으로 확인할 수 있게 하는 것이 중요하다."라고 말하면서 집단 기억 장치의 필요성을 주장한다. 교사 공동체 활동에서 하는 협의회와 컨퍼런스의 기본 도구로 온라인 보드를 활용했다. 활동하면서 다 같이 본인의 의견을 온라인 보드에 적고 함께 보면서 의견을 주고 받는 것이다. 활동이 끝남과 동시에 기록이 그대로 남겨지기 때문에 별도로 기록할 필요가 없다. 코로나가 끝나지 않은 상황이라서 시도했던 온라인 도구 활용이 예상 밖의 결과를 가져왔다. 시간의 제약이나 발언의 공포 때문에 의사 표현에 소극적인 교사들도 온라인 메모지에 익명으로 자기 생각을 표현하는 데에는 용기를 낼 수 있었다. 또한 온라인 주소만 있으면 언제든지 누구나 들어가서 볼 수 있다. 각자의 노트북을 들고 모이는 번거로움은 있지만 그만큼의 실효성이 보장되는 만큼 협의회 진행 시 온라인 보드 활용을 추천한다. 기록은 방대한 가치와 다양한 쓸모를 가지고 있다. 실시간 기록을 하게 되면 회의 중간에는 참가자들 사이의 소통이 명확해지고 회의가 끝난 이후에는 생각의 공유가 가능해진다. 기록 공유는 공동체 발전에 큰 역할을 하기 때문에 활동과 함께 반드시 수반되어야 한다. 효율적인 기록 방법은 참여자가 함께 기록하고 회의 종료와 동시에 기록도 마무리가 되는 것이다. 이를 위해서는 기존 틀에 얽매이지 않는 유연한 사고도 필요하다.

김익한은 〈거인의 노트〉에서 "우리는 소유적 행위에 익숙하지만 그럼에도 존재적 기록을 지향해야 한다. 기록은 결국 내 안에 내재화된 모든 지식과 경험을 타인과 나누는 체험이기 때문이다."라고 말한다. 기록 공유를 통해 교사 공동체 활동의 효율성이 높아지는 경험을 하면, 교사들은 개인적으로 가지고 있는 수업에 대한 고민과 시도, 그리고 그 결과까지도 함께 나눌 수 있게 된다. 이런 나눔의 과정에서 교사들은 주체적으로 자신의 수업을 돌아보고 공유된 다른 교실의 수업 활동을 통해 새로운 아이디어를 얻을 수 있다. 이로 인해 수업에서 교사의 주도성이 발휘되는 영역도 점차 확장될 것이다. 또한 교사가 기록 공유와 소통으로 수업에 다양성과 창의성을 더하고 학생들의 참여와 관심을 높일 때 비로소 학생들의 주도성은 빛을 발할 것이다.

구분	활동 자료
전체 활동	
공동체별 활동	

IV.
학교 안 주도성을
지원하는 공교육

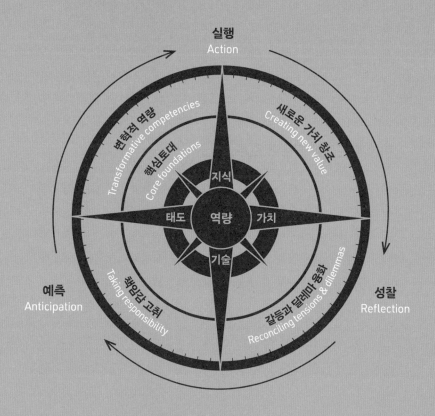

① 학생의 미래 삶과 주도성

학생들의 최종 관심사는 미래 삶인 자신의 진로이다. 이런 이유로 학생 주도성은 진로와 연관될 때 극대화된다.

학생 주도성과 진로의 관계

학생 주도성과 관련한 설문조사 때 학생들은 주도성이 가장 잘 드러나는 장면으로 미래 직업 연관 활동을 뽑았다. 사서를 꿈꾸는 학생들은 점심시간마다 도우미를 자원하여 도서관에서 이루어지는 봉사활동에 참여하며 사서 선생님을 롤모델로 삼아 자신의 꿈을 키워 나간다.

정신 상담사를 꿈꾸는 학생들은 심리학 동아리 활동을 하며 오픈 채팅방을 열어 상담이 필요한 친구들에게 고민을 들어주는 모습을 보인다. 언론인이 꿈인 학생은 시사 토론 동아리를 통해 다양한 사회의 현상과 이에 대한 논리적 사고 능력을 기르고 있다. 법조인을 꿈꾸는 학생은 특정한 사건에 대한 모의 법정에 연기자로 참여하며 사건을 둘러싼 본질과 배경을 이해하는 노력을 하고 있다. 진로와 관련된 이 모든 활동들은 누가 시켜서가 아닌 학생 스스의 자발성을 바탕으로 진행된다는 공통점이 있다. 자신이 좋아하는 것, 미래 직업으로 꿈꾸는 것과 관련 있는 활동에서 학생들의 주도성은 명확한 모습을 보인다.

학교급별 교사에게 요구되는 역량

학생 주도성을 높이기 위해 교사들은 어떤 역량을 가져야 할까? 학교급별 교사 역량에 관한 교육개발원 조사가 있었다.[50]

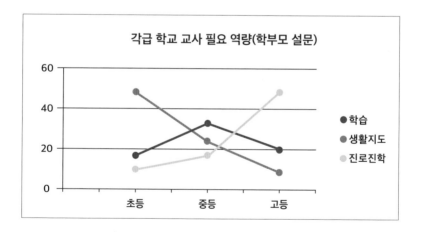

---

50   만19세 이상 75세 미만의 성인남녀 4,000명을 대상으로 실시된 한국교육개발원 여론조사(KEDI POLL 2022)

우리 국민들은 초등학교 교사의 경우 50% 비율로 생활지도 역량을 가장 중요하다고 보았다.

중학교는 학습지도 역량이 33%로 초등학교와 달리 학습지도 역량이 크게 증가하였고, 진로 지도 역량 역시 20%로 증가하였다.

고등학교 교사의 경우 학습지도 역량은 20%로 중학교에 비해 다소 감소하였다. 이에 비해 진로 진학 지도 역량은 50% 가량이나 되었다. 결국 상급학교로 갈수록 학생의 미래 삶과 관련된 진로 진학 역량은 가파른 상승 곡선을 보이고 있다. 줄기차게 상승하고 있는 진로 진학에 대한 사회적 요구에 발맞추어 공교육에서도 이와 관련된 지원들이 뒤따라야 한다. 이어지는 내용에서는 학생 주도성이 그들의 미래의 삶과 관련하여 어떻게 발현되는지, 이에 대한 공교육의 역할은 무엇이어야 하는지 살펴보고자 한다.

학생 주도성과 인생 진로의 관계

학생 뿐 아니라 일반인들이 무엇인가를 주도적으로 진행할 때는 언제일까?

일반 직장인이라면 금전적인 이익과 관련이 있을 때일 것이다. 몇천만 원의 상여금이 기다리고 있다면 회사의 성공을 위해 자신의 모든 열정과 아이디어를 쏟아붓게 될 것이다.

운동선수들은 어떠한가? 태릉 선수촌에서 레슬링 선수들은 구슬땀을 흘리며 굵은 밧줄을 잡고, 위로 올라가는 연습을 한다. 때로는 호흡 곤란을 느껴 그만두고 싶기도 하지만, 그 모든 것을 견딜 수 있게 하는 힘은 대회에서의 메달이 기다리고 있기 때문이다.

이처럼 주도성은 최종적 목표와 연결될 때, 순간의 어려움을 견디고 한 단계 성장하는 추진력을 발휘하게 된다. 몇 가지 사례를 통해 살펴보자.

사례 1. 경제학을 전공하고 싶어한 최 군

최 군은 경제학을 진로로 설정하였다. 기생충이라는 영화를 보면서 영화 속 서로 다른 두 계층으로 갈린 각 가정의 삶을 경제학적으로 분석하였다. 부동산 가격에 대한 문제 의식을 갖고 부동산 거품이라는 주제로 글을 쓰고 발표하였다. 곁에서 지켜본 그의 얼굴에는 호기심과 즐거움이 배어 있었다. 지도 교사의 피드백을 통해 탐구 결과 속에 더불어 살아가는 가치까지 담게 되었다. 경제학이라는 분명한 진로 목표가 학생의 주도적 탐구를 가능하게 하였던 사례이다.

아래는 학생의 결과물 일부이다.

3) 영화 '기생충'에 등장하는 두 가족의 경제적 격차

이상과 같은 자산과 소득의 추정을 근거로 박사장과 기우네 가족의 자산, 소득을 비교해보면 다음 표와 같이 자산은 최대 740배~최소 37배, 소득은 취업 전후 시점에 따라 최대 35.2배~최소 14.8배의 격차가 나는 것으로 나타났다.

<표 1> 박사장과 기우네의 자산·소득 비교

	박사장	기우네		비고
자산	37억 원	500만 원(월세 보증금)		740배
		1억 원(전세 보증금)		37배
소득	7억 4,000만 원	취업 전	2,100만 원	35.2배
		취업 후	5,000만 원	14.8배

결론 및 의견

경제적 불평등이 심화하면, 범죄 등 사회적 불안 요소가 증가하고 사회 통합이 저해되어 안정적인 발전을 기대하기 어렵다.

또한, 우리 역사에서 보듯이 민란, 혁명의 원인이 되기도 한다. 예를 들어, 19세기 전국적으로 민란이 발생한 것은 전정, 군정, 환곡 등으로 인한 불평등 악화가 가장 큰 원인이었다. 분배의 격차로 인한 경제적 불평등을 완화하기 위해서는 적극적인 소득 재분배 정책이 필요하다.

대표적인 것이 소득 불평등을 완화하기 위해 고소득자에게 높은 세율을 적용하는 누진세 제도와 자산 불평등을 완화하기 위한 상속세, 증여세 제도이다. 이러한 조세개혁은 역사적으로 많은 학자들이 주장해 왔다. 다산 정약용은 제대로 된 임금과 목민관이란 "재산을 고르게 마련해서 다 함께 살리는 자"라고 하면서, "부자의 것을 덜어내서 가난한 자에게 보태주어 그 살림을 고르게 할 것"을 강조하였다. 피케티, 스티글리츠, 장하성 같은 현대 학자들도 불평등 현상이 점점 심화되고 있음을 지적하면서 조세제도의 개혁이 필요하다고 주장하고 있다. 이러한 조세제도를 통해 확충된 정부 재원으로 빈곤층을 지원하는 복지제도를 시행하는 것도 경제적 불평등 완화를 위해 중요한 수단이다. 그러한 노력을 통해 사회의 안정뿐만 아니라 기우네 가족처럼 가진 것 없는 사람들도 사회의 구성원으로 역할을 할 수 있도록 '기생'이 아닌 '상생' 할 수 있는 환경을 만들어 나가야 할 것이다.

사례 2. 부적응 학생의 주도성이 살아나다

이번에는 공교육이 잠자는 학생의 주도성을 이끌어 낸 사례이다.

고등학생의 경우 진로가 불확실할 때 생활 전반에 대한 무기력 증세로 이어진다. 남학생 박군은 늘 지각하는 것은 물론, 교내외 흡연으로 학생부에도 자주 불려오는 학생이었다. 어떤 날은 7교시 끝날 무렵 10분 전에 와서 출석 일수만 채우는 얄미운 모습을 보였다.

그의 고3 진급을 앞두고 관련된 교사들(상담, 진학, 담임)과 함께 해결책을 고민하게 되었다. 평상시, 해당 학생에게 무엇에 관심 있는지 자주 물어보았지만 언제나 모르겠다는 답변뿐이었다. 이런 모습 그대로 3학년에 올라가는 것은 박군에게 시간만 낭비될 뿐이었기에 우리는 위탁 과정[51]을 이용하고자 하였다.

여러 번의 교사 회의를 거쳐 학업 능력이 따로 없어도 할 수 있어 보이는 자동차 정비 영역을 소개해 주었다. 자동차 정비 분야는 사람의 안전과 관련되어 병원의 의료 인력만큼이나 사회 진출 분야가 넓을 것이라는 판단 때문이었다. 2학년 겨울 방학 때 관련 국비 학원을 연결하여 재능을 보고자 하였다. 그런데, 박군은 며칠 만에 못 하겠다며 포기하였다.

무엇이 문제였을까? 박군은 자신이 기계치라고 생각하고 있었는데, 관련 교사들은 자신들의 사회 경험에 의해 자동차 정비가 전망이 좋다는 점만을 부각하며 학생에게 일종의 강요를 했던 것이었다. 교사들은 이대로 포기할 수는 없었다. 즉각 다시 회의를 열어 이번에는 의료계통의 직업들을 살펴보게 되었다. 그때 간호조무사를 양성하는 학원을 알

---

51 주로 고3 학생들이 특정 기관과 협약을 맺고 학교 출석 대신, 관련 기술을 배울 수 있는 일종의 직업 과정.

게 되었다. 아직까지는 간호 분야가 여성의 영역이라는 관념이 강해서, 권유하기에 앞서 좀 더 탐색이 필요했다. 이 과정에서 외국의 경우, 남자 간호 조무사의 숫자나 역할이 매우 크다는 것을 알게 되었다. 국내에서는 남자 간호조무사가 많지 않다는 점이 계속 걸리기는 했지만, 거꾸로 생각해 보니 오히려 이런 점이 '남자가 관련 자격증을 갖게 되면 사회진출 기회가 더 많을 수도 있겠구나.' 라는 생각이 들었다.

간호 학원에 다니는 분 중에는 50세가 넘어 도전하는 분들도 있다는 점은 박군도 도전하면 성공 가능성이 있다는 자신감을 주었다. 이런 점을 토대로 박군과 함께 과정을 탐색하고 학원을 연결해 주게 되었다. 평소 공부를 힘들어하던 박군이 간호 분야를 공부 하는 것은 쉽지 않았다. 가끔 전화로 통화할 때 간호 용어들이 잘 이해가 안 된다며 어려움을 호소하기도 하였다.

이런 그가 그 힘든 1년간의 과정을 견딜 수 있었던 것은 간호조무사와 관련 간호 보조 인력이 점점 더 필요하게 된 우리 사회의 흐름이었다. 병원에서는 간호 인력 중 육체적인 힘을 필요로 하는 일들이 많다. 이런 상황을 깨닫게 된 박군은 의료현장에서 자신과 같은 사람이 필요할 수도 있겠구나 라는 인식을 갖게 되었다.

자신을 필요로 하는 직업이 있다는 것을 알게 된 후, 박군은 간호 용어 사전도 구입하여 틈틈이 학습하였다,

위탁 과정도 성실히 이수하여 간호조무사라는 자격증도 당당히 취득하였다. 한번은 학교에 붕대를 가지고 와서 친구들을 대상으로 붕대 묶는 실습을 보여 주기도 하였다. 이런 그의 모습을 보며 그의 무기력했던 이전 모습을 알고 있는 동급생들은 매우 놀라며 박수를 보내 주었다. 박군의 진로 설정을 도와준 교사들의 도움이 없었다면 박군이 학교에 붕

대를 가지고 올 일도 없고, 해당과정을 수료한다는 것 자체가 불가능이었을 것이다. 이 불가능을 가능하게 만든 것은 '박군도 할 수 있다'는 믿음을 갖고 그의 진로를 함께 탐색해 준 선생님들 덕분이다. 공교육이 아이들을 주목하는 한, 그 어떤 아이라도 주도성을 회복하고 자신의 인생을 살아갈 수 있다.

박군은 힘든 과정을 견딘 후, 드디어 관련 자격증도 따고 경기도에 있는 중형 병원에 간호 조무사로 취업하여 경제적 자립을 할 수 있게 되었다.

사례 3. 특성화고 농업계 학생들의 진로와 주도성

농업계 전공 여학생들은 어느 늦은 봄날 아침, 학교 유휴지에 삽으로 땅을 파고 옥수수 묘목을 심었다. 나중에 담당 교사를 통해 듣고 보니 유기농 전문가가 되고자 하는 학생들 스스로가 빈 땅을 발견하고 뭐라도 심을 수 있을까 문의해 왔기에 허락해 주었다는 것이다. 언제 자랄까 싶던 옥수수들이 이제는 제법 자라나, 얼마 후 따서 먹을 수 있을 정도로 성장하였다. 한 학생은 앞으로 지역 내 친환경 농법을 보급하여 많은 국민들에게 유기농 채소를 싼값에 보급하는 국민 건강 지킴이가 되겠다는 포부를 밝혔다.

옥수수뿐 아니라 학교 뒷산 텃밭에 오이, 호박, 포도, 상추 등을 키우며 농업 기술을 연마하였다. 때로는 생각대로 자라주지 않는 채소, 과일 등을 보며 그 원인에 대한 해결 방법을 탐색하였고 농업 기술을 하나하나 익혀나갔다.

이처럼 자신들의 꿈과 재능에 기초한 명확한 진로가 있을 때 스스로 학교 내 빈 땅을 발견하고 무엇이든 키워보겠다는 주도성을 발휘하였다. 이 주도성을 놓치지 않고 텃밭을 제공하고 영농 지식을 전수해 준 교사들의 노력 역시 중요한 부분이었다. 아래 사진들은 해당 학생들의 주도성으로 성장한 옥수수들의 일자별 성장 모습이다.

5.31
주도성이 담긴 삽질

6.15
자라나는 어린 잎사귀

6.27
건강하게 잘 자라는
잎사귀

6.28
단호박도 함께 잘 자란다

7.12
이제 꼭 열매들이
맺히겠네

8.17
실한 옥수수
열매가 되다

사례 4. 공동체적 학생 주도성

경기도 성남에는 어두컴컴한 지하보도가 있었다. 밝은 낮에도 그곳을 지날 때면 음산한 느낌이 들었다. 당시 근무하던 학교의 미술 동아리 학생들은 이런 환경에 문제의식을 느끼고 자신들의 재능으로 무엇인가 해

보고 싶어했다. 이런 활동이 대입 전형에서도 중요한 스펙이 될 수도 있다고 보았다. 이런 생각을 바탕으로 긴 지하보도의 양옆 벽을 잘 활용하여 화랑같이 꾸밀 수 있겠다는 구상을 하였다. 하지만, 무엇을 어떻게 시작해야 할지 엄두가 나지 않았다. 이때 지도 선생님이 학생들의 선한 의도를 알게 된 후, 적극적으로 지자체 담당자와 연락을 취하였고, 그곳을 화랑으로 꾸며보는 학교와 지자체간 협력 사업으로 진행할 수 있게 되었다.

미술반 학생들은 크게 신이 났고, 혼신의 노력으로 작품을 만들어 어두운 공간을 화랑으로 거듭나게 하였다. 당연히 지역 주민들로부터 호평을 받았고, 학생들은 자신들의 재능으로 어두운 환경이 바뀐 것을 보며 큰 보람을 느꼈다.

미술반 학생들은 관련 재능이 있었다. 이것이 지역 사회의 문제와 결부되자, 학생들은 봉사심과 도전정신을 갖게 되었다. 이 과정에서 이들의 주도성을 알아차린 선생님들의 지원이 더해져 그들의 주도성이 발현되었던 것이다.

이들의 학생 주도성을 단계적으로 살펴보자.

1. 학생들이 간직한 재능과 개인 목표
   (대학 입시 활동과 재능 표현이라는 개인적 목표를 위한 노력의 단계)
2. 지역 사회의 어두운 공간 발견 (삶의 문제에 직면)
3. 해당 공간에 대한 문제의식과 실천 의지 생김 (주도성의 발현)
4. 해당 교사의 학생들의 주도성 발견과 지자체와의 연결(공동체적 주도성)
5. 어두운 공간을 화랑으로 탈바꿈하기
6. 개인의 역량이 지역 사회의 행복으로 거듭나는 체험과 성장

학생들은 자신들이 가진 작은 재능으로 지역의 음침한 곳을 밝히고 싶은 의지가 있었다.

이것이 교사의 지지와 지역기관과 협력되었을 때 시너지 효과를 발휘하여 '지하 보도 화랑'이라는 멋진 공간으로 재탄생할 수 있었던 것이다. 이처럼 주도성은 개인을 넘어 공동체와 함께 할 때 더 큰 일을 할 수 있는 것이다.

학생들의 주도성은 실천을 통해 '해냈다'라는 뿌듯함 뿐만 아니라 자신들의 작은 노력이 발휘되면 많은 사람들에게 기쁨을 줄 수 있다는 소중한 교훈을 주었다. 학생 주도성이 학생들의 인격적 성장까지 이끌어낸 사례이다. 아래 사진은 어두컴컴한 지하보도가 어떻게 환하게 바뀌었는지를 보여주고 있다.

낮에도 어두컴컴했던 지역사회 지하보도　　　학생들의 작품 봉사로 거듭난 지하보도 화랑

학생 주도성과 삶을 지원하는 공교육

앞장에서는 학생 주도성이 그들 미래의 삶과 얼마나 밀접한지 살펴보았다. 그 과정에서 놓치지 말아야 할 것이 있었으니, 그것은 그들을 이끌어 준 교사들의 역할이었다. 그들에게 지식뿐 아니라 다양한 가치를 심어주며 학생들의 주도성이 더욱 빛나게 하였다.

이번 장에서는 공교육이 학생 주도성 발휘를 위해 어떤 역할을 해야 하는지 살펴보고자 한다.

웰빙이란?

OECD에서 제시한 2030 나침반은 최종 목적지를 웰빙으로 설정하고 있다. 웰빙은 '총체적 잘 살기'[52]라는 말로 표현할 수 있다. 혼자만의 행복이 아닌 책임 있는 사회의 일원이 되어 더불어 행복할 줄 아는 상태라고 할 수 있다.

국내 한 연예인 부부는 해외 아동들에 대한 봉사활동을 많이 하고 있다. 그들은 방송에서 이런 말을 하였다. "아이들한테 선물을 줄 때, 아이들의 기뻐하는 모습을 보면서, 그 모습을 지켜보는 저희 마음이 오히려 따뜻해지고 행복해지는 것을 느낍니다. 봉사라는 것은 남을 행복하게 하는 것뿐만 아니라 오히려 봉사하는 사람을 더욱 행복하게 만듭니다." 이미 사회적으로 성공했다고 여겨지는 그들이지만, 그들의 진짜 행복, 웰빙은 이처럼 나누는 삶 속에서 있었던 것이다. 이처럼 총체적 잘살기라는 것은 내가 행복할 때 주변 사람도 행복했으면 하는 마음가짐이다. 남이 눈물 흘릴 때 같이 공감해 줄 수 있는 공감 능력이다. 자신의 재능을 통해 어두운 곳을 밝히고 이웃과 함께 손잡고 살아가는 모습이다.

웰빙(총체적 잘살기)을 위한 공교육과 교사의 역할

앞 장의 사례에서 장래 진로와 연결될 때 학생 주도성이 크게 발휘되는 것을 볼 수 있었다. 그런데, 그 과정에서 주도성이 크게 발휘될 수 있도록 기폭제 역할을 한 것이 있었으니, 그것은 교사들의 역할이었다. 미술반 학생들이 어두운 지하도를 보며 무엇인가를 해보고자 할 때, 교사는 그 마음을 알고 적극 나서서 관계 기관에 협조를 구하였다. 텃밭을 일구고자 하는 그 마음을 놓치지 않고 빈 땅을 제공하여 주었다. 때로는 방

---

52 누스바움(Martha Nussbaum)이 〈역량의 창조〉(2015, 돌베게)에서 좋은 사회는 사람을 목적으로 둔 곳이라 주장하며 명명한 개념임

황하는 학생을 위해 직접 나서서 꿈을 펼칠 진로를 알아봐 주기도 하였다. 이 모든 교사의 노력이 학생들 안에 내재된 주도성이 발현되도록 도와 사회적 실천이라는 열매로까지 이어지게 한 것이다.

그렇다면, 학생들의 웰빙(총체적 잘살기)이라는 목표에 도달하기 위해 공교육이 해야 할 역할은 무엇일까?

공교육은 학생들의 이러한 주도성의 발현이나 그 최종 결실인 진로에 이르기까지 진정한 가치 담아주기의 수고를 하여야 한다. 공교육 없이 학생 주도성만을 외치는 것은 진정한 교육이라고 할 수 없다. 학생 주도성은 공교육의 가치 담아주기가 없다면 개인의 이기적인 목적 실현으로 끝나는 경우가 많다. 그러기에, 너도 나도 학생 주도성을 외치는 시대에 한 연구 단체에서는[53] 학생 주도성이 학생 스스로 하는 것이라고 여기는 것에 대해 거대한 착각이라고 주장하고 있는 것이다. 교사와 공교육의 가치 부여가 없다면 학생 주도성은 바람직한 것이 될 수 없음을 말하고 있는 것이다.

나만의 쾌락

욕망 → 가치

공교육

더불어 행복

---

53 〈학습자 주도성, 미래교육의 거대한 착각 −교사 없는 학습은 가능한가?〉 (경기도교육연구원, 남미자 외)

앞의 그림 왼쪽에서 학생들은 지극히 사적인 영역에 인생 목표를 두고 있다. 이 목표만을 가지고 주도성을 발휘한다면 사적인 목표는 누릴 수 있을지는 몰라도 웰빙이라는 '총체적 잘살기'에는 이를 수 없다. 그러므로 그 중간에 공교육의 역할이 중요한 것이다. 공교육을 통해 '학생 주도성의 방향과 내용이 무엇이어야 하는가'를 담아주어야 한다. 이때 이중섭의 〈도원〉처럼 자유롭게 공존하는 행복한 삶에 가까워지게 될 것이다.

학교 교육의 목적과 학생 주도성

교육기본법 제2조는 교육의 목적을 '홍익인간의 이념 아래 모든 국민으로 하여금 인격을 도야(陶冶)하고 인류공영의 이상을 실현하는 데에 이바지하게 함'이라고 정의한다. 요즘 화두가 되고 있는 IB에서도 교육의 목적은 평생 학습자가 되어 더 나은 세상과 세계평화를 위해 기여하는 것이라고 정의한다.

교육의 목적은 각 개인이 세계와 더불어 살아가는 시민으로 살게 하는 데 있다. 다양한 가치관, 세대간, 인종간, 지역간, 젠더(性)간, 경제 계층간, 정치 성향간 다양한 충돌이 일어나고 있다. 양질의 교육은 다양한 갈등으로 둘러싼 이슈들에 민감하게 반응하며 더불어 살아가는 세계시민으로서의 삶을 영위하는 능력을 기르게 하는 것이다.

교육이란 의(義)를 심어주는 것

학교 수업의 또 다른 말은 강의이다. 한자를 살펴보면 講義으로 직역하면 '의를 말하다'라는 뜻이다. 의(義)는 사람들 사이에서 행해지는 행동의 옳고 그름으로 간단히는 '정의'라고도 말한다. 학교는 강의를 통해 학생들에게 의(義)를 전하는 곳이다. '의'는 올바르게 살아가는 길이고, 가치관이다. 책임 있는 사회의 일원으로서 사회의 필요와 약자들의 아픔을 보듬어 줄 수 있는 역량이다. '의'는 정의이기도 하여서 불의한 일에 대해 올바른 목소리를 낼 줄 아는 역량이다. 학생들은 학교를 통해 어떻게 살아가는 것이 올바른 길(義)인지를 배우고 삶 속에 실천할 수 있게 되는 것이다. 학생 주도성은 개인의 발전과 흥미를 통해 발현되지만, 그것이 개인의 욕망에만 머무르게 된다면 그것은 교육의 진정한 목적이 될 수 없다. 학교 교육은 학생 주도성의 내용과 결과에 의와 가치를 담아 주어야 하는 것이다.

공자는 배움에 관하여 이렇게 말하였다. '學而不思則罔(학이불사즉망)' 즉, '배움 속에 생각하지 않으면 그물 속에 갇힌 것과 같다'라는 뜻이다. 이를 좀 더 풀어보면, 배움의 과정에서 생각한다는 것은 그 배움의 내용이 지닌 가치가 무엇이며, 삶 속에서 어떻게 실천해야 할지를 생각해야 한다는 것이다. 이 실천 속에 義(의)를 담아야 하는데, 이 '의'가 앞에서 살펴본 삶 속에서의 정의, 올바른 가치관 등이라고 할 수 있는 것이다.

학생들은 교육활동을 통해 미래의 삶 속에서 어떤 직업을 갖고 어떻게 행동할 것인가를 생각해야 한다. 이 행동에 '무엇이 인간답게 사는 것인가?'에 대한 답을 담아야 한다.

공자가 말한 의도를 그림으로 표현하자면 아래와 같다. 생각 없이 그저 배우기만 하는 것은 주도성 B처럼 아무리 많은 돈과 명예를 가지고 있다 해도 그물 속에 갇혀 진정한 행복을 누릴 수 없는 삶이다. 반면, 공교육을 통한 배움에 대해 무엇이 옳고 그른지, 어떻게 살아야 할지 생각하는 사람은 주도성 A처럼 그물을 벗어나 자유롭고 행복한 삶을 살게 되는 것이다.

그러므로 학교는 학교에서의 배움을 학생들의 진로와 연결시켜 주되, 올바른 가치관을 담아주는 중요한 역할을 하여야 하는 것이다.

아래와 같은 사례가 배움을 통해 의를 깨닫고 행동으로 옮긴 진정한 교육이자, 학생 주도성 사례일 것이다.

얼마 전 한 뉴스에서 특성화고 여학생들이 지역 내 폐지를 주워 생계를 유지하는 지역 노인들을 위해 손수레를 만들어 기증 활동을 하는 것이 보도되었다. 누가 시킨 것도 아닌데, 자발적으로 노인들을 위해 따뜻한 봉사를 하는 학생들의 땀방울에서 진정한 교육의 의미를 생각해 볼 수 있다. 가치를 담은 학교에서의 배움이 사회적으로 실천될 때 사회적 약자들을 생각하는 의(義)의 마음이 담겼던 것이다. 그 여학생들은 자신들이 배운 작은 기술로 나눔의 가치를 계속 실천할 것이라고 했다. 이 기술을 가르친 교사는 인터뷰에서 '기술을 습득한 학생들이 스스로 지역 내 폐지로 생계를 유지하는 어르신들을 위해 이 활동을 계획하고 실천하였다'며 흐뭇해했다. 기술을 배운 학생들은 교사의 가르침을 통해 나눔의 가치라는 것을 생각하며 실천하였던 것이다.

교육이란 학생들에게 지식, 기술만 전수하는 것이 아니라, 의와 가치를 담은 주도성을 발휘하여 세상을 밝히는 인재가 되게 하는 것이다.

출처: MBC 뉴스투데이

학생 주도성에 가치 담기

학생들의 목적은 자신의 미래 삶, 직업과 관련하여 주도성을 발휘하여 진로 목표를 이루는 것이다. 그런데, 진로 목표를 이루었다고 진정한 교육이라고 할 수 있을까? 아니다. 학생들의 진로에는 인간으로서의 가치가 담겨야 한다.

아래 사례들은 자신들의 진로와 관련된 주도성의 발현 장면에서 공교육을 통해 어떤 가치들을 담았는지를 보여주고 있다. 교사들의 지도를 통해 가치까지 담아낸 학생들의 수업 결과물들을 살펴보자.

진로 목표	학생 주도성 발현 사례	공교육의 역할	가치 담기	장 면
경제	영화 기생충에 나타난 두 가정의 사례를 분석하여 경제적 격차 분석 및 경제적 모순을 극복하기 위한 방법을 탐색함	다양한 사회적 격차의 원인은 무엇인가에 대한 질문 제시 및 함께 잘살기 위한 방법 탐구 교육	노블레스 오블리주를 실천하는 기업가 되기	 (출처 : 네이버 시사상식사전, 로렌츠곡선)
수학	삼각비를 지구상에 적용해 보기 탐구 결과는 일반적인 삼각형의 성질이 지구에는 적용되지 않는다는 결론을 도출하고 그 원인을 자신만의 방법으로 제시함	학생의 창의적 생각을 격려하고 발표 공간 제공하기	일반적인 이론이 특수 상황에서 달라질 수 있음을 토대로 다양한 생각을 포용할 줄 아는 성품 기르기	 삼각비 성질 이용 거리 구하기
약학	캡슐형 알약과 일반 알약의 차이에 대한 탐구 및 실험	약을 잘 먹지 못하는 특수 환자들을 위해 어떤 신약 개발을 하면 좋을까?	질병 치료를 위한 신약 개발로 건강한 인류의 삶 지원하기	 다양한 약제 실험

화학	인체에 악영향을 줄이는 살충제 탐구. 친환경 살충 성분을 이용해 살충제가 우리에게 주는 위험을 줄이기	무심코 뿌린 살충제가 타인에게 피해가 될 수도 있음을 알고 적절히 사용하기	아이들을 살충제로부터 보호하고 건강한 성장을 돕는데 이바지하기	(꽃무릇/고사리/때죽나무에서 살충제 축출하기)
조리사	마라탕의 매운맛 분석하기. 다른 매운맛과의 차이 및 매운맛 중화 방법이 있을까?	조리를 통해 행복을 나눌 수 있는 방법들은 무엇이 있을까?	사람의 체질에 따라 무엇을 먹느냐에 따른 건강 문제가 생기므로 체질적 음식 건강정보표 제작하기	떡볶이 VS 마라탕
지구과학	지구를 위협하는 플라스틱 없는 집(플라스틱 없이 살아보기)	하나뿐인 지구를 살리기 위한 내 주변의 방법들은 무엇이 있을까?	지구 환경을 지킬 수 있는 방법들 개발하고 실천하기	고밀도 폴리에틸렌 (HDPE, High Density PolyEthylene)
법학	어린이 교통사고와 '민식이법'에 대한 법경제학적 분석하기. 기대 형벌 수준과 사고로 인한 피해 및 사회적 비용의 관계 분석하기	국가의 존재 목적은 국민을 보호하는데 있으므로 법이 해야 하는 역할은 무엇일까?	선량한 국민이 안전하게 살 수 있도록 하는 것이 국가와 법의 목적임을 안내하기	1. 법, 경제를 만나다(김정호) 독후 감상 공유 2. 수원지방법원 2009.6.2선고 2008 노4886 판결문 분석
심리학	심리학의 다양한 분야들을 소주제로 정리하여 분석한 한눈에 보는 심리학 개론	심리학이 더불어 사는 세상을 만들기 위해 공헌할 수 있는 분야가 있을까?	쉽게 상처받고 지치는 사람들을 위한 심리적 공감 요소를 반영한 물품 만들기	심리학 개론 핵심어 탐구
사회학	학급내 발표 (5분 강연) 자신이 관심 있어 하는 분야에 대한 자유로운 발표 활동으로 조종례 시간을 이용	최저임금이 경제 및 인간의 삶에 미치는 영향력은 무엇일까? 고민 담아주기	최저임금이 필요한 이유는 인간답게 살기 위한 기본조건이기 때문이라는 인식 갖기	학급내 최저임금 발표지

	영화 속 명대사를 분석하여 작품성 높이기	명대사 속에 어떤 가치들을 담을 수 있을까?	명대사 내에 감정과 이성, 깨달음, 인간미등을 담기	
작가	영화 속 명대사를 분석하여 작품성 높이기	명대사 속에 어떤 가치들을 담을 수 있을까?	명대사 내에 감정과 이성, 깨달음, 인간미등을 담기	 영화속 명대사 탐구지
교육	상담/교과 내용 질의와 응답으로 역량 키우기 (벽면 자율 발표)	진정한 가르침은 무엇일까?	지식 이전에 인간성, 삶의 가치 나누기	 학업관련 상담 오픈채팅방
농업	학교 텃밭 가꾸기	농업을 통해 무엇을 나눌 수 있을까?	건강하고 바른 먹거리 제공으로 국민의 삶의 질 높이기	 봄철 옥수수 씨앗 심기
미술봉사	어둑 컴컴했던 학교 주변 지하차도를 학생 작품으로 갤러리 장으로 탈바꿈시키는 봉사 활동	자신의 재능으로 어떻게 사회와 함께 할 수 있을까?	사회의 어두운 곳을 위한 무료 재능 기부로 지역사회와 함께 하기	 지하보도를 갤러리로 ~

학생 주도성을 위한 공교육 함수

학생 주도성은 사실, 개인적인 욕망에서 시작되는 경우가 많다. 개인의 명예, 부, 성공 등이 목적인 경우들 말이다. 학교 교육은 이 욕망이 진정한 '웰빙(총체적 잘살기)'이 될 수 있도록 가치를 담아 주어야 한다. 진정한 학생 주도성은 더불어 행복한 삶 속에서 기쁨을 누리는 모습에서 완성되는 것이다.

어느 경제학자의 말처럼 무더운 여름날 땀 흘려 농사짓는 농부는 봉사심이 아닌 자신의 이기심 때문에 농사를 짓고 있다는 것이다. 학생들역시 진로 관련하여 발현되는 주도성의 최초 동기는 개인의 이기심 때문인 경우가 많다. 원하는 진로를 이루어 돈도 벌고, 명예도 얻고, 권력도 갖고자 하는 노력을 한다.

공교육은 학생 주도성의 방향이 진로 목표 달성을 통한 이기적인 욕망에만 머무르지 않고 더불어 살 줄 아는 따뜻한 인격체가 될 수 있도록 그들의 주도성에 가치를 더해 주어야 한다.

이러한 작동의 과정을 함수로 표현하면 아래 그림과 같을 것이다.

이기적 욕망에 가치를 담아 더불어 행복한 삶을 만드는 인격체로 길러내는 것, 그것이 공교육이다. 학생 주도성을 개인의 욕망에만 머물게 하지 않도록 적극 개입하여 아름다운 가치들을 담아주는 것이 진정한 학생 주도성을 지원하는 길이다.

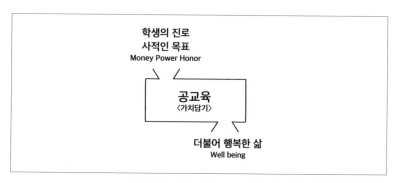

학생 주도성을 위한 공교육 함수

3

100개의 주도성,
100개의 행복

진로 설정이 명확해질 때 학생 주도성이 높아지고 학교 생활도 즐거워진다. 아직까지도 사회는 특정 대학이나 학과에 가지 못하면 마치 인생을 실패라도 한 것처럼 낮게 평가하는 분위기가 있다.

100개의 진로마다 서로 다른 행복이 있다. 이를 지원하기 위해 사회적 분위기도 바뀔 필요가 있다. 교육 현장에서부터 각각의 진로를 소중히 여기는 분위기를 만들어야 한다.

각자의 진로, 진학 환경 만들기

지방대에 재학하고 있는 집안의 조카 아이로부터 이런 말을 들은 적이 있다. "지잡대 나와서는 아무 쓸모 없다." 지잡대가 처음에는 무슨 말인가 했는데 지방에 있는 거점 국립대를 제외한 나머지 대학교들을 비하하는 말이었다.

충격이었다. 내 주변에도 지방대를 다니는 제자들이나 친척들이 많다. 대한민국에서 이런 혐오와 차별을 조장하는 단어가 인구에 회자되는 현실이 놀랍다.

개인의 선택이 존중받는 것이 아니라 어느 대학에 진학했느냐로 사람에 대한 대우가 달라진다. 이렇다 보니, 학생들은 자신이 정말 좋아하는 길을 가지 못하고 점수에 맞춰 사회적 분위기에 따라 진학을 하게 된다. 모든 학생들의 학업 종착지는 특정 대학이어야만 한다는 우리 사회의 고정 관념은 바뀔 필요가 있다.

차별받지 않는 다양한 길

대학이라는 간판 보다는 학생이 꿈과 흥미를 살려 자신의 미래를 개척하는 것이 중요하다. 아쉽게도 학교 현장에서는 대부분의 학생들이 4년제 대학에 가야 진학을 잘하는 것이라는 분위기가 형성되어 있다. 그런데, 4년제 대학을 나와 취업으로 연결되는 경우는 최근 20년 사이만 따져 봐도 전문대학을 나와 취업하는 취업률에 미치지 못하고 있다. 오히려, 4년제 대학을 나와 취업이 안 되어 또다시 전문대학에 들어간다는 뉴스가 심심치 않게 보도된다.

교육의 진로 진학의 목표가 4년제 대학이 아니라, 개인의 흥미와 소질을 바탕으로 원하는 진로로의 연결이어야 한다.

한 신문 기사[54]에 따르면 우리나라의 대학 전공과 실제 취업의 직무 관련성을 따져 보면 불일치율이 50%가량이라 한다. 대학생 2명 중 1명은 대학 4년이라는 기간을 자신의 꿈과 진로와 상관없이 보내고 있다는 것이다. 제자 중에는 법학과를 나와 몇년간 취업이 안되어 헬스강사를 하고 있는 경우도 있다. 본인이 학창 시절부터 꿈꾸던 직업이었다. 이 진로에 이르기까지 주변과 사회적 인식이 법학이라는 비자율적 공부를 하게 한 것은 아니었을지 안타까운 생각이 든다.

이러한 일련의 현상을 어떻게 해석해야 할까? 중·고등학교 시절, 명확한 진로 설정 없이 점수에 맞춰 대학으로의 진학을 하기 때문이다. 이런 소모적인 교육 환경을 바꾸지 않는다면, 이것은 학생 개개인의 손해일 뿐 아니라, 국가적으로도 낭비이다. 따라서 중·고등학교에서도 학생들의 진로를 찾아주기 위한 구체적인 노력이 필요하다.

앞에서 언급한 대로, 학생들이 학교 생활에 부적응하는 가장 큰 이유는 진로에 대한 미설정이다. 반대로 진로에 대한 명확한 설정이 되어 있다면, 학생들은 자신이 좋아하는 것이기에 더욱 주도적으로 탐구하고 미래를 탐색하는 학습이 가능하게 되는 것이다.

이런 점들을 종합해 보면, 학생들의 잠자는 주도성을 일깨워주는 가장 좋은 방법은 그들의 진로 설계를 도와주는 것이다.

---

54 중앙일보 기사: https://www.joongang.co.kr/article/21820963#home

100개의 진로, 100개의 주도성, 100개의 행복

집 근처의 전문대학에 취업을 축하하는 현수막들이 곳곳에 붙어 있었다. 관광 중국어과를 나온 학생들이 인천공항공사 직원으로 뽑혔고, 연기예술을 공부한 학생이 KBS 성우로 선발되기도 하였다. 아래 사진은 항공서비스학과를 공부한 학생이 그 어렵다는 카타르 항공에 취업하였다는 것을 축하하는 내용이다. 해당 학생이 얼마나 많은 주도성을 보여주었을지 상상이 된다. 작은 전문대에서도 주도성을 발휘할 때 얼마든지 자신의 전공과 끼를 살려 꿈을 이룰 수 있는 것이다.

4년제 대학을 졸업해도 원하는 직장을 찾지 못해 따로 취업 공부를 하거나, 또다시, 전문대에 입학하는 경우도 있다. 왜 그렇게 빙빙 돌아야 하는 것일까? 학창 시절부터, 자신이 좋아하는 것을 발견하고 그것과 관련된 계획을 하고 실천했다면, 좀 더 원활한 진로를 갖게 되었을 것이다. 모두가 말하는 일류대학, 일류 학과만이 행복이 아니고, 자신의 적성을 기초로 좋아하는 진로를 찾는 것이 행복이고, 진정 축하할 일이다.

제자 중 민상(가명) 군이 있다. 학업 성적이 늘 8, 9등급을 보이던 학생이다. 학업의 기초가 없다 보니 성적이 잘 나오지 않았다. 다만, 한 가지 평소 반려동물에 대한 관심이 많았다. 집에서 작은 강아지 한 마리를 키우며 평소 다양한 인터넷 검색을 통해 자료를 수집하는 것을 좋아하였다. 학교생활 중 도서관에서도 반려동물과 관련된 자료들을 빌려보며 학창 시절의 의미를 찾을 수 있었다. 졸업 후, 일반인은 잘 모르는 '직업 전문학교'에 진학하였고, 학창시절 주도성을 잘 연결하여 지금은 반려동물 관련 업체에서 성실히 일하고 있다.

학창시절, 담임교사는 학업만이 길이 아니고 자신의 한 가지 꿈을 위해 노력하고 가치를 담는 것이 값진 인생이라는 조언을 해주었다.

이후 민상이는 자신의 진로에 대한 자신감을 얻게 되었고, 학교생활에도 활력을 갖게 되었다. 학급회 시간 특기 발표시간에 반려동물에 대한 1페이지 조사 자료를 발표하는 주도성을 보였다. 말 못하는 반려동물에 대한 애정은 그 범위가 확장되어 모든 생명 자체를 소중히 여기는 인성을 갖게 되었고, 사회진출 후에도 이러한 인성으로 반려동물을 돌보고 사람 자체도 귀하게 여기는 성품을 갖고 살아가고 있다.

비록 학업 역량이 떨어진다고 하더라도 해당 학생의 자신의 꿈과 끼를 교사가 지원해 줄 수 있다면 길은 얼마든지 있다.

특정 대학, 특정 학과가 아니어도 자신이 좋아하는 것이 있다면 주도성을 발휘하여 준비할 수 있는 사회가 건강한 사회이다. 비록 대학에 진학하지는 못했지만 민상이는 자신이 선택한 한 가지 분야를 즐겁게 공부하며 행복을 키우고 있다.

100개의 진로가 있다면, 100가지의 행복이 존재하는 것이다. 이제는 특정 대학, 학과에서 벗어나 학생들의 꿈과 끼 자체가 소중함을 인정하고 지원하는 노력을 할 때이다.

이상에서 학생 주도성의 궁극적인 목적은 자신의 미래이다. 이를 위해 학교 교육은 학생들의 진로 역량을 키워줄 수 있는 교육과정 설계가 있어야 한다. 학생들의 미래의 삶이 웰빙이 될 수 있도록 가치를 담아주어야 한다. 이때 학생들은 학생 주도성을 제대로 발휘하여 이웃과 더불어 살아가는 총체적 행복을 누리게 될 것이다. 이것이 학생 주도성의 최종 목적지이다.

V.
주도성을
발현하기 위한 조건

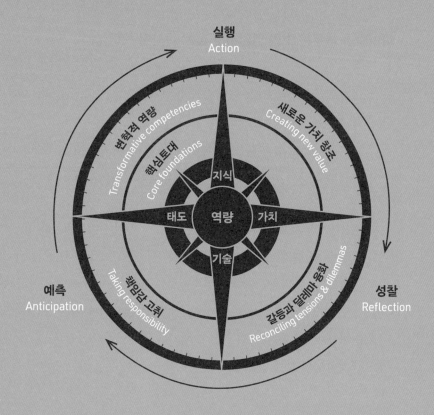

도전하는 교사
지원하는 학교 문화

아이들과 새로운 것을 경험하고 싶은 교사의 욕망

내가 고등학교에서 부장으로 근무할 때의 일이다.

"부장님, 저 벌을 키우고 싶어요!"

같은 부서에 있던 선생님의 말씀이었다. '이 황당한 발언은 무엇인가? 내가 제대로 들은 것이 맞나? 어디서? 도심 학교에서? 고등학생들과? 가능해?'

그러나 선생님은 포기하지 않았다. 어느새 옥상에 벌통이 9개나 놓여 있었다. 벌통을 열 때 벌에 쏘이지 않기 위해 쓰는 모자와 옷도 여러 벌 구비되어 있었다. 생각지도 않았던 민원전화도 왔다. 그래도 우리 선생님들은 누구 하나 "왜 옥상에 벌을 키우느냐?", "아이들이 벌에 쏘여 힘들어하면 어떻게 할 것이냐?" 하는 문제 제기는 하지 않았다.

어느 날 선생님과 함께 벌 침입 방지용 모자를 쓰고, 옷을 입고 옥상에 있는 벌통을 구경하러 갔다. 생전 처음 가까이서 벌을 보았는데 무서웠지만 재미있는 경험이었다.

학교에서 벌과 관련된 일은 자연스러운 일상이 되었다. "벌들이 분봉을 하고 있어요!", "벌들이 있으니 학교 텃밭을 운영해 보면 어떨까요?", "채밀기를 구입하였어요.", "말벌이 침입해 일벌들을 마구 죽여요!", "학교에서 직접 채취한 꿀을 판매합니다!"

말이 쉬워 양봉이지 한 번도 해보지 않은 일을 하다 보면 시행착오도 많고 일도 많고 그래서 수업하기도 바쁘실 텐데 '별거 아니다'는 생각으로 척척 진행하고 있는 모습이 자랑스럽기도 하고 부럽기도 했다. 지금 학교에서도 벌을 키우냐고 물어보았다. 이전 학교보다 벌을 키울 수 있는 환경이 더 좋을 것 같았기 때문이다.

"지금은 못 해요. 그때보다 지금 아이들이 학교 수업이나 학원을 더 많이 다니고 성적에 더 신경을 많이 써요. 학교 끝나면 아이들이 차 타고 학원 가기 바쁘네요. 여기 학교가 교통이 썩 좋은 편이 아니거든요."

기후나 생태에 관심이 많다고 해도 학교에서 왜 벌을 키워봐야겠다고 생각했을까? 우리 학교가 시골학교도 아니었는데.

"양봉, 텃밭, 기타 다양한 교육 활동들을 교사가 할 수 있는 것은 새로운 것을 아이들과 경험해보고 싶다는 욕망을 가진 교사의 성향 때문이지 않을까 싶어요. 지식 내용을 반복적으로 가르치는 교육활동에 지친 교사에게 새로운 교육활동은 활력을 불어넣어 주고, 또 교육적으로 필요한 내용들이기 때문에 힘들어도 추진하게 되는 게 아닌가 싶어요. 양봉은 저한테 그랬어요. 평소에도 환경문제에 관심이 많았는데, 어느 날 텔레비전을 보다가 양봉 관련 다큐를 보고 학생들과 해보고 싶다는 생각이 들었어요. 양봉을 통해서 끌어낼 수 있는 이야기들이 아주 많을 것 같았거든요."

그렇다. 새로운 것, 아이들에게 필요한 것이 있으면 즉시 해보고 싶은 것이 선생님들이다. 그런데 새로운 것을 시도한다는 것이 말처럼 쉬운 일인가? 그 과정에서 만난 난관들이 궁금했다.

"제일 쉬웠던 것은 관리자의 동의를 구하는 것이었어요. 당시 교감 선생님께서 제가 이런 이야기를 던졌을 때 흔쾌히 해보라고 하시면서 예산을 확보할 수 있는 방법까지 제안을 해주셨고, 교장 선생님이 되셔서는 3년 정도 양봉을 하는 과정에서 제일 든든한 힘이 되어 주셨어요. 관리자의 눈치를 보지 않고 활동을 진행할 수 있다는 것은 활동 성공의 절반 이상의 비중을 차지하는 것이 아닌가 싶어요. 큰 동력이 되었어요. 그리고 전반적인 학교의 분위기도 대체로 우호적이었기 때문에 동료 교사들로부터 겪는 어려움은 거의 없었던 것 같아요. 오히려 활동이 힘들 때 격려의 말과 협력적인 태도로 인해서 위로를 많이 받았어요."

아이들과 벌을 키우면서 나는 그 선생님이 자리에 앉아 있는 것을 거의 보지 못했다. 옥상이나 텃밭, 혹은 교내 어디에서 아이들과 이야기 중이어서 내가 늘 찾아가야 했다. 수업, 기타 업무, 양봉 관련 행정적인 일들, 학생들과 양봉하는 작업 등 매일 분주해 보였다. 그래서 그랬을까? 학생들도 활동적이고, 동아리에 대한 애정이 가득해서 적극적으로 활동에 참여했다.

"동아리 활동이라서 아이들의 자발성도 있고, 방과 후에 시간적인 여유를 가지고 할 수 있었던 것도 있었는데, 이것이 교과 활동이었다면 더 힘들지 않았을까 싶어요. 처음 양봉을 시작했을 때 민원전화를 몇 통 받았어요. 학교에서 벌을 기르는 게 말이 되나? 아이가 벌레를 싫어하는데 벌 때문에 힘들어한다, 쏘이는 문제는 어떻게 할 것이냐 등등. 그런데 부장님, 교감 선생님 모두 말씀을 잘 해주셔서 학부모님들의 민원이 크게 진행이 되지 않았어요. 학생들도 처음에 벌 때문에 힘들다면서 제가 지나가면 쏘아보곤 했죠. 그리고 큰소리로 '벌을 학교에서 키우면 되냐'라며 소리를 지르고. 벌똥 피해를 입은 학생의 옷을 제가 집에 가져가서 빨아주기도 하고, 벌에 쏘인 학생들을 조사해서 한 명씩 다 만나보기도 하고. 벌에 쏘여서 병원에 실려 간 학생도 있었지만, 자발적으로 하는 활동이라서 부모님의 반발도 덜하지 않았나 해요."

나는 가까운 거리에서 선생님을 지켜보았지만, 한 번도 힘든 내색을 하지 않았기 때문에 큰 어려움 없이 하는 줄 알았다. '아, 선생님이 좋아하니까 열심히 하나 보다'라고 쉽게만 생각했었다.

학교에서 직접 벌을 키워 본 아이들은 어떤 경험이었을까?

"생태계에서 개체수가 감소하고 있는 벌에 대해서 교과서, 뉴스에서만 보다가 직접 벌을 보면서 이야기를 나누니까 더 생생하게 와 닿아서 학생들이 관심을 가지게 되는 것 같아요. 벌과 관련해서 기후변화, 도시화, 인간과 벌의 관계 등등 여러 가지로 접근해볼 수 있는 이야기들이 참 많아요. 학생들에게나 사회 교사로서 저에게 참 좋은 기회였다는 생각이 들어요. 눈에 보이지 않으면 잊히기 쉽고, 생각하기도 쉽지 않은데, 실제 경험을 통해서 보고 듣고 만진다는 것이 교육적으로 옳은 것 같아요."

교육활동 지원은 행정적으로 복잡하지 않게

그렇다. 앎과 삶은 따로 있지 않다. 배움은 학생의 삶과 맞닿아 있어야 한다. 하지만 현실적인 한계 때문에 쉽게 용기를 내지 못한다. 정책을 만드는 문서에는 늘 교사의 행정적인 업무를 대폭 줄여서 선생님들께서는 교육활동에만 전념하게 해야 한다고 하지만, 막상 교육활동을 시도하려면 계획서 제출부터 예산 사용 후 처리까지 행정적 업무지원은 없다. 강사 채용부터 정산 보고까지 오롯이 교사 혼자서 준비해야 한다.

"교육적으로 좋은 활동임에도 불구하고 행정적인 처리 사항들이 복잡하고 신경 쓸 일들이 많으면 '뭔 영화를 보자고 이걸 하나 안 하고 말지' 하는 생각이 드는 것 같아요. 지금 돌이켜 생각해 보면 그래요. 지금 다시 해보라고 하면 안 하는 선택을 할 거예요. 왜냐하면 그때와는 달리 개인적으로 가정일 때문에 바빠진 것도 있고, 많고 복잡한 행정 업무를 다시 해낼 자신이 없어요. 욕심을 좀 부려본다면 교사가 하고자 하는 교육활동은 행정적으로 복잡하지 않게 교사는 그냥 교육활동 내용에만 전적으로 신경 쓸 수 있었으면 좋겠다는 거예요. 서류와 싸우지 않게, 그래야 이런 활동을 하려는 교사들이 늘어나지 않을까요?"

벌들과 학교를 함께 쓰면서 운동장 한쪽이 온갖 야채와 꽃들로 가득했다. 양봉 동아리와 함께 학교 텃밭 가꾸는 활동에도 열심히 참여하던 아이들 중 2명은 스마트 농업을 전공하는 학과로 대학을 갔다. 계절마다 땅을 만들고, 채소를 심고, 벌레를 잡으며 농사일을 재미있어 하던 아이들이었다. 아침저녁으로 상추밭에 물을 주면서 '학교에서 채소밭에 물을 주는 시간에 숨이 쉬어진다'는 학생의 소감은 선생님들 가슴을 뭉클하게 만들었다.

교사 개개인의 교육적 발전이 바람직한 학교문화를 조성

벌을 키우는 일은 학교 텃밭을 가꾸는 일로 커졌고, 그 공간으로도 모자라 상자 텃밭까지 운영하게 되었다. 선생님들과 아이들은 개별 상자 텃밭까지 운영하면서 로즈마리, 라벤더, 바질 등을 심었다. 내가 이름도 모양도 잘 몰랐던 바질을 빵에 발라 먹으며 처음으로 맛과 향을 경험했다. 상추 모종이 뿌리를 내리고 묘목들이 땅에 뿌리를 내리느라 애를 쓰는 교내에서 나는 시 창작 수업을 하며 아이들과 감성놀이를 하였다.

양봉에 도전하신 선생님은 학령기 아이가 셋이다. 벌을 키우면서 학교 텃밭까지 운영하기 힘들었을 텐데, 어떻게 운영할 수 있었을까?

"하하 그건 '전문적학습공동체'가 있어서 가능했죠. 전학공을 하면서 선생님들께서 함께해 주셨고, 텃밭을 동아리로 같이 운영하니까 가능했던 것 같아요. 혼자서 다 못하죠."

학교문화는 매우 복합적인 성격을 가지고 있다. 단시간에 만들어지는 성질의 것이 아니기도 하다. 구성원의 성격에 따라 많이 좌우되기도 한다. 확실한 한 가지는 교사 개개인의 교육적 발전이 일어나지 않고서는 함께하는 바람직한 학교문화가 만들어지기 어렵다는 것이다.

도전하는 용기를 지지하는 공동체의 건강한 에너지가 조직문화를 탄탄하게 만든다. 개별성을 인정하는 학교문화, 자발적 전문적학습공동체는 그래서 학교의 희망이다. 형식적으로 흘러갈 수 있는 학점인정 형태가 아니라 자발적 참여를 활성화하고 시스템적으로 운영되는 전문적학습공동체가 학교문화로 자리 잡아야 한다.

2

학교는
학생이 주도하는 곳

다양성을 존중하고 좋아하는 것을 하도록 지원하는 학교

S 고등학교는 2023년에 첫 졸업생을 배출했다. 첫 졸업생을 배출한 신설학교가 대학 입학 성적은 물론, 주변 학부모님들께 좋은 이미지의 학교로 자리매김하고 있는 이유가 궁금했다. 운동장에 들어서자 꽃들이 먼저 사람을 반긴다. 키가 큰 백합이 진한 향기를 뿜으며 바람에 손을 흔들고 있다. 1층 현관으로 들어서자 벽면을 채우고 있는 부엉이 그림이 예사롭지 않다. 넓은 중앙 현관에는 지역교육활동을 소개하는 배너도 얌전히 서 있다. 한눈에 봐도 학교와 지역을 연계한 다양한 교육활동을 펼치고 있음을 직감할 수 있었다.

신설학교는 대부분 기피학교다. 그럼에도 불구하고 교장 선생님께서 자진해서 신설 학교를 선택하셨다. 이유를 여쭈어보았는데 답변이 의외로 간단하다.

"갈 수 있는 학교가 많지 않았어요."

주제가 주제인지라 말씀 중에 새로운 경험과 도전하는 것을 좋아 하신다기에, 교장 선생님께서 주도적인 성향이신지를 여쭈어 보았다.

"요즘은 다양성의 시대라고 하잖아요? 다양성을 존중해줘야 해요. 근데 저 같은 경우는 좀 타고난 성향 자체가 제가 이해가 안 되면 제 몸이 움직이지 않는 거예요. 그러니까 무조건 하라 그러면 제 몸이 안 움직여. 그런 게 있었던 것 같아요. 어렸을 때부터."

역시 남다르게 보이는 데는 나름의 철학이 있기 마련이다. 부드러운 이미지 속에 자신만의 주관이 분명하셨다.

"그래서 제가 성장할 때 굉장히 힘들었어요. 저희가 자랄 때는 하라면 해야 되는 시절이었지요. 자기 생각 이야기하고 이유가 어떻고 하는 게 통하는 시대가 아니었거든요. 제가 공자 이야기를 좋아하는데 공자님이 그러셨잖아요? '자기가 하고 싶지 않은 것을 남에게 하게 하지 마라' 라고요."

공감이 간다. 그런데 살다보면 그게 말처럼 쉽지 않은 게 또 우리 인생 아닌가?

"저는 지금도 누구에게 강요하지 않습니다. 저도 20대, 30대, 40대 교사 생활이 있었잖아요? 그런데 이렇게 선생님들 보면 나보다 못한 사람이 없는 것 같아요. 그러다 보니 내가 뭔가를 얘기해 줄 필요성을 못 느꼈어요."

'모두가 다 나보다 훌륭하게 보인다' 는 이야기에 후배 교사인 나까지 포함되는 거 같아 뿌듯하면서도 쑥스러워진다. 말씀이 그렇지 왜 선생님들에게 들려주고 싶은 이야기가 없겠는가?

"교장 선생님이나 윗분들이 자꾸 개입을 하고 본인들이 원하는 대로 가려고 하는 그런 모습이 그렇게 아름답게 보이지 않았어요. 그러다 보니 선생님들에게 많이 맡겨드리는 편이었지요. 우리가 뭐 하고 싶은 게 있어! 그러면 이걸 왜 해야 되는데 이렇게 묻잖아요? 근데 그 질문 자체가 잘못됐더라고요. 무언가 하겠다고 할 때는 그냥 좋아서 하는 거에요. 독수리 보고 날아라 해서 납니까? 호랑이가 막 달려라 해서 달리나요? 물고기가 물속에서 헤엄치라고 해서 치나요? 그거는 질문 자체가 잘못된 거죠. '하지 말아야 되는 이유가 뭔데?' 이렇게 질문을 해야 하는 거에요. 그게 다양성을 존중하고 주체성과 주도성을 기르는 방법이 아닌가 저는 그렇게 생각합니다."

나는 연신 고개를 끄덕였다. 하긴, 하고 싶은 것에는 딱히 이유가 없다. 좋으면 하는 거다. 그러니까 그걸 왜 하지 말아야 하는지를 묻고 하지 말아야 할 이유가 없다면 하는 것이다. 아이들도 흥미가 있어야 한다. 관심이 있어야 관심을 보인다.

이쯤에서 나는 약간의 의구심을 가지고 질문을 해본다. 강요하지 않는 것이 곧 자율적이라는 말은 아니라는 생각에서였다. 우스갯소리로 교육청과 학교장이 간섭하지 않으면 학교는 더 잘 돌아간다고들 한다. 그런데 막상 '선생님들께서 하시고 싶은 것을 마음껏 해 보세요' 하면, '도대체 어떻게 하라는 거야' 하면서 당황해 한다. 그런 의미에서 선생님들께 주도성을 많이 준다는 것은 어떤 의미인지 궁금했다.

"선생님들을 믿는 것이죠! 아까도 말씀드렸듯이 선생님들께서 역량이 매우 뛰어나요. 저보다 부족하신 분이 없어요. 그런 믿음 속에 제가 지원하지 못할 이유를 찾지 못하면 그게 무엇이든지 지원을 해 주어야지요."

어떻게 생각하면 참 이상적으로 들리기도 한다. 관리자는 선생님들을

100% 신뢰하고 선생님들께서는 자신들이 하고 싶은 교육활동을 마음 껏 펼쳐 볼 수 있는 환경. 물론 학교는 그런 곳이어야 한다.

"교장 선생님께서 보시기에 선생님들께서는 어떻게 주도성을 발휘 하고 계시는 것 같으세요?" 어쩌면 우문일지도 모르는 질문을 다시 해 본다.

"사람이 욕심부린다고 다 되지 않잖아요? 학교에 백 명의 직원이 있으 면 백 명이 다 생각이 다른데 군대 조직처럼 통제하고 규제하는 것보다 그 안에서 다소 갈등이 발생하고 다툼이 있으면 있는 대로 가는 게 맞다 고 봐요. 갈등 속에서 본인이 깨달아야 행동이 바뀌지, 누가 지시하거나 잔소리를 한다고 바뀌는 게 아니거든요. 서로 생각이 다르고 그 다름을 조정해 가는 과정에서 깨닫고 변화도 온다고 생각합니다."

배움이 행복한 학교
생각하는 힘을 기르는 교육

가시적인 성과만을 강요하지 않는 학교, 믿고 맡겨두는 분위기 속에서 아이들은 어떻게 학교생활을 하는지 궁금했다.

"아이들은 보고 배웁니다. 우리 손자도 25개월 됐는데, 벌써 나를 따라 하고 배우려고 해요. 그래서 부모건, 교사건 학생 교육을 제대로 시키려 면 어떤 모습을 보여주느냐가 가장 중요하다고 생각합니다. 선생님들이 자율적으로 하는 모습을 보면 아이들도 주도적으로 판단하고 행동합니 다. 저는 지원도 제가 알아서 하는 게 아니라 지원조차도 해 달라고 하면 다 해줍니다. 아까도 말씀드렸듯이 못할 이유를 제가 못 찾으면 적극 지원해야죠. 그런 것이 시간이 가면서 자연스럽게 조직문화로 형성이 되는 거죠."

그렇다. 교사가 달라지면 아이들도 달라진다. 그래도 어느 조직에나 소극적인 사람이 있다. 관리자가 뭔가 정리를 하고 필요한 것만 딱 잘라서 이야기를 해주면 그게 더 효율적이라고 생각하는 교사들도 있다.

"그래서 동료들과의 관계나 조직문화가 중요합니다. 교장이 혼자서 그분들을 움직일 수 있다고 생각하면 곤란하죠. 동료들이 함께하고 동료 선생님들에게서 자극을 받는 거죠. 조직문화가 그렇게 형성되어 있으면 본인이 좀 소극적인 성격이라 하더라도 도전을 할 용기가 나는 거죠."

한참 이야기를 경청하고 있는데, 왼편으로 눈이 커다란 부엉이 탈 인형이 보인다. 아까부터 질문하고 싶은데 순서가 아니라 미루어 두었다. 부엉이 탈은 분홍색과 초록색 2가지이다. 젖소 옷이나 곰 옷을 입고 교문에서 아침맞이를 하는 선생님의 모습은 봤지만 부엉이 탈은 처음 본다.

"아, 저거요. 우리가 특별히 주문해서 만든 거예요. 처음에 아이들 개학맞이 할 때 어느 선생님께서 이벤트를 해야 한다고 해서 탈을 쓰기 시작했죠. 처음에는 다른 학교에서 탈을 빌려서 썼는데 그걸 쓰니까 애들 표정이 다르더라고요. 그래서 계속하게 됐는데, 그런데 부엉이가 지혜를 나타내잖아요. 앞으로는 지혜의 시대라고 생각합니다. 우리 시대에는 생각하지 말고 공부하라고 그랬는데, 이제 그러면 안 됩니다. 이제는 서열을 중시하는 독수리 시대가 아닙니다. 창의의 시대, 지혜의 시대입니다. 그래서 부엉이 탈을 제작해서 쓰게 된 겁니다."

직접 부엉이 탈까지 제작하시고 4년 동안 부엉이 탈을 쓰고 아이들 등교 맞이를 하시는 열정이 대단하시다는 생각이 들었다. 부엉이 탈을 쓴 교장 선생님께서 맞이하는 하루를 시작하는 아이들은 얼마나 신이 날까? 아이들은 부엉이를 보면서 은연중 지혜를 떠올리게 될 것이고, 학교는 지혜를 쌓아가는 곳이라는 생각을 할 것이다.

차 한 잔 마실 틈도 없이 학교 경영 철학을 여쭈어보았다. 기다리셨다는 듯 말씀이 자연스럽게 이어진다.

"교육은 물이 아니라 불이라고 생각합니다. 물은 집어넣는 것이고 틀을 만드는 것이라면 불은 타고난 것을 발산하게 하는 겁니다. 그러니까 자신이 잘하게 타고난 것을 잘하도록 도와주는 것이 교육이죠. 독수리에게 수영을 잘하게 만드는 게 교육이 아니죠."

틀에 집어넣는 '물'이 아니라 자신의 잠재력을 발휘하는 '불'의 교육을 소신 있게 말씀하신다. 그렇다면 '불'의 교육을 지원하는 정책의 모습은 어떤 것일까?

"결국 정책도 사람인데, 우리 교육이 배 보다는 가슴을 생각하고 바뀌어 갔으면 좋겠어요. 어쩔 수 없이 지금까지 우리 교육은 먹고 사는데 치중한 면이 많은데, 물론 먹고 사는 문제를 해결하도록 하는 교육도 중요하지만, 우리 아이들이 정말 지혜를 배우고 생각할 수 있는 교육을 해야 한다고 생각합니다. 선생님들께서도 마찬가지인데 정책적으로 선생님들께서 여유를 가지고 교육을 할 수 있도록 해 주었으면 좋겠어요. 아까도 제가 다양성의 시대라고 말씀드렸는데, 우리 아이들의 한 명 한 명의 다양성을 살려주어야 합니다. 어쩔 수 없이 미래 사회가 다양성의 사회로 가고 있잖아요? 미래 사회와 주도성이 굉장히 중요하고 연관이 많은데 뭐 커다란 정책이 중요한 것이 아니라 서로 다양성을 존중하는 문화 속에 살다 보면 자연히 우리 아이들은 그런 영향을 받는다고 생각하니다. 눈에 보이는 점수나 서열로 우리 아이들이 얼마나 힘들어합니까? 사건들이 막 터지잖아요?"

이야기는 자연스럽게 정책으로 흘러갔다. 사람을 생각하는 정책, 현실적 문제만을 해결하기 위한 교육이 아니라 인간으로서 존귀하게 존재하기 위한 방법을 교육해야 한다. 아이들 한 명 한 명의 다양성을 살려주는 정책 지원을 고민해야 한다는 이야기다.

"저는 선생님들을 힘들게 하지 않았어요. 선생님들을 믿고 맡겨 두었습니다. 가장 중요한 것은 '우리 아이들이 행복한가?' 하는 것입니다. 아이들이 행복해야 행동하는 시대가 되었습니다. 아이들을 춤추게 해야 합니다. 분노로 사람을 움직이던 시대는 갔습니다. 저희 때만 해도 야단맞고, 다그치면 분노해서 '한번 해 볼까' 했지만 지금 아이들은 그렇지 않습니다. 세상이 바뀐 거죠. 본인이 재미있고 행복해야 움직입니다. '늦게 피는 꽃은 있어도 피지 않는 꽃은 없다.'는 말이 있잖아요? 아이들이 학교 다니면서 웃고 행복해하면 언젠가는 피게 되어 있습니다. 저는 너무 서두르거나 아이들이나 선생님들을 닦달하지 않으려고 했어요."

역설적이다. 공부는 힘든 일인데 행복한 아이들이 행복한 성과를 낸다니. 물론 고등학교에서 입시 지도는 당연하다. 학부모들은 성과를 원하고 성과를 내는 학교가 좋은 학교라고 생각한다. 그러나 좋은 학교는 아이들이 행복한 학교이다. 배움의 과정에서 존중받고 비교당하지 않으면 학교생활이 즐겁다. 입시를 위한 3년이 아니라, 학교생활이 좋은 입시 결과로 이어지는 학교가 좋은 학교다. 아이들은 학교 다니는 지금 행복해야 한다. 지금 행복한 아이들은 잠시 흔들림이 있어도 자기 회복력을 발휘하여 제자리로 돌아온다. 실패해도 좌절을 경험해도 툭툭 털고 일어난다. 그러면서 단단해진다.

"학교는 학생이 주도해야 하는데, 부모님에 의해서 아이가 움직여요. 그런데 저희는 부모님을 교육하는 게 아니잖아요? 어떤 요구가 있으면 학생이 그런 이야기를 해야 하는 데 부모님이 이야기를 해요. 그런게 좀 바뀌었으면 좋겠어요. 어렸을 때부터 아이들이 자기 생각을 표현하는 교육을 해야죠. 그런데 우리는 지금 계속 독수리를 헤엄치게 만드는 교육을 하고 있어요. 정책적으로는 학교가 좀 다양했으면 좋겠어요. 새로운 시도를 하는 것이 굉장히 힘들어요. 실패를 하더라도 새로운 시도를 해보고 싶은 사람이 마음껏 시도할 수 있도록 지원을 해 줬으면 좋겠어요. 연구학교 하면 다 좋은 결과가 나오지만 막상 일반화는 어렵잖아요? 그런 것 말고 실험적으로 시도해 볼 수 있도록 지원을 아끼지 말았으면 좋겠습니다. 세상은 엄청 변하는데 새로운 학교가 별로 없어요. 다 거기서 거기야. 어디 가나 비슷한 학교 다니잖아요. 그러면 우리 아이들은 언제 새로운 경험을 해 봅니까? 그런 고민을 많이 했으면 좋겠어요."

나는 메모하는 척 시선을 피했다. 교육청에서 행정과 정책을 고민하는 사람으로서 반성이 되었기 때문이다. 정책과 현장은 상호 보완이 되어야 한다. 현장을 기반으로 정책을 고민하고 실행된 정책은 다시 현장의 피드백을 통해 지속적으로 수정되어야 한다. 우리는 우리 아이들이 꿈꾸는 것, 도전하고 싶은 것을 마음껏 시도하고 실패를 경험해 볼 수 있도록 지원하는가? 잘하도록 다그치는 게 아니라 하고 싶은 것을 마음껏 해보게 지원하는가?

"우리가 지금까지 그런 교육을 받았잖아요. 시키는 대로 하고, 주입식 교육받고, 경쟁해서 대학만 가면 성공하는 시대. 그건 우리들 시대 이야기이고 아이들은 다르잖아요. 세상이 달라지잖아요? 제가 중용을 좋아하는데 중용이라는 것은 극단에 치우치지 않는 것이거든요. 그런데 우리는 고양이는 모르고 강아지만 알고 강아지 이야기만 하잖아요. 반대도 생각해 보고 다르게도 생각해 보아야 하는데!"

리더는 말이 아니라 행동으로 보여주는 것

달리 할 말이 떠오르지 않았다. 여전히 메모장을 만지작거리면서 질문을 슬쩍 다른 쪽으로 돌려보았다. 아이들하고 사제지간 독서모임을 하고 계신다기에 자세한 이야기를 부탁드렸다.

"조직의 장으로서 말이라도 실수하면 어쩌나 생각하면 못하죠! 독서모임을 열면 금방 마감이 되는데, 선생님이 여는 경우도 있고 아이들이 여는 경우도 있습니다. 그런 자리에서 자연스럽게 아이들과 대화를 하는 거죠. 선생님들께서도 수고를 많이 해주시는데 저는 모든 것이 아이들 스스로 자체적으로 돌아가기를 원해요. 학교는 학생이 주도를 하는 곳이어야 한다고 생각해요. 아까도 말씀드렸듯이 틀에 규정짓는 물의 교육보다 타고난 소질을 살려주고 잘하는 것을 하도록 하는 불의 교육이 되었으면 합니다. 부모님도 같이 공감을 해 주셨으면 좋겠고요."

아이들과 책 읽는 이야기가 나오자 표정이 밝아지신다. 나는 좀 편견을 가지고 있었던 것 같다. 주도적인 사람은 외향적이고 진취적이고 적극일 것이라는 편견 말이다. 주도적인 사람이 외향적이고 적극적인 성향을 가진 것처럼 보일 수도 있겠지만, 교장 선생님의 말씀을 들으면서 주도성을 가진 사람은 자발적이고 자기 조절 능력이 있는 사람이라는 생각이 들었다. 그리고 리더는 그야말로 보여주는 것이다. 말씀처럼 아이들은 보고 따라 한다. 교장 선생님께서 아이들의 활동에도 함께 참여하시면서 생각을 나누고 아이들의 이야기도 듣고 계셨다. 학교에서 하는 행사나 모임에 교장으로서가 아니라 동등한 역할을 수행하는 참여자나 운영자로 함께 하셨다. '나는 빼고 너희끼리 해라'가 아니라 공동체 안에서 수평적인 관계로 소통하는 학교장의 모습이 있었다. 교사가 행동으로 보여 줄 때 아이들이 보고 배우듯 학교장도 행동으로 보여 주는 것이다.

"왜 그런 말이 있잖아요? 편도체를 안정시키고 전두엽을 활성화 시켜라. 편도체가 활성화되면 제정신이 아니에요. 그런데 그렇게 행동하는 이유가 생존하기 위해서 그런다는 거예요. 애들이 막 이상한 행동을 하는 거, 우리가 상상하지 못하는 그런 행동을 하는 거는 그 사람 자체로 생존하기 위해서 하는데 편도체가 활성화 되다 보니 진짜 자기가 생존하기 위한 판단을 못 합니다. 잘못된 판단을 하는 거죠. 그래서 사람을 편안하게 해줘야 하는데 아이들이 성적이다, 대학이다 이런 것 때문에 불안해 하고 조바심을 내니 올바른 판단을 못 하는 거죠."

학교에서 학교장은 결재권을 강하게 가진다. 그러므로 학교장의 학교 경영 방식은 학교조직문화나 교사들의 교육활동에 직·간접적인 영향을 준다. 지시적인 관리자는 교사들에게 강제적인 교육 방법을 요구하거나 자율성을 제한한다. 공정하지 못한 관리자는 어떤가? 불평과 불만 제조기다. 차별적인 관리자는 어떤가? 조직의 신뢰를 약화시키며 구성원들이 협력하지 않는다. 소통이 부족한 관리자는 교사들의 의견을 존중하지 않는 경향이 있다. 교사들의 주도성을 억압하고 새롭고 창의적인 아이디어를 제한해도 받아들여지지 않는다. 학교장은 행동으로 보여주는 리더이다.

(3)

교사를 춤추게 하는
학부모의 참여와 지원

학부모와 함께 만들어 가는 학교

교장 선생님과 인터뷰를 마무리하면서 마음이 따뜻해졌다. 소신 있는 교육철학 속에 후배들의 교육활동을 최선을 다해 지원을 해주고 계시지 않은가? 가벼워진 발걸음은 도서관으로 이어졌다. 문을 열자 도서관의 생소한 구조가 신선했다. 규모는 크지 않았으나 창쪽으로 높은 의자와 작은 계단들이 있어 언제든 창밖을 조망할 수 있었고, 편안하게 사람을 이끄는 동선과 내부 공간이 인상적이었다. 그 공간에서 환하게 웃으며 교무부장님께서 나를 기다리고 계셨다. 온화하면서도 다부진 눈빛을 가진 선생님이셨다.

초면엔 솔직한 직구가 제일 깔끔하다. '왜 어려운 신설학교를 자청하였느냐.' 는 질문으로 마음을 얻어 보고자 했는데 돌아온 대답에 마음이 무거웠다. 공동체 안에서의 소통의 부재, 불합리한 결정과 합리적이지 못한 문제해결 방식을 아이들에게 설명할 방법이 없었단다. 그 회의감이 결국 스스로 새로운 길을 만드는 선택을 하게 되었다고. 나는 부장님의 담담한 말 너머 공감 지대를 찾으며 이야기를 어어갔다. 개교 초기에 학교가 빠르게 안정되고 지역사회에 좋은 이미지의 학교로 자리매김한 배경이 궁금했다.

"개교 초기 학교 철학에 동의하지 않으신 일부 선생님들께서 학교를 떠나셨어요. 자연스럽게 뜻이 맞는 선생님들과 소통이 되었고, 2년차에 초빙을 통해서 훌륭하신 선생님들을 많이 모시게 되었습니다. 교육과정을 다양화하기 위한 학교의 모험적인 결정도 했구요. 결정은 교장 선생님께서 하셨는데, 다른 선생님들께서도 특별히 반대를 하지 않으셨어요. 이전 학교에서 답답해서 오신 분들이 몇 분 계셨거든요."

진지한 이야기에 몸이 자동으로 긴장했다. 개교 초기 흔들림이 없지 않았으나 역시 중심은 학교에 있었다.

"학기 초 전 교사가 함께 머리를 맞대고 공동체가 함께 만들어가고 싶은 학교의 비전을 세웠습니다. 그리고 수석교사의 주도 아래 전체 선생님들께서 교육과정 재구성 연수를 들었지요. 연수 이후에는 교과별 학기 단위 수업 계획과 평가 계획을 세우면서 학교의 중심을 잡았죠."

부장님의 이야기를 들으면서 나는 속으로 '혁신학교이기에 가능했을까' 하는 생각을 했다. 앞서가는 혁신학교의 경우 신학기 교육과정 준비에 많은 시간을 할애해 교육활동 중심의 학교로 만들어가는 학교가 많기 때문이다. 초기에 중책을 맡으신 부장님이셔서 묻고 싶은 것이 많았지만, 내가 더 궁금했던 것은 학부모님과의 소통 과정, 학부모님들과 어떤 에너지를 주고받는지가 더 궁금했다.

"우리끼리는 안 된다고 생각했어요. 교육과정을 다양하게 하고 실제로 교육과정을 선택하는 아이들을 존중하는 학교문화를 만들어 가려면 학부모님들의 도움이 필요했어요. 부서 조직부터 변화를 주었어요. 그리고 가장 중요한 건 학부모 업무를 보통 교무에서 많이 맡아서 하는데 교무가 전체 학교를 총괄하면서 학부모회를 잘 끌고 가기가 매우 어려워요. 그래서 학부모 총회나 학부모회는 교무에서, 학부모 연수는 연구부에서 주관하도록 했어요."

역시 큰 변화는 작고 사소한 것에서 시작된다. 작고 사소한 것이 단단한 조직에 균열을 내고 변화의 틈을 만드는 것이다. 그런데 그 작고 사소한 것은 진심인 사람에게 보인다.

"그리고 저는 학부모 대표와 네트워크를 만들었어요. 학교에서 일어나는 일들, 기획회의의 중요한 사안들이 있으면 단체방에 공유하고 안내를 했습니다. 아무리 사소한 것이라도 학교에서 일어나는 일들을 바로바로 공유하고 의견을 들었죠. 그리고 학부모님들을 만날 때마다 '학부모님들께서 도와주셔야 학교가 살 수 있다'고 말씀드렸어요. 그러다 보니 학부모 동아리도 만들고, 특히 아버지 봉사회단도 만들어졌어요. 그런데 형식적으로 운영하면 아무 소용이 없잖아요? 학부모 연수를 맡은 연구부장님께서 운영 내용을 계속 데이터로 만들어서 공유하고 학부모님들께서 참여할 수 있는 방법을 계속 고민하셨어요. 엄청 열정적으로 활동해 주셨어요."

이야기를 하는 도중 내가 부장님께 받은 첫인상이 틀리지 않았음을 알았다. 거창한 이론이 아니라 작은 것이라도 실천하려는 소신을 가진 분이었다.

"요즘은 온라인에서도 학교에 대한 이야기를 많이 듣잖아요? 저는 그런 사이트에서도 활동을 많이 해달라고 부탁을 드렸어요. 가령 우리 학교에 대해 잘못된 정보나, 좋지 않은 내용이 올라오면 왜곡된 정보를 바로 잡아달라고 즉시 댓글을 부탁드렸어요. 학교를 잘못 이해하시면 안되잖아요. 그리고 제가 댓글을 다는 것보다 학부모님께서 직접 알려드리는 것이 더 효과가 좋더라구요. 이외에도 온라인에 올라와 있는 학교에 대한 각종 잘못된 정보들도 바로잡아 달라고 말씀드렸구요."

질문을 하지 않아도 이야기는 자연스럽게 이어진다. 진심인 일에는 질문이나 말이 오히려 거추장스럽다. 나는 그냥 듣는 것으로 모든 의문을 해소해 갈 수 있었다.

"줄기차게 말씀드렸어요. 학교는 열려있다. 부모님들께서 원하시면 언제든 간담회든 뭐든 다 열어드렸어요. 감독을 원하시면 감독을 하실 수 있게 해 드리고, 행사뿐만 아니라 항상 학교 방문이 가능하게 했어요. 코로나 시기에도 많이들 오셨어요. 연구부장님께서 학부모 아카데미를 잘 운영해주신 덕분에 학부모님들께서도 학교와 선생님들에 대해 많이 알게 되신 거죠. 학교가 학부모님들에게 열려있고 소통하면서 학교를 움직이는 선생님들이 계시다는 것을요."

S 고는 매주 금요일 아침 라디오 방송을 운영한다. 한 선생님 혼자서 진행하던 라디오 방송이 이제는 학생들이 주축이 되어 운영하고 있다. 물론 교사도 학부모님들도 자발적으로 참여하신다. 자체적으로 운영하는 라디오 방송에서는 공동체별로 하고 싶은 말, 좋은 글, 교육에 대한 이야기, 아이들에 대한 이야기를 하며 공동체가 함께 공유하고 있다. 그런 노력이 학부모님들께서 학교를 믿게 하는 힘으로 작용하였다. 공동체 모두에게 언제나 열려있는 학교, 서로에 대한 믿음, 내가 속한 공동체가 좋은 공동체이기를 바라는 열망이 좋은 학교를 만든다.

"하나 더 말씀드릴 게 있는데요, 결론은 뭐냐면 팀웍이에요. 전폭적인 신뢰를 해주는 관리자와 구성원들의 팀웍이죠. 예를 들어 학부모 대상 교육과정 설명회, 학부모 대상 교육과정 박람회, 학부모 대상 교육과정 일대일 멘토링 등, 모든 행사에 진로 교사가 다 함께했어요. 진로 교사가 교육과정 부장님이랑 함께 움직이는 구조였지요. 그래서 학부모님들을 계속 학교에 오시게 했어요. 학부모님들께 교육과정 선택에 대해 말씀드리고, 그러고 나면 상위학년 학부모가 그 아래 학년 학부모님들께서 교육과정을 설명하실 수 있게 하고. 주무 부서 부장 네 명이 다 생각이 비슷했어요. 학부모와 함께해야 한다. 그리고 아이들한테 실질적으로 교육과정이 열려 있어야 한다. 부모님들하고 항상 소통해야 한다. 저도 교사이고 저도 부모잖아요? 그러니까 똑같다는 생각을 했습니다."

학교에 대한 학부모의 긍정적 시각과 적극적인 참여

교육공동체가 원팀으로 다져지기까지 힘들었던 일도 많았을 것이다. 가장 힘들었던 것은 뭘까? 무엇이 가장 어려운 해결과제였을까?

"다 열고 들어주는 것과 선을 지키는 것은 다르잖아요? 교육활동 침해에 관련해서는 분명하게 말씀을 드렸어요. 사유와 근거를 분명하게 제시하고 무리한 답변에 대해서는 거부하는 것도 있었어요. 그랬더니 나중에는 학부모회 차원에서 먼저 차단이 되더라구요. 부족한 건 부족하다고 말씀드리고 할 수 있는 건 다 했죠. 물론 그러고도 해결이 어려운 문제는 있었어요. 학폭 문제나 심지어 생기부 문제 같은 것. 그럴 때도 모든 학부모님들께 다 공개하고 관리자분들도 함께 참여한 가운데 간담회를 진행했어요. 그런 자리에서 문제의 원인과 학교의 입장과 대안을 말씀드리죠. 그러니까 자연 학부모님들께서도 학교의 영역과 가정의 영역, 그리고 정당하게 요구해도 될 것과 아닌 것을 알게 되더라구요. 학부모 연수에 대한 필요성도 절실하게 느꼈습니다. 학교에서 입장을 명확하게 할 것은 하고 나머지는 교육청에 직접 말씀드리라고 했습니다. 그리고 직원회의 때 학부모님들께서 우려하시는 것에 대해 계속 공유하고 학교가 노력할 부분에 대해서도 선생님들과 계속 논의했죠. 학교를 지원해서 오는 아이들이 실망하지 않도록 최선의 노력을 다 한 것 같아요."

학교를 만들어가는 과정에서 학교는 종종 학부모와 갈등 상황에 직면하기도 한다. 그럼에도 불구하고 S 고는 처음부터 학부모님들과 함께했다. 학부모님들과의 관계에서 선생님들은 어떨 때 큰 힘을 얻을까? 선생님들을 춤추게 하는 말은 무엇일까?

"제가 어떤 온라인 카페에 들어가 봤는데 우리 학교에 대해서 부정적인 글에 어떤 학부모님께서 학교에 대해 긍정적인 글을 써 주시고 자신이 경험했던 학교 이야기를 하면서 좋은 사례들을 써 주신 것을 보았는데 그때 참 기분이 좋고 자부심도 느끼면서 뿌듯했어요. 저는 또 그걸 선생님들과 공유했구요. 우리 학교 어떤 학부모님께서 지역사회 커뮤니티에서 이렇게 활동하고 계시다고요. 학부모님들께서 학교를 믿고 지지해 주시면서 학교가 변하고 있다고 긍정적으로 바라봐주시니 정말 큰 힘이 되더라구요. 그리고 학교가 하는 일에 적극적으로 참여해 주시고. 좋은 학교는 함께 노력해 가는 것이 맞는 거 같아요."

역지사지라고 했던가? 힘들수록 다른 사람의 입장에서 생각해보면 우리는 조금 더 나은 결정을 할 수 있다.

"보여지는 것도 매우 중요한데, 특히 비언어적인 요소들이 매우 중요해요. 학부모님들을 대하는 태도, 준비과정, 따뜻한 눈인사 등 오실 때마다 정성껏 맞이했어요. 왜냐하면 학부모님들을 어렵게 생각하시는 선생님들도 많으시거든요. 그런데 교육공동체 일원으로서 존중하고 참여하게 하고 정성을 다 하는 모습을 보여주면 선생님들도 학부모님들도 결국 달라지시더라구요. 지원청에 있는 장학사님들도 학부모님들에게 형식적인 답변보다는 실질적인 학교 상황을 잘 전달해주는 답변을 해주면 좋을 것 같아요."

톨스토이는 '행복한 가정은 대게 비슷하나 불행한 가정은 제각각의 이유로 불행하다'고 하였다. 학교도 마찬가지이다. 좋은 학교의 공통점은 서로를 믿는 데서 시작한다. 구성원들을 믿고 지원하는 관리자, 공동체가 만든 비전을 구현하기 위해 팀웍을 발휘하는 교사, 학교를 믿고 긍정적인 피드백으로 함께 만들어 가는 학부모가 있는 학교라면 학교가 아이들을 위해 도전하지 못할 것은 많지 않다. 교육공동체가 각각의 역할에 충실하며 유기적으로 잘 맞아 돌아가는 그 판 위에서 아이들은 신명나게 춤을 춘다.

학교에서 주도권자는 학생이다. 학생이 주도성을 발휘하며 교육적 성장을 하기 위해서는 교사가 주도성을 발휘할 수 있는 환경제공이 우선이다. 아이들이 마음껏 도전할 수 있는 환경을 만들어 주자. 우리 아이들은 지금 행복해야 한다.

4

교사 주도성과
교육과정 자율성

교육과정 운영을 최우선으로 지원하는 학교장

햇살 따가운 오후, 관내 M 초등학교를 방문했다. 평소 학교 일이며 교육청 일까지 매우 열정적으로 활동하는 분이시기에, 교장 선생님이 계시는 학교의 분위기가 궁금했다. 주차장에 차를 주차하고 전화를 드리니 벌써 현관 밖에 나오셔서 차가 들어오는 것을 보고 계셨다. 차에서 내려 종종걸음으로 달려가는데 오른쪽으로 상자 텃밭이 보인다.

숨 돌리기가 무섭게 교장 선생님께서 진행하시는 생태수업에 관한 질문부터 드렸다.

"그냥 텃밭 수업이에요. 1학기 때 아이들이 싹을 심고 중간에 제가 물을 주면서 가꾸고 반별로 수확하고 그러죠. 학기말이 되면 그걸로 김장해서 나눠 먹고 그러는 거죠. 반별로 3시간씩 돌아가면서 그렇게 운영합니다. 시간을 더 달랬더니 선생님들께서 안 준대요."

말씀하시면서 소탈하게 웃으시는 모습이 아이처럼 천진하시다. 긴장을 풀어주는 웃음소리를 들으니 마음이 편안해진다.

"우리 학교 1, 2학년 아이들에게 '저기 서 계시는 선생님이 누구시냐' 니까 아이들이 '학교 꽃밭에 물 주는 아저씨다.' 라고 대답하더랍니다. 저는 그게 너무 고마웠어요. 그랬는데 어느 날 4, 5, 6학년 아이들이 와서 저보고 그래요. '교장 선생님, 너무 힘드신데 저희가 물을 줄게요. 이거 우리 반 것이니 저희가 주는 게 맞는 거 같아요.' 해서 이제는 아이들이 물을 주고 있어요. 시키지 않아도 와서 하는 거예요. 그렇게 아이들이 보고 자라는 거지요."

인간과 자연의 공존은 미래 사회에 중요한 화두다. 기후 위기와 더불어 인공지능 발전의 가속화는 인류에게 어떤 미래를 직면하게 할지 모른다. 아이들이 가꾸는 작은 텃밭 하나, 소소한 생태수업이 인류가 직면한 과제를 해결하지는 못하겠지만, 그러나 변화의 시작은 될 수 있다. 얼핏 보아도 학급 팻말을 꽂은 나무상자 텃밭에는 방울토마토, 오이, 가지가 키를 키워가고 있고, 그 사이로 잡풀도 듬성듬성 나 있다. 한여름 잡초를 이길 수 있는 것은 그것들보다 더 빠른 손놀림뿐이리라. 볕이 좋은 텃밭에는 잡풀들의 기운도 힘차다. 생각 같아서는 텃밭에 자라는 성성한? 잡초라도 뽑으면서 이야기를 나누고 싶은데 시간은 없고 질문은 많아 조바심이 난다. 학교를 경영하면서 가장 중요하게 생각하시는 것이 무엇인지 어쩌면 우문일지도 모르는 질문을 하였다.

"제일 중요한 것은 교육과정입니다. 예산 편성할 때 교육과정 운영에 가장 우선으로 예산을 편성하고 그다음 학교 시설이나 기타에 사용합니다. 그리고 선생님들에게 교육과정 자율성을 주지요. 교감 선생님과 상의해서 일정 금액 안에서는 자율적으로 예산을 쓰면서 교육과정을 운영하도록 했지요. 자기만의 교육과정을 운영한다는 건 사실 너무 당연한데 우리 선생님들께서 교과서대로 진도를 나가시는 선생님들이 많거든요. 제가 초등 교과서 국정교과서도 집필 해 보았는데 교과서만 가르치는 건 아니다 싶었어요. 그래서 저는 늘 학년 초에 학무모 설명회를 할 때 교육과정 이야기를 합니다. 학부모님들도 교육과정을 알아야 된다. 내 자식이 이번에 수학이나 사회를 배울 때 어떤 걸 배우는지, 왜 배우는지 알아야지 교과서만 가르친다면 그건 사교육 배불리는 겁니다. 교사가 자기 교육과정을 가르치고 그 교육과정을 가지고 평가한다면 사교육이 들어올 틈이 없어요."

무엇보다 교장 선생님은 선생님들을 100% 신뢰하고 있었다. 선생님들께서 '내가 근무하는 공간이 안전하고 보호받고 있다'고 생각하는 것은 당연하면서도 매우 중요한 일이다. 선생님들에 대한 교장 선생님의 믿음이 안전한 학교, 상호 신뢰하는 학교문화를 만들며 그 속에서 선생님들은 자율성을 발휘하기 때문이다. 교사들에게 교육과정의 자율성을 준다는 것은 어떤 의미일까? 교사들이 교육과정 자율성을 발휘하기 위해서는 학교의 비전이 명확해야 한다. 비전에 따라 학교가 길러내고 싶은 아이들의 모습을 구체화하고 이에 맞는 교수방법과 교육내용을 개발해야 한다. 다시 말해 교사들이 자신의 교육 방법과 평가 방식을 결정하고 이를 실천할 수 있는 교육과정 운영의 전문가임을 믿는다는 의미이다.

"제가 1999년부터 선생님들한테 학급 교육과정을 이야기했어요. 학년 교육과정이 아니라 학급 교육과정이 중요하다. 곧 교사 교육과정인 것이지요. 이제는 학생 맞춤형 교육과정, 개인 맞춤형 교육과정이 나와야 합니다. 매뉴얼대로 한 사람당 뭐 50~60쪽을 짜는 것이 중요한 것이 아니라 그 아이에게 필요한 교육과정을 딱 두세 장이라도 실질적이고 필요한 교육과정이 나와야 합니다. 학교 교육과정 짜듯이 하면 선생님들 죽어요. 지적은 쉬워요. 진짜 지적은 쉬운데, 선생님들의 장점을 잘 살릴 수 있도록 하는 것이 중요해요."

교육과정 운영의 다양성과 자율성

순간 나는 표나지 않게 큰 숨을 내쉬었다. 교사 교육과정 이야기에 나도 모르게 진지해졌다. 교사는 교육과정 전문가여야 한다. 교사가 교육과정에 대한 문해력이 있어야 학생의 현재의 수준과 능력, 관심사에 따라 학생 개개인의 수준에 맞는 맞춤형 교육과정을 디자인할 수 있다. 교사가 교육과정 전문성을 발휘해야만 우리 아이들이 주체적이고 독립적인 존재로 성장하며 삶의 역량을 기를 수 있는 학생 주도성 수업을 이끌어 낼 수 있다. 하지만 '아는 것'과 '하는 것'은 차원이 다른 문제다. 그 전에 우리는 우리 자신에게 분명하게 답할 수 있어야 한다. 우리는 교육을 통해 '우리 아이들을 어떤 아이들로 길러내고 싶은가? 학생 개인별 관심사와 능력, 학생 수준에 맞는 최적화된 학습 자료와 교재, 그리고 개별화된 학습목표와 계획을 수립하고 운영하기 위한 교육환경 구축을 위해 노력하는가? 학생 개인별 관심사와 주제에 맞는 프로젝트를 진행할 수 있는 환경을 제공하는가? 교사가 수업 전후에 피드백을 통한 학생의 성장을 이끌어 낼 수 있는 시간적 여유는 충분한가? 다양한 방법으로 평가할 수 있도록 교사가 평가권을 실현할 수 있는가?'와 같은 본질적이고 근본적인 질문에 분명하게 답을 할 수 있어야 한다는 뜻이다.

"발표할 때나 학교 행사할 때도 물론 선생님들 손이 많이 가기는 하지만, 아이들 스스로 기획하는 게 많다고 하니 얼마나 뿌듯합니까? 이런 경험을 초등학교 때부터 자연스럽게 경험해야 문제해결 역량도 창의적 역량도 자연스럽게 기를 수 있어요. 제가 학생회 회의실을 마련해 주었는데, 아이들이 거기서 피켓도 만들고 교내 홍보활동도 하고 그러더군요. 그리고 저는 운동이나 동아리 활동을 마음껏 할 수 있게 모든 실을 다 개방했습니다. 제가 아이들이 뭘 하는지 일일이 다 알지는 못 하지만, 열심히 하더군요. 물론 선생님이 옆에서 도와주기는 하겠지만 자기들 스스로 하는 거잖아요. 그게 중요한 것이지요. 중학교도 마찬가지겠지만 제가 독서운동을 엄청나게 오래 하고 있는데, 독서토론 논술대회에서 우수한 성적을 보이는 애들 대부분 자기주도적인 애들입니다. 또 이런 아이들이 나중에 상위권 대학을 가구요. 제가 독서운동 모임을 25년째 하고 있는데 전국적으로 한 3만 명쯤 될 겁니다. 거기는 초·중·고 교사뿐만 아니라 학부모 아이들까지 다 포함되어 있습니다. 책 읽고 토론하는 과정속에서 자기 생각을 정리하고 자기 생각이 있는 아이들이 주도적으로 무엇인가를 하는 거거든요."

2022 경기도 교육청, '교사가 바꾸는 수업! 교사 교육과정 설계하기' 자료집에는 교사 교육과정을 다음과 같이 설명하고 있다.

국가 수준의 교육과정을 정확히 읽어 교육과정을 충실히 가르치는 것, 교과서 내용을 기본으로 하되 학교와 교실과 학생의 상황에 적합하게 교사와 학생이 학습경험을 함께 설계하고 운영하는 것, 교육과정에서 학생들에게 필요한 내용과 교수·학습방법을 교육과정으로 가져와 적극적으로 시도하는 것 모두 교사 교육과정의 다양한 모습이다.

2022 개정 교육과정은 2024년부터 초등학교에, 2025년에 중학교와 고등학교에 적용되기 시작해서 2028학년도 대학 입시에 반영된다. 2022 개정 교육과정의 의미는 '우리 아이들이 스스로 변화의 주체가 되어 미래를 주도하고 더 나은 세상을 만들어갈 수 있는 힘을 키우기 위한 것'이라고 생각한다. 나는 우리 교육이 그러한 방향으로 바뀌어 가고 있다고 믿는다.

교사는 교육과정을 운영함에 있어 전문성을 바탕으로 자율성을 발휘해야 한다. 선생님들께서 어떻게 교육과정 자율성을 발휘하고 있는지 궁금했다. 구성원도 다양하고 역량도 제각각이다. 적극성을 발휘하는 선생님들도 많지만 그렇지 않은 선생님들도 있다.

"당연히 수동적이신 분들이 있지요. 근데 어쩔 수 없어요. 기본적으로 저는 선생님들께서 필요하다고 하는 것은 다 지원해 줍니다. 연수든, 예산이든, 프로젝트 수업이든 뭐든요. 그러나 사람 성향이 좋아서 하는 사람이 있고 마지못해서 하는 사람도 있는 거거든요. 그래서 저는 선생님들께서 좋아하시는 걸 하라고 합니다. 젊은 선생님들 경우에는 SW 쪽이나 요즘 AI 쪽에 관심이 많아서 인근 모 대학과 협력하여 우리 학교에 프로그램도 개설했지요. 선생님들께서 직접 아이들을 모집해서 했답니다. 방학 때도 지도 한답니다. 제가 억지로 하라고 하면 하시겠어요? 본인들이 관심이 있고 하고 싶으니까 방학에도 하시는 거죠."

최재천 교수님은 〈모든 삶은 흐른다〉는 책 추천의 글에서 '파도처럼 인생에도 게으름과 탄생, 상실과 풍요, 회의와 확신이 나름의 속도로 밀려온다.'[55]는 저자의 말을 인용하고 있는데, 나는 수업도 마찬가지라고 생각한다. 도전과 좌절, 성공과 실패, 여유와 몰입의 리듬을 타며 자신의 수업을 객관적으로 바라보고, 변화와 성장을 위한 자신만의 방향과 속도를 가져야 한다. 그 바탕에 교육과정이 있다.

선생님들에 대한 믿음과 전문적학습공동체

학교에서 교사가 수업에만 집중할 수 있는 구조이면 얼마나 좋을까? 그러나 학교는 수업을 둘러싸고 다양한 공동체와 업무들이 얽혀 있다. 수업 틈틈이 처리해야 할 행정적인 업무도 적지 않다. '전체 교직원 회의도 필요하지 않냐'라고 여쭈어 보았다. 학교 일이 협의나 토의 토론을 거쳐 해결해야 할 문제도 있지만 내용을 전달해야 하는 것도 많기 때문이다.

"할 필요가 없지요. 선생님들이 시간 쓰느라고 할 일을 못 하시고, 회의에 참여하느라 바빠지지요. 회의 자료는 공람해서 보면 됩니다. 회의에서 나온 의견은 100% 수용하고요. 특히 관리자는 선생님들과 벽을 허물고 소통을 잘하는 게 중요합니다. 학기 초에 저는 학부모님들께 이야기합니다. 담임 선생님을 신뢰하지 않는다면 학교에 다닐 이유가 없다고요. 그런 세세한 부분까지 저는 자주 이야기합니다. 믿음은 배신하지 않습니다."

내가 속한 공동체 안에서 스트레스를 받지 않으면서 선생님들께서 하고 싶은 분야의 학급별 교육과정을 운영하는 방안이 궁금했다.

"저희 학교는 전문적학습공동체가 탄탄해요. 전학공이 탄탄하니까 자

---

55 「모든 삶은 흐른다」, 로랑스 드빌레르(이주영 옮김), P, 4.

연스럽게 융화도 되고 수업 이야기도 하더라구요. 그래서 저는 전학공 시간을 절대 침해하지 않습니다. 전체가 모여서 전달하는 교직원 회의도 없습니다. 전학공이 더 중요합니다. 업무도 될 수 있으면 줄이라고 합니다. 줄이고 줄이고 그래도 안 줄어들면 교감 선생님께서도 하시고 우리 행정 실무사님이 고생을 많이 하시죠. 가장 중요한 것은 선생님들께서 계획하신 교육과정을 잘 운영하시도록 지원하는 것입니다. 교육과정 운영 능력이 선생님들의 능력이잖아요. 교장이 하라는 대로 하는 건 아니지 않아요? 학교는 선생님과 아이들이 만들어 가는 거예요!"

전달 연수나 형식적인 협의회, 행사를 위한 행사를 줄이고, 부서별로 의견을 수렴해서 필요한 지원이나 문제해결점을 찾아가는 방식을 적용하였고, 그렇게 합의된 사항은 교장 선생님도 무조건 따른다고 하셨다.

개인의 자율성이 보장되지 않는 조직은 집단주의나 전체주의로 흘러가기 쉽다. 선생님들 한분 한분의 교육과정을 존중하며 선생님들이 원하시는 것을 적극적으로 지원해 주는 학교. 선생님들께서는 교육과정 운영에 최선을 다하면서 함께 만들어 가는 학교문화는 교육공동체 모두가 성장할 수밖에 없다는 생각이 든다.

단위학교 교육과정 운영을 최우선으로 지원하는 학교장, 그것은 선생님들을 신뢰하고 선생님들의 전문성을 믿는 믿음에서 가능하다. 관리자가 교사를 신뢰하고, 교사는 자신들의 교육철학에 따라 교육과정을 디자인한다. 그 속에서 아이들은 배움에 주도권을 가지고 스스로 참여한다.

5

더 나은 교육 환경을 위한
제언

교육정책과 현장 연결하기

2016년부터 나는 '교육과정—수업—평가—기록의 일체화 교사 동아리'에서 활동하고 있다. 교실 수업 개선에 뜻이 있는 선생님들의 자발적 모임으로, 자기 수업과 평가 사례를 공유하고 토의·토론하면서 교육과정—수업—평가—기록의 일체화 실천을 위해 노력하는 동아리이다. 이명섭 선생님은 교육과정—수업—평가—기록의 일체화의 의미를 다음과 같이 정의하였다.

> 나와 마주하고 있는 아이들의 교육적 성장을 목표로,
>
> 교육과정(성취기준)을 교실에서 삶으로 경험될 수 있도록 재구성하고
>
> 배움중심의 수업으로 수업하고
>
> 배워야 할 것을 제대로 배웠는지를 되물어 평가하며

그 성장 과정을 구체적이고 맥락있게 기록하는

일관된 교사의 실천 과정이다.[56]

처음 동아리 안에서의 수업 사례 나눔은 시간이 지나면서 다른 학교, 다른 지역 선생님들 대상으로 확대되었다. 방법도 달라졌다. 개인별 수업 사례 나눔에서 교과별 수업 사례 나눔으로, 이후에는 실제로 교육과정을 재구성하는 실습 위주의 연수 형태로 바뀌어 갔다. 선생님들께서 교과별 성취기준을 이해한 뒤 자신이 만난 아이들 수준에 맞게 교육과정을 재구성하거나 자신만의 수업으로 디자인하는 것을 어려워했기 때문이다. 그래서 성취기준을 중심으로 학기 단위 교육과정을 직접 디자인하는 연수를 많이 진행했다.

실습위주의 강의가 역시 선생님들의 만족도가 높았다. 그런데 정작 힘이 빠지는 것은, 그렇게 몇 년을 교육과정 디자인 연수를 지원하고 '교육과정과 수업, 평가와 기록의 일체화' 방법을 함께 고민하며 수업 사례를 공유했지만, 정작 학교는 진도 계획서 하나 평가 계획서 하나 쉽게 바뀌지 않았다. 특히 연구부에 제출하는 대부분의 학교 진도 계획서 양식에는 여전히 성취기준보다 '단원명'을 먼저 쓰도록 되어 있다.

아래 양식은 대부분의 학교에서 사용하고 있는 진도 계획서이다. 규정화된 양식은 아니지만 학교별 큰 차이는 없다. 대부분 단원명이 젤 먼저 제시된 계획서를 사용하는 것은 거의 동일하다. 평가 계획서도 마찬가지다. 해마다 내용이 더해지고 계획서는 갈수록 복잡해지고 있다.

---

56 「교육과정-수업-평가-기록 일체화(성적을 넘어 한 뼘 성장을 돕는)」, 이명섭, 교육과실천, 2022.

2023학년도 (   ) 교과 (   ) 학년 (   ) 학기 진도 계획

지도기간	단원명(수업주제) 대단원 - 소단원	교육과정 성취기준	시수	재구성 내용 및 교과연계	수업 방법	평가 방법	범교과 영역
3월							
4월							
5월							
6월							

작은 시도가 큰 변화를 가져오기도 한다. 이것은 사소하지만 매우 중요한 문제다. 형식이 내용을 지배하고 있기 때문이다. 성취기준 중심의 교육과정을 재구성하려면 성취기준을 가장 우선할 수 있는 구조로 양식이 변경되어야 한다. 연수 때 아무리 성취기준 중심의 재구성 방법을 실습해도 학교에 가면 이런 작은 것에서부터 부딪히기 시작한다. 그럴 때 선생님들은 두 가지 중 한 가지를 선택한다. 자신만의 교육과정 계획서를 따로 만들어서 사용하거나, 그냥 하던 대로 하면서 학교나 교육청이 요구하는 대로 하거나.

쉬운 일은 아니다. 교육정책이 현장에 어떻게 구현되는지 살피고 현장으로부터 피드백을 얻어야 한다는 것을 알고 있지만 내가 교육청에서 일할 때도 현장을 충분히 살피는 일이 쉽지는 않았다. 그래서 더더욱 현

장을 잘 알아야 한다. 변화의 어려움이 교사의 역량인지, 학교문화인지, 교육환경의 구조적인 문제인지를 알고 그 부분을 함께 개선하려는 노력이 뒤따라야 현장이 달라진다. 진도계획서나 평가계획서는 하나의 사례에 불과하다. 단위 학교 진도 계획서를 다음과 같이 변경하면 어떨까? 경기도에서 수석교사로 정년 퇴임하신 이명섭 선생님께서 교육과정 재구성 실습 때 사용하는 양식이다.

2023학년도 (　　　　) 교과 (　　　) 학년 (　　　　) 학기 진도 계획

순서	월	기본 성취기준	성취기준 재구조화 (무엇을 어떻게 배울 것인가?)	평가 (무엇을 어떻게 평가할 것인가?)	영역, 제재 단원
1	3월				
2	4월				
3	5월				
4	6월				

연수-실행-피드백의 선순환

교육부나 교육(지원)청에서 실시하는 연수 형태도 달라져야 한다. 정책이 바뀌면 대부분의 연수 형태는 선도 교원을 뽑아 선도 교원의 역량

을 강화하고 선도 교원이 일반 교사를 대상으로 연수를 실시한다. 아니면 우수 사례를 공유하고 과목별 실습을 진행하는 형태로 진행된다. 물론 내용에 따라 선도 교원도 필요하고 다양한 형태의 연수가 진행되는 것도 맞다. 선생님들께서는 자신에게 필요한 연수를 신청해서 듣고 교육적 성장을 경험한다.

그러나 정책을 이해하는 연수가 아니라 교육과정 재구성이나 교실 수업 개선을 위한 연수라면 연수 형태가 많이 달라져야 한다. 선생님들은 대부분 개별단위로 연수를 신청해서 듣는다. 그리고 연수에서 배운 내용을 자신의 수업에 적용해보려고 한다. 하지만 학교 상황은 내 마음 같지 않다. 막상 연수에서 배운 것을 적용해보려면 넘어야 할 난관이 한둘이 아니다. 가장 가까이는 동료 교사와 뜻이 맞아야 하는데 이것부터 쉽지 않다. 설득해도 뜻이 맞지 않으면 시작도 하기 전에 에너지가 소진되고 용기는 사라진다. 결국 나 혼자 교과를 가르치는 경우가 아니면 새롭게 도전하려던 마음은 좌절되고 만다. 교육과정 재구성은 개인적 차원의 문제가 아니라 동료 교사, 학생, 그리고 교육공동체 모두와의 소통과 협력이 필요한 문제이기 때문이다.

연수 과정을 좀 더 촘촘하게 계획하고 지속성을 가질 수 있도록 기획해야 한다. 가령 교육과정 재구성 연수를 듣는다고 할 때, 두세 시간 실습하고 공유하고 난 다음 끝이 아니라 실제로 한 학기 교육과정을 재구성할 수 있을 정도의 충분한 실습시간으로 기획해야 한다. 그래야 자신이 디자인한 교육과정을 가지고 한 학기 수업에 적용해 볼 수 있다. 이후에 수업한 내용을 토대로 피드백하는 과정도 반드시 있어야 한다. 따라서 개인별 연수 형태와 함께 교과 융합, 동 교과 중심의 팀 단위 혹은 학교 전체를 대상으로 하는 연수 형태를 고민해야 한다. 또 단위 학교 내 전문적학습공동체나 수업 공개와 연계되도록 예산을 지원하고 결과를 공유할 수 있는 장을 연계해서 지원할 필요가 있다. 연수와 예산 사용을 연계해서 지원하는 것도 생각해 볼 수 있다. 가령 학교단위, 교과 단위, 팀 단위, 대학 연계 등 관심분야의 연수를 듣고 예산을 지원하는 형태로 말이다. 다양한 형태의 맞춤형 연수를 개설하고 '연수와 실행 그리고 피드백'이 일관된 선순환의 구조를 가질 때 교사 개인별 개선점이나 문제점에 집중해 지속적인 지원을 강화하고 역량을 키워갈 수 있다.

2020년 2학기부터 나는 교육청에서 순환보직 장학사로 근무했는데, 얼마 전 후배 장학사가 현장 선생님들 대상으로 연수를 하나 개설하고 무사히 진행했다고 이야기했다. 이야기를 듣는 나도 뿌듯하고 기분이 좋았다. 후배는 '예산이 남아서 다른 연수를 하나 더 진행하고 싶은데 어떻게 하는 게 좋겠냐'고 의견을 구했다. 나는 '자꾸 다른 연수 하지 말고, 같은 주제로 기본과 심화과정을 연계해서 다시 개설하는 것이 어떻겠냐'는 의견과 함께 가능하면 피드백까지 고려하는 연수를 제안했다.

자신이 잘하는 분야일수록 주도적이기 쉽다. 장학사로 근무하며 기획했던 사업 중 하나는 '독서교육을 지역 특색 사업으로 활성화'하는 것이었다. 2015 개정 교육과정에 '한 학기 한 권 읽기 과정'이 포함되어 있어 교과별 진로나 수업과 연계한 다양한 형태의 책 읽기와 글쓰기 수업이 진행되고 있었지만, 여전히 책 읽기와 글쓰기 지도를 어려워하는 선생님들이 많았다. 특히 책 읽기와 글쓰기를 연계하는 수업을 많이 어려워하였는데, 연수에서 책 읽기와 글쓰기 역량을 강화해 수업에 적용하도록 하고 싶었다. 책 읽고 서평쓰기와 같은 단편적인 수업이 아니라 선생님들도 아이들도 깊이 있는 책 읽기와 글쓰기 역량이 향상될 수 있는 연수를 개설하고 싶었다.

읽고, 쓰고, 그리고 합평하기의 과정을 3번에 걸쳐 반복하는 형태와 토요일 하루 종일 교육과정 재구성 실습을 포함한 30시간 직무연수를 긴장된 마음으로 개설했다. 선생님들께서 매주 한 번씩 일과 후 3시간씩 듣는 연수라 걱정이 많이 되었는데 다행히도 적정 인원이 신청해서 연수를 진행할 수 있었다.

연수 핵심은 책을 읽고 자기 삶과 연계된 말하기와 글쓰기 역량을 키우는 것, 그리고 책 읽기와 글쓰기 수업을 교과와 연계해 재구성하는 것이었다. 읽고, 이야기하고, 글을 쓰고 합평의 과정을 반복했다. 다양한 종류의 책을 읽고, 매주 과제를 제출하고, 제출된 글을 함께 읽고 상호 피드백하였다.

• 23년 독서교육역량강화 – 책 읽고 건너가기 연수 내용(1텀)

	강좌명	연수 내용	연수 방법	시간
3.28.(화) (초등)/ 3.30(목) (중등)	(1주차) 나를 표현하는 책읽기와 글쓰기	· 내가 읽은 책으로 나를 소개하는 글쓰기, 낭독 · 쓰는 방법 : 발제문을 쓰는 몇 가지 방법	대면	3
4.4.(화) (초등)/ 4.6(목) (중등)	(2주차) 쓸모 있는 삶	· 책읽기: 긴긴밤(루리, 문학동네) · 쓰는 방법: 독후감/서평/에세이를 쓰는 몇 가지 방법	대면	3
4.11.(화) (초등)/ 4.13(목) (중등)	(3주차) 합평하기1	· 독후감/서평/에세이 합평	대면	3

날짜	주차	대상	내용	방식	시수
4.18.(화) (초등)	(4주차) 연민 이라는 감정	초등	· 책읽기: 어서와 알마 (모니카 로드리게스, 풀빛미디어) · 쓰는 방법 : 동시대의 문제에 대해 칼럼으로 말하는 방법 · 책읽기: 어서와 알마 (모니카 로드리게스, 풀빛미디어) · 쓰는 방법 : 동시대의 문제에 대해 칼럼으로 말하는 방법	대면	3
4.20(목) (중등) 4.20(목) (중등)	(4주차) 연민 이라는 감정	중등	· 책읽기: 나는 옐로에 화이트에 약간 블루 (브래디 미카코, 다다서재) · 쓰는 방법 : 동시대의 문제에 대해 칼럼으로 말하는 방법	대면	3
4.25.(화) (초등)/ 4.27(목) (중등)	(5주차) 합평하기2		· 독후감/서평/에세이 합평	대면	3
5.02.(화) (초등)	(6주차) 과학 이라는 이야기	초등	· 책읽기: 과학자와 놀자 (김성화 권수진, 창비) · 쓰는 방법 : 과학에 대해 재미있게 말하는 몇 가지 방법	대면	3
5.04(목) (중등)		중등	· 책읽기: 과학자들 1(김재훈, 휴머니스트) · 쓰는 방법 : 과학에 대해 재미있게 말하는 몇 가지 방법		
5.09.(화) (초등)/ 5.11(목) (중등)	(7주차) 합평하기3		· 독후감/서평/에세이 합평	대면	3
5.13.(토) (통합)	(8주차)		· 독서교육 사례 나눔 및 교육과정 재구성 실습	대면	6
5.16.(화) (초등)/ 5.18(목) (중등)	(9주차) 합평하기4		· 닫는 이야기: 다리를 건너는 나를 만났다.	대면	3
계					30

매주 화요일과 목요일 2팀을 2팀에 걸쳐 운영했는데 선생님들께서 90% 이상 연수를 이수하셨다. 연수가 끝난 후 일부 선생님들은 독서교육연구회에 가입하셨고, 일부 선생님들은 개별 독서모임을 만들어 추후 활동으로 이어가는 열정을 보였다.

　역량은 한 번의 연수로 끝나지 않는다. 자신의 수업 이야기를 가지고, 연수 전후 과정에 참여하면서 지속적인 지원과 피드백을 하는 과정에서 느리게 혹은 어느 순간 향상된다. 좋은 연수는 연수로만 끝나지 않고 연수가 끝나고 비로소 혼자서 뚜벅뚜벅 걸어가는 모험을 감행하게 만든다. 선생님들의 연수 장면과 패들렛에 남긴 후기를 지면 관계상 다 소개하지 못하고 몇 개만 소개해 본다.

고민중

십 년 뒤에도 나는 교실에서 아이들과 즐겁게 수업할 수 있을까. 이런 질문에 스스로 답을 할 수 없었던 요즘입니다. 토요일 강의를 들으면서, 퇴직하시기 전까지 교단에서 국어 시간을 통해 열정적으로 독서수업을 진행하신 이명섭 선생님의 존재 자체가 저에게 큰 울림을 주었습니다. 학부모의 민원에도, 작가님의 거절에도, 몇몇 학생이 보인 거부의 태도에도 불구하고 살아있는 독서수업을 하기 위해서 애쓰신 그 과정이 느껴졌습니다. 어려움이 없어서 그 수업을 하신 것이 아닐 것입니다. 교사 개개인의 교육철학이 무엇보다 중요하다는 말씀에 매우 공감합니다. 수업이란 평가와 떼어놓고 생각할 수 없기에 평가의 공정성 문제 그리고 동교과 동학년 선생님과의 협의 등 현실적인 문제가 저의 숙제로 남았습니다. 그러나 읽고 토론하고 쓰는 과정이 학생들을 성장시킨다는 것을 알기에 숙제들을 차근차근 해결하며 학교 현장에서 제 철학이 담긴 독서수업을 설계하여 적용해보도록 하겠습니다.

달도사람

날도 좋은 토요일, 생각보다는 시간이 빨리 지나갔습니다. 아인슈타인의 상대성이론이 생각났습니다. 얼마전 과학자들에 관한 책을 읽은 여파인가 봅니다. 독서 수업의 목적과 본질에 대해서 새삼 확인하는 시간이었습니다. 의미있는 연수와 풍부한 자료들로 꽉 찬 보람을 주신 교수님께 동지적 연대감과 존경의 마음을 느꼈습니다. 여름님 발표 덕분에 매력있는 책 한 권, 알게 된 것도 귀한 소득입니다. 준비물을 제대로 챙기지 못한 탓에 불시에 불려 나온 아들 녀석에게 비빔밥 챙겨 주신 장학사님 덕분에 이야기거리 하나 생긴 것, 덤으로 얻은 선물입니다.

고통스러운 낭만

　　　　　　　　　　　○ 3

여명 5개월
고통스러운 낭만. 이 일곱 글자가 너무 찰떡입니다. bittersweet 같은 이 역설! 우린 다 알죠. 일요일 해가 저물어가면 시계를 흘끔거리며 언제 노트북 앞에 앉을지를 결정하기까지의 고통. 그리고 그 낭만의 시간들이 지난 지금 계속 패들렛을 들락거리는 우리..

████████ 5개월
글을 통해 선생님의 이야기를 들을 수 있어서 좋았습니다. 선생님의 육소리로 듣는 선생님의 글도 너무 좋았구요^^ 항상 멋진 글이었습니다.

여명 5개월
진짜 선생님의 목소리가 너무 좋았어요. 합평할 때 찰떡으로 지적을 받아도 목소리 때문인지 듣기 너무 좋더라구요. 목소리 그리울 거 같아요.

주도성이 일어나는 학교를 위한
몇 가지 질문

- 학생은 수업을 비롯한 교육활동에서 관심 분야의 주제를 선택해 탐구하고, 실험하고, 다양한 방법으로 문제를 해결할 수 있는 경험을 가질 수 있는가?
- 교사는 국가 교육과정, 지역 교육과정, 학교 교육과정에 대한 이해를 바탕으로 교사 교육과정을 협력적으로 재구성하는가?
- 교사는 교육과정 전문성을 갖추고 자신의 교육철학과 수업 의도를 명확하게 세우며, 학생이 주도하는 교육활동이 되도록 교육과정을 재구성하는가?
- 교사는 학생들이 관심과 흥미를 가지고 참여할 수 있는 도전과제를 제공하며, 학생들이 과제를 수행하는 과정을 관찰하면서 적절한 피드백을 제공하고 이를 다양한 방법으로 평가하는가?
- 학교장은 교사가 주도적으로 교육활동을 펼칠 수 있도록 민원에 적극적으로 대응하면서 교사가 교육과정 운영에 몰입할 수 있도록 지원하는가?

- 학부모는 교육공동체 일원으로서 교육과정과 정책에 대한 이해를 바탕으로 학교 교육활동에 협력적 태도로 참여하고 지원하는가?
- 학교나 교육(지원)청은 교사가 자신의 교육철학과 전문성을 바탕으로 교육과정을 설계하고 운영할 수 있도록 자율성을 부여하고 지원하는가?
- 학교나 교육(지원)청은 교사가 최신 교수학습 이론을 습득하고, 다양한 교육방법 및 평가에 대한 전문성을 강화할 수 있도록 지속적인 연수 시스템을 운영하는가?
- 학교나 교육(지원)청은 학생들이 주도하는 수업과 프로젝트를 수행하기 위해 학생이나 교사가 필요로 하는 행정적 지원과 예산을 적극 지원하는가?
- 교육(지원)청은 교육정책의 배경, 의미, 정책의 방향을 현장의 관점에서 명확하게 안내하고, 현장의 피드백을 바탕으로 정책과 현장이 선순환되도록 하고 있는가?

| 저자 소개

김덕년 / 아랑학교 교장, 수원공동체라디오 DJ

교육 낭만주의자. 전 구리 인창고등학교 교장, 경희대학교 겸임교수, 경기도교육청 장학사 등을 역임하며 교육과정, 수업-평가, 학교문화 등을 탐구했다. 퇴임 후 '길 위의 학습자'를 위한 교육플랫폼인 '길 위의 학교'로 영역을 확장하고 라디오 (96.3MHz)에서 '김덕년의 행복한 학교 이야기'로 청취자를 만나고 있다. 지은 책으로 〈아름다운 숲을 닮은 배움공동체〉, 〈포노사피엔스를 위한 진로교육〉, 〈교사교육과정〉, 〈과정중심평가〉, 〈교육과정-수업-평가-기록 일체화〉 외 교육수필집 3권과 시집 2권이 있다.

정윤리 / 수원 경기과학고등학교 교사, 교육과정디자인연구소 연구위원

한국교원대학교에서 교육혁신 전공으로 석사 학위를 취득했고, 현재 경희대학교 일반대학원 교육학과(교육과정) 박사 과정에 있다. 현직 교사로서 혁신학교를 경험했고, 지금은 경기과학고등학교에서 영재학교를 경험하고 있다. 교육 혁신, 학교 자치, 교사 교육과정에 관심이 많으며, 교육과정 자율화를 통해 학교와 교실에서 빛깔 있는 교육이 실현되기를 희망하고 있다. 지은 책으로 〈교육과정-수업-평가-기록 일체화: 실천편〉, 〈교사 교육과정〉 등이 있다.

양세미 / 부천 동곡초등학교 교사

하고 싶은 게 아직도 많은 교사. 학교에서 학생들이랑 생활하는 것을 좋아하여 어떻게 학생의 삶을 들여다 볼 수 있을지 고민하는 것을 즐긴다. 마을연계교육, 온책읽기 교육에 관심을 가지고 있으며, 현재는 서울교육대학교에서 교육연극 전공하며 지역 교육연극 연구회에서 활동 중이다.

최선경 / 대구 북동중학교 교사, 실천교육교사모임 수석 부회장

학생과 교사 모두가 행복해지도록 돕는 '체인지메이커'. 교사 성장학교인 '고래 (Go來)학교' 교장. 실천교육교사모임 회원. PBL 실천 학교 근무, 체인지메이커 연구회 운영을 통해 배우고 익힌 것을 다양한 채널을 통해 확산시키는 것에 힘을 쏟고 있다. 지은 책으로 〈중등학급경영_행복한 교사가 행복한 교실을 만든다〉, 〈어서 와! 중학교는 처음이지?〉 외 다수. 〈프로젝트 수업 어떻게 할 것인가〉 외 다수의 책을 번역하기도 했다.

정윤자 / 창원 감계중학교 교사

수업과 학교 공동체에 관심이 많고 배움을 즐기는 긍정 마인드의 소유자. 경남형 혁신학교인 행복학교에서 영어교사로 근무하며 수업에서의 탁월성과 공공성을 추구하고 있다. 지속가능한 나, 학교, 세계를 꿈꾸며 수업과 학교교육과정 속에서 이를 실험하고 실천하는 교사이다.

위현진 / 남양주 도농고등학교 교사

학생들과 보내는 하루하루가 그저 행복한 11년 차 교사. 현재 남양주시 도농 고등학교에서 국어 교과를 수업하고 있다. 헤밍웨이의 소설 '노인과 바다'의 노인이 바다를 사랑하는 것처럼, 학생들이 자기를 사랑하는 삶을 살도록 돕는 교사이고 싶다.

김재희 / 고양 신일비즈니스고등학교 교사

새롭고 재미있는 배움을 추구하고 따뜻한 학교문화를 꿈꾸는 교사이다. 교사는 연출자, 교실은 무대, 학생은 주인공이라는 생각으로 삶과 연계된 수업 만들기를 좋아한다. 업무 효율성을 높이는 에듀테크와 학교문화를 개선하는 공동체 활동에 관심이 많다.

신윤기 / 경기 양평고등학교 수석교사

일반학교 및 특목고에서의 다양한 경험을 토대로 교사 수업 코칭과 질문과 깊이 있는 수업, 창의성 발휘 수업에 진심을 다하고 있다. 학생들이 마음껏 역량을 펼칠 수 있도록 그 무대를 깔아주는 스태프이자 응원단장이다. '교수평기 일체화 연구회' 활동 중이며 〈학생참여형 수업〉, 〈과정중심평가를 위한 프로젝트 수업〉, 〈중고등 중국어 교과서〉(2007,2009,2015,2022 개정교육과정)등을 지었다.

강민서 / 군포 당동중학교 교사

일반학교, 혁신학교, 임기제 장학사 등 현장과 정책을 오가며 다양한 경험을 쌓고 있다. 교사 개인의 자발적 발전과 교육공동체 협력의 질이 더 나은 교육환경을 만든다고 생각하며, 교육과정-수업-평가-기록의 일체화, 교사 교육과정, 교사 리더십, 마을연계 교육과정, 독서교육 및 글쓰기, 교원학습공동체, 교육정책에 관심이 많다. 지은 책으로는 〈과정중심평가〉가 있다.